Menschen- und Flüchtlingsrechte im Iran

Homayun Alam

Menschen- und Flüchtlingsrechte im Iran

\-

2. überarbeitete und erweiterte Auflage

Verlag Traugott Bautz

Bibliographische Information Der Deutschen Bibliothek
Die Deutsche Bibliothek verzeichnet diese Publikation in der Deutschen Nationalbibliographie; detaillierte bibliographische Daten sind im Internet über http://dnb.ddb.de abrufbar.

98734 Nordhausen 2016
ISBN 978-3-95948-146-5

Gewidmet

Setayesh Ghoreishi (2010-2016)

&

Dr. Bernt Glatzer (1942-2009)

Inhaltsverzeichnis

0. Einleitung

Nach der ersten Auflage über die Lage von afghanischen Flüchtlingen im Iran dachte der Autor des Werkes, dass eventuell ein Stein in der deutschsprachigen Iranforschung ins Rollen gebracht werden könnte. Diese Annahme hat sich nicht gerade bestätigt, da es gar keine Publikationen dazu gibt. Es wird mit der zweiten Auflage im Jahr 2016 der Versuch unternommen, die letzten zehn Jahre seit der ersten Veröffentlichung mehr oder minder aus verschiedenen Perspektiven nachvollziehbar zu gestalten.

Die Lage in Afghanistan ist weiterhin nicht stabil, so dass Menschen das Land täglich verlassen. Die „Afghanistan Research and Evaluation Unit" (AREU) empfiehlt u.a. bei seiner jüngsten Studie „The Other Side of Gender Inequality: Men and Masculinities in Afghanistan" (2016):

„Designing programmes that deconstruct the notion of masculinities as it pertains to gender inequality and violence against women and children. This is in coordination with civil society and government organisations, specifically the Ministry of Women's Affairs (MoWA), and MoIC. These programmes and life-skills-based education (or comprehensive sexuality education) should involve both men and women as partners to address the notions of masculinity where men feel inadequate for not meeting gendered societal expectations. These responses often lead to violence against women and children. Thus, there is a need to strengthen efforts in addressing the unacceptability of the multiple forms of domestic violence since it was found that, while awareness is raised, implementation remains a challenge."[1]

[1]http://www.areu.org.af/Uploads/EditionPdfs/1601E%20The%20Other%20Side%20of%20Gender%20Inequality-%20Men%20and%20Masculinities%20in%20Afghanistan.pdf , PDF – Datei, S. 2.

Aus der Studie ist zu entnehmen, dass die Übermacht männlicher Dominanz in Afghanistan für ein gleichberechtigtes Verhältnis problematisiert wird. Dadurch soll ein gesellschaftliches Bewusstsein erzeugt werden kann. Das Patriarchat verletzt nicht nur die fundamentalen Rechte einer Frau, sondern auch die heranwachsender junger männlicher Generationen. Letztere flüchten gegenwärtig über den Iran nach Westeuropa.

Nach der achtjährigen Amtszeit von Mahmoud Ahmadinejad (2005-2013), in der nicht nur die iranische Nation, Wirtschaft, internationale Reputation und das Atomabkommen sich in einer ausweglosen Situation befanden, erging es ethnischen und religiösen Minderheiten und Flüchtlingen nicht besser. In seiner Regierungsperiode änderte er seinen Ton und Tenor nach Belieben.

In einer Pressekonferenz erklärte Mahmoud Ahmadinejad einer afghanischen Journalistin von „Voice of America“ (VOA) auf ihre Frage, weshalb der Iran in seiner Flüchtlingspolitik derart „unmenschlich“ gegen Flüchtlinge aus Afghanistan vorgeht, obwohl Letztere mehr Gemeinsamkeiten als Unterschiede mit dem Iran teilen, dass „Gäste solange bleiben bis sie zu Besitzern des Gasthauses werden“.[2] Er verdeutlichte mit dieser Gegenüberstellung des großzügigen Gastgebers zum unerwünschten Gast sein Desinteresse an der gestellten Frage.

Nach der Regierungszeit von Mahmoud Ahmadinejad wurde der als „Juwel“ der Islamischen Republik Iran bezeichnete Hassan Fereydoon Rohani (2013-dato) für vier Jahre gewählt. Sein Stellenwert ist die eines Juwels, wie er in internen Regimekreisen bezeichnet wird, da Rohani seit dem Bestehen der Islamischen Republik Iran mit Khomeini zusammen agierte, in vielen Institutionen Erfahrung sammelte und sich innerhalb des Regimes dem Lager der Reformer verschrieben hat. Rohanis sachliche,

[2] https://www.youtube.com/watch?v=9ov7VT3nF1Y.

diplomatische und nicht populistische Sprache, sein relativ ausgewogener Führungsstil, sein Verhandlungsgeschick für nationale und auch internationale Angelegenheiten und schließlich sein Interesse an kulturellen Themen zeichneten, gemessen an seinem Vorgänger, bereits im Wahlkampf ein gegenteiliges Bild von einem iranischen Präsidenten.

In den ersten Wochen seiner Amtszeit besuchte Rohani gemeinsam mit seinem Kulturminister Ali Jannati das „Haus des Kinos“ (pers.: Khaney-e Cinama). Dort wurden von vielen Kunstschaffenden und Filmemachern Reden über die Zeit der Verbote und Gebote von Ahmadinejad gehalten. Demnach erklärte Letzterer das Kino in Iran als unmoralisch und zugleich verwestlicht. Dagegen sorgte sein Nachfolger Rohani für eine andere Umgangsart mit den Gros der Iraner, indem er eine seiner ersten Versprechen einlöste und das Ministerium für ethnische Minderheiten ins Leben rief.

In der Folge gab es zahlreiche Veränderungen im Machtgefüge von Politikern und in der Politikgestaltung in Institutionen wie z.B. dem Parlament, Wächter- und Expertenrat. Jedoch sollte die Tatsache nicht aus den Augen gelassen werden, dass im Iran keine Demokraten, sondern Autokraten mit einer schiitischen und politischen Theologie regieren. Hinzu kommt die Machtaufteilung, die sich den Mechanismen eines Klientelismus bedient.[3] Demnach sind Politikgestaltung und somit Entscheidungsfindungen von einem Verhältnis zwischen einem Patron und dessen Klienten abhängig. Dabei spielen vorhandene Gesetze und die Verfassung keine erhebliche Rolle, was die Hauptkritik von Menschenrechtlern an der Politikführung Irans ist. Vielmehr werden existierende Gesetze negiert, so dass eigenhändig in nebulösen Netzwerken politische, staatliche und immer mehr wirtschaftliche Themen auf der Basis von persönlichem Machtbesitz, gegen-

---

[3] Vgl. Alamdari, Kazem, The Power Structure of the Islamic Republic of Iran: Transition from Populism to Clientelism, and Militarization of the Government, S. 1287 ff.

seitigem Vertrauen und verwandtschaftlichen Beziehungen zur Verhandlung stehen. Macht wird also im iranischen Kontext in der Politik zwischen selbst auserkorenen Führern geteilt und bestehende Gesetze gebrochen. Durch diese beschriebenen Handlungsmechanismen in Iran sind soziale und ungeschützte Gruppen im Begriff sich überall und immer in Gefahr zu begeben.

Seit der ersten Publikation über die Menschen- und Flüchtlinge in Iran (2006) hat sich zugunsten von afghanischen Flüchtlingen nicht Wesentliches geändert. Die politische, wirtschaftliche, soziale, religiöse und kulturelle Situation in Afghanistan hat sich in den Folgejahren bis einschließlich 2016 nicht verbessert. Durch den Vorschlag der USA wurde z.B. versucht im Jahr 2008 die anhaltende Korruption durch das „High Office of Oversight for the Implementation of Anti-Corruption Strategy" Einhalt zu gebieten.[4] Die Resultate aus dieser Initiative sind nicht gerade positiv, da das Mittel der Korruption in Institutionen immer noch ein gängiges Mittel für Entscheidungsträger ist.

Zwar gibt es eine relative Meinungsfreiheit im Ausdruck der vielfältigen Presse und der sicht- und hörbaren Zivilgesellschaft. Jedoch scheinen dschihadistische Gruppen - Taliban, Al-Kaida und der Islamischer Staat in Irak und in Syrien (IS) - in Afghanistan immer noch zu operieren. Obwohl sich der Islam als Mehrheitsreligion in vielen islamisch geprägten Ländern durch Sufische Orden kennzeichnete und erst in den letzten Jahrzehnten des 20. Jh. durch Gewaltakteure charakterisiert wird, ist eine spirituelle Lesart und Orthopraxie nicht wegzudenken. So gelten Sufis in Afghanistan trotz ethnischen und religiösen Konflikten seit vier Jahrzehnten (1980-dato) immer noch als ein wichtiger und historischer Ruhepol.[5]

---

[4] http://fpc.state.gov/documents/organization/121930.pdf. PDF-Datei.

[5] Vgl. Lizzio, Kenneth P., Embattled Saints: My Year with the Sufis of Afghanistan, S. 2.

Die Flucht von Afghanen gen Westen setzte besonders im Jahr 2015 massiv ein. Das Ziel war diesmal, zu Fuß, mit einem Boot oder mit jedweden Fahrzeugen, das westliche Europa und hauptsächlich Deutschland gewesen. Die meiste Anzahl von Flüchtlingen bilden neben den sich seit 2011 im Bürgerkrieg befindenden Syrern und Irakern natürlich auch die vielen Afghanen. Die Fluchtmigration vieler tausender Afghanen bewegte sogar den afghanischen Präsidenten Ashraf Ghani das Wort gegen das Verlassen des Landes zu ergreifen. Zusammen mit deutschen Initiativen in Afghanistan vor Ort, durch Medien und afghanischen staatlichen Akteuren wurden Kampagnen gegen die Fluchtmigration gen Westen ins Leben gerufen. Trotz der Grenzschließung der Festung Europa gelangen auch im Jahr 2016 einige wenige Afghanen aus Afghanistan, Pakistan und dem Iran nach Deutschland und anderen europäischen Ländern. Deutsche Wissenschaftler des „Bonn International Center for Conversion" veröffentlichten sogar eine Feldstudie (Januar 2016), in der sie die Repatriierung von Afghanen aus Deutschland als bedenklich und daher für ungeeignet halten:
„The reconstruction and peace process in Afghanistan have failed. Germany who, as a participant in the international interventions is also responsible for this failure, must recognize this in its policy towards Afghan refugees and offer perspectives, rather than making them return."[6]
In dieser Studie werden der Wiederaufbauprozess und die Herbeiführung von gesichertem Frieden in Afghanistan als nicht gelungen bewertet. Dabei wird u.a. auf die physische und wirtschaftliche Unsicherheit und der Perspektivlosigkeit hingewiesen.
Blickt man auf die sowjetischen Einmarsch in Afghanistan zurück, so brachte er unvorhergesehene Situationen für die Bevölkerung mit sich. Er

---

[6] https://www.bicc.de/publications/publicationpage/publication/why-afghanistan-is-no-safe-country-of-origin-634/.

veranlasste zahlreiche Afghanen aus Gründen der Sicherheit ihr Leben im Exil zu verbringen. Das Emigrationsziel vieler von ihnen waren anfangs die Nachbarstaaten Iran oder Pakistan. Iran war der Zufluchtsort vieler geflüchteter Afghanen wegen sprachlicher, kultureller, geschichtlicher oder auch religiöser Gemeinsamkeiten. Andere kamen nach Iran, weil dies der nächstgelegene Zufluchtsort war. Im Iran angekommen, wähnten sich viele Afghanen in Sicherheit. Aber es traten neue und meistens gravierende Probleme auf. Zum Beispiel ist die Anzahl afghanischer Flüchtlinge im Iran äußerst unklar, was auf wenig Interesse für afghanische Flüchtlinge hindeutet.[7] So heißt es:

„Über die Situation der afghanischen Flüchtlinge im Iran gibt es nur wenige gesicherte Informationen.[8]

In einem telefonischen Interview berichtete Dr. Glatzer, dass die Zahlen über die afghanischen Flüchtlinge seitens der iranischen Regierung und dem UNHCR *gefälscht* wurden.[9] Dr. Glatzer sagte, dass bei einer Untersuchung des Fachbereiches Geographie der Universität Maschhad tatsächlich 800.000 afghanische Flüchtlinge gezählt wurden.

---

[7] Hanifi, Jamil M., Anthropology and the Representations of Recent Migrations from Afghanistan, S. 293. Hier ist die Rede von ungefähr 2,3 Mio. Flüchtlingen. Der Autor Hiram A. Ruiz spricht von 2,94 Mio. Flüchtlingen (1992: Christian Science Monitor). Ehsan Azari schätzt die Anzahl der afghanischen Flüchtlinge auf 2 Mio. (1991: 73). In einer Zeitschrift des UNHCR werden 2,35 Mio. afghanische Flüchtlinge im Iran angegeben (1988: 37). Die Autorin Boesen gibt 2,2 Mio. Flüchtlinge an (1988: 38). Die polnischen Autoren Pstrusinska, Jadwiga/Krasnowolska, Anna/Maciuszak, Kinga geben für das Jahr 1992 zwischen 2 und 3 Millionen afghanische Flüchtlinge im Iran an (1993: 6).

[8] Schetter, Conrad, Ethnizität und ethnische Konflikte in Afghanistan, S. 385.

[9] In einem telefonischen Interview mit Herrn Dr. Glatzer am 19.10.2005. Herr Dr. Glatzer war Ethnologe und Afghanistanexperte (1942-2009). Seine Feldforschungen betrieb er sowohl in Afghanistan als auch im Iran, wobei er das Grenzgebiet zwischen den beiden Ländern auch extensiv bereiste. In diesem Fall befand sich Herr Dr. Glatzer in den frühen 1990ern im Iran, um die Lage der afghanischen Flüchtlinge zu untersuchen.

Die Afghanen - ob als Gastarbeiter und Flüchtlinge oder Afghanische Iraner in der dritten Generation - sind im Iran schlicht unerwünscht. Diese Tatsache hat sich auch bis heute nicht geändert.[10] Zum Ausdruck kommt diese Unerwünschtheit afghanischer Flüchtlinge durch widrige gesetzliche Bestimmungen. Sogar in der Wissenschaft werden afghanische Flüchtlinge gering beachtet:

„[N]ot a single Anthropologist has visited and written about the Afghan migrants in Iran. Even the UN publications contain comparatively little by way of information on Afghans in Iran.“[11]

So dürfen nur wenige afghanische Kinder die Schule besuchen, womit die Bildung einer ganzen Generation, die bei ihrer Rückkehr die Lage in ihrer Heimat positiv beeinflussen könnte, seitens der iranischen Regierung einer Benachteiligung ausgesetzt wird. Auch verhalten sich nicht wenige Iraner ablehnend gegenüber afghanischen Flüchtlingen durch unhaltbare Beschuldigungen, die von der Regierung meistens konstruiert werden und von Teilen der Gesellschaft weiter entwickelt werden.

Die afghanischen Flüchtlinge befinden sich in einer ausweglosen Lage, da die iranische Regierung sie in der Illegalität verharren lässt. Alles in allem vollzog sich die durch Krieg bedingte Migration der Afghanen in den Iran, da mit dem Nachbarstaat jenseits der politischen Grenze (936 km) geschichtliche, kulturelle, ethnische, religiöse und schließlich sprachliche Gemeinsamkeiten assoziiert wurden.

Das Ziel in dieser zweiten Auflage besteht weiterhin darin, die Lage der afghanischen Flüchtlinge im Iran aus der Sicht der Menschen- und Flücht-

[10] Mit dem Begriff bzw. Ausdruck der Zeit „heute“ ist die zweite Auflage dieses vorliegenden Buches im Jahr 2016 gemeint.

[11] Hanifi, Jamil M., Anthropology and the Representations of Recent Migrations from Afghanistan, S. 7.

lingsrechte zu beleuchten, da ihnen nahezu keinerlei Rechte gewährt werden.

Im Zentrum steht unter anderem das erste Kapitel der Untersuchung. Es beschäftigt sich mit dem Stellenwert der Demokratie als normativem Wert. Durch die Demokratie werden beispielsweise Menschenrechte gewährt, was insbesondere dieses politische System auszeichnet. Der Iran ist seit der islamischen Revolution durch eine autoritäre Regimeführung gelenkt. Dennoch kann man davon ausgehen, dass zwar demokratische Elemente vorhanden sind, welche aber durch den Revolutionsführer unterminiert werden. Als Konsequenz der Stellung des Revolutionsführers wird kurz der Frage nachgegangen, welche Bedeutung Demokratie als normativer Wert im Hinblick auf unveräußerliche Rechte wie Menschen- und Flüchtlingsrechte hat.

Im Anschluss daran wird ein Überblick über das Wesen der Menschenrechte in ihrer Entwicklung seit dem Zweiten Weltkrieg verschafft. Von Bedeutung ist die Allgemeine Erklärung der Menschenrechte von 1948, welche die Unteilbarkeit und Universalität der Menschenrechte fokussiert, um Ungleichbehandlungen eines Individuums künftig mit einem Rechtsstatus zu behandeln. Ebenfalls entstanden einige Institutionen zur Wahrung der Menschenrechte. Solche internationalen Organisationen, welche für eine rechtliche Kontrolle sorgen sollen, werden von autoritären Staaten als Eingriff in die nationale Souveränität betrachtet. Eine Diskrepanz besteht einerseits bei der Unterzeichnung und andererseits bei der Durchsetzung von Menschenrechten. Eng verbunden waren die Menschenrechte seit ihrer Entstehung mit der Genfer Flüchtlingskonvention. Die Absicht dieser Verbindung war es, einem Menschen den bestmöglichen Schutz vor staatlicher Willkür in Aussicht zu stellen.

Durch die Erfahrungen des Zweiten Weltkriegs waren die Vereinten Nationen überzeugt, dass sich besonders Menschen in Not oder auf der Flucht vor Kriegen auf rechtliche Normen zum Schutz des Lebens berufen können sollten. Aus diesen Überlegungen heraus entstand die Genfer Flüchtlingskonvention im Jahre 1951, die rechtliche Regelungen für den Status eines Flüchtlings vorsieht. Die Genfer Flüchtlingskonvention bildet somit einen rechtlichen Rahmen, um einen Flüchtling das nötige Mindestmaß an Schutz zu gewähren.

Im zweiten Kapitel wird der Fokus auf geschichtliche Aspekte zu afghanischen Flüchtlingen gelegt. Die Politik der einzelnen afghanischen Regierungen von 1979 bis 2001 wird hier gemeinsam mit der Flucht der Afghanen aus Afghanistan in den Iran abgehandelt. Es soll gezeigt werden, dass sich das Land seit 1979 in einem unaufhörlichen Krieg befand, der seit 2001 als beendet gilt. Dennoch wirkt die fragile Struktur auf den Alltag ein, so dass die Verhältnisse des Status quo in Afghanistan ein ziviles Leben in nur geringem Maß erlaubt. Dabei ergriff der erste Strom von Flüchtlingen die Flucht aufgrund der Herrschaft des kommunistischen Regimes von 1979 bis 1986. Die ehemalige UdSSR unterstützte das kommunistische Regime in Afghanistan, welches das einfache Volk unterdrückte und misshandelte.

Ein Ende dieses Regimes, wo die Religion im traditionellen Afghanistan keinen Platz besaß, war der Anfang des bewaffneten Widerstandes des Volkes gegen die kommunistische Herrschaft, an dessen vorderster Front die Mujaheddin standen. Die Mujaheddin hatten von 1986 bis 1994 die Führung des Landes inne und wurden im Widerstand gegen die Sowjets von den USA systematisch militärisch ausgebildet. Den Höhepunkt dieser Serie von Gewaltherrschaften bildeten schließlich die selbst ernannten „Gotteskrieger“ der Taliban. Sie regierten das Land von 1994 bis 2001 nach einer islamistischen Willkür, in der eine Gesellschaft aufgebaut werden sollte, die sich streng an den Regeln des Korans orientieren sollte.[12] Das Land wurde im Laufe dieser Zeit zu einer internationalen Brutstätte des Terrorismus, an dessen Entstehung der Nachbarstaat Pakistan ein erhebliches Interesse und folglich Beteiligung besaß.

Nach dem Tod des Führers der Taliban Mullah Mohammad Omar (2013) entwickelten die Taliban mit der Gründung eines politischen Büros in der Hauptstadt von Katar neue Strategien zu ihrer lokalen und regionalen Existenzsicherung. Mullah Akhtar Mohammad Mansour, der Nachfolger von Mullah Mohammad Omar, kam im Mai 2016 ums Leben.[13]

Nicht nur Afghanistan befand sich seit 1979 in einem staatlichen Umbruch mit nachhaltig negativen Folgen: Im Jahre 1979 erfolgte im Iran eine Revolution gegen die Monarchie des Schah, welche von religiösen Kräften organisiert wurde. Der Gedanke dieser religiös motivierten Revolution war ein Gottesstaat schiitischer Prägung, was nach ihrem Selbstbild Nachahmung in der ganzen islamischen Welt finden sollte.

Im Zuge dieser Ereignisse brach ferner der Irak-Iran- Krieg (1980 - 1988) aus. Dieser Krieg wirkte sich sowohl politisch als auch wirtschaftlich äußerst negativ für den Iran aus. In dieser Zeit wurde das Land sowohl von der muslimischen Welt als auch der internationalen Gemeinschaft isoliert. Der Iran musste am Ende des Krieges in erster Linie das Land von den Schäden des verursachten Krieges aus der Tiefe heben. Die afghanischen Flüchtlinge, selber geflohen von der kommunistischen Revolution, den Mujaheddin oder den Taliban in ihrer Heimat, waren als marginalisierte Mitglieder der iranischen Gesellschaft wesentlich betroffen.

Die Afghanen waren aber nicht erst seit der islamischen Revolution mit dem Iran vertraut. Daher ist es geboten, einen Einblick in die bisherige

---

[12] Siehe dazu Tibi, Bassam, Islam and Islamism.

[13] Vgl. http://www.bbc.com/news/world-asia-34405035.

Geschichte von Afghanen im Iran zu geben. Dies wird der letzte zu behandelnde Punkt in diesem Kapitel sein.

Im Zeitalter des „Primats der Menschenrechte“ wird im dritten Kapitel der internationale Diskurs und die Rechtsentwicklung in Relevanz für Minderheiten und afghanische Flüchtlinge im Iran untersucht. Besonders autoritäre Regime wie der Iran finden vermehrt Wege, sich der Menschenrechte und der Demokratie zu entledigen. In diesem Zusammenhang wäre eine normative Frage zum theokratischen Staatssystem islamischer Provenienz des Iran zu stellen, nämlich welche Rolle die iranische Bevölkerung in diesem politischen System spielt. Der Fokus soll dann auf religiöse und ethnische Minderheiten im Iran gelegt werden. Im Anschluss wird das fundamentale Menschenrecht „Recht auf Entwicklung“ in seiner Gültigkeit für diese Minderheiten untersucht.

Des Weiteren ist zu untersuchen, ob die Aufnahme afghanischer Flüchtlinge als Ethnie im Hinblick auf Erlangung bürgerlicher Rechte schließlich der Stellung afghanischer Flüchtlinge Reputation verleihen würde. Dieser Vorschlag wird dezidiert angegangen. Zunächst wird am Beispiel der Stadt Maschhad über die aktuelle Lage von Afghanen im Iran berichtet. In diesem Zusammenhang ist die Rückführung von Afghanen nach Afghanistan, gerade nach dem Sturz der Taliban, ein kontroverses Thema. Danach steht die Hypothese zur Diskussion, ob die Aufnahme von Afghanen als Ethnie zur Besserung ihrer gesellschaftlichen Lage etwas beitragen könnte.

Das vierte Kapitel handelt von neuen Entwicklungen seit dem Jahr 2006 bis einschließlich Mai 2016. Dabei werden Thesen, Tatsachen und Themen dem Leser vorgestellt, weshalb die ethnisch, sprachlich, sozial und kulturell heterogenen Afghanen weiterhin ihr Land verlassen. Eine andere Betrachtungsweise zum Land selbst wird geboten. Im Iran lastet auch heute noch (2016) über Afghanen ein schweres Stigma, weshalb Licht auf die Repräsentation und Darstellung von ihnen im Medium Filmen geworfen wird. Daraus erfolgt, dass das Interesse iranischer Medien zu Afghanen im Iran gewachsen ist. Im selben Kontext wird ein gewisser Habitus von der sozialen Gruppe von Afghanen diskutiert, nämlich ein festzustellender Wandel von kollektiven zu relativ individuellen Verhaltensmustern, die durch ihren Aufenthalt im Iran ihre Wurzeln hat. Obwohl Afghanistan nicht nur geographisch das Nachbarland Irans ist, existiert im Allgemeinen ein Desinteresse an ihn, so dass dadurch eine stetige Unkenntnis zu verzeichnen ist. In Afghanistan herrschen, wie in allen Kapiteln angesprochen, ein anderes soziales, ethnisches, sprachliches und politisches Klima vor. Somit wird es wichtig sein eine Anti-Persische Elite im Land kurz vorzustellen. In Iran leben immer noch viele Afghanen, die keinen gesicherten Status besitzen und es stellt sich mitunter die Frage wie sie sich als Migranten in dritter Generation alphabetisieren und bilden. Häufig wird nach Denominationen von sozialen Gruppen gesucht, um eine negativ konnotierte Reputation zu überwinden. Hier wird kurz und bündig die Bezeichnung „Afghanische Iraner" vorgestellt.

Im fünften Abschnitt soll nach einer kurzen Zusammenfassung der wichtigsten Thesen und Ergebnisse ein Ausblick erfolgen und die eigene Stellungnahme verdeutlicht werden.

Das sechste und letzte Kapitel ist ein Anhang, in der zwei Interviews mit einem afghanischen Flüchtling (2006) und eines mit einem Afghanischen Iraner (2016), und eine Auflistung von internationalen Verträgen, die die Islamische Republik Iran bereits unterzeichnet hat, aufgelistet sind.

I. Theoretischer Ansatz

1. Theoretischer Ansatz – Demokratie, Menschenrechte, Genfer Flüchtlingskonvention

Von Beginn an finden in diesem und den weiteren Kapiteln afghanische Flüchtlinge im Iran besondere Berücksichtigung. Die Lage afghanischer Flüchtlinge ist folglich der Untersuchungsgegenstand.
Das folgende Kapitel beschäftigt sich mit einem Ansatz der Demokratie als normativem Wert. Das vorgesehene Ziel ist nicht die Hervorhebung einer besonderen Theorie der Demokratie, sondern die Bekräftigung der Menschenrechte als eine der tragenden Säulen. In einem sogenannten Stufensystem wird beabsichtigt, das Wesen der Menschenrechte seit ihrer „neuzeitlichen Entstehung" ausgelöst durch den Zweiten Weltkrieg vorzustellen. Als ein inhaltlicher Schwerpunkt wird auf den Zivil- und Sozialpakt eingegangen. Umrissen wird auch die Thematik der Menschenrechte in der Politik. Danach wird die Diskriminierung besprochen, welche mit der Individualbeschwerde und der NRO unter einer gemeinsamen Überschrift steht. Schlussendlich wird eine Kritik an den Menschenrechten aufgezeigt. Mit der Ausweitung der Menschenrechte auf den Schutz von Flüchtlingen erfährt dieses Kapitel eine Fortsetzung. Demnach ist eine kurze Erläuterung der Genfer Flüchtlingskonvention von enormer Bedeutung. Anschließend wird das Organ des UNHCR vorgestellt, was eine internationale Definition eines Flüchtlings benötigt, welches beifolgend dargelegt wird. In einem etwas kritischen Lichte wird die Realität eines Flüchtlings mit drei Unterpunkten dargestellt. Ähnlich wie bei den Menschenrechten wird auch bei der Genfer Flüchtlingskonvention Kritik geübt.

Die letzten beiden Punkte in diesem Kapitel sind ein Rückblick mit einer Zwischenbilanz der Menschenrechte und ein kurzes Resümee des gesamten Kapitels.

1.2. Demokratie als normativer Wert

Der These, dass die Demokratie seit ihrer frühesten Entstehung in der Antike ein Gewinn für die Menschheit sei, soll im folgenden Kapitel Anerkennung entgegengebracht werden.

Die Grundlagen der heutigen Demokratie wurden während der Französischen Revolution im 18. Jahrhundert geschaffen. Als herausragende Figur dieser politischen Dynamik ist Jean-Jacque Rousseau zu nennen. Erst durch ihn, der das ganze Volk im politischen Prozess zu involvieren anstrebte, ist von einer legitimen Demokratie zu sprechen. Danach ist das Kennzeichen der Demokratie die Volkssouveränität, welche die Bürger eines Staates *„am politischen Entscheidungsprozess und der Legitimation politischer Herrschaft“*[14] beteiligt. Demokratie als normativer Wert steht besonders für anspruchsvolle Zugeständnisse wie Menschen- und Bürgerrechte. Im 19. Jahrhundert wurde der Anspruch der Demokratie von Abraham Lincoln wie folgt ausgedrückt:

„Democracy is the government of the people, for the people, by the people.“[15]

Die Demokratie ist nach Lincoln eine aus dem Volk hervorgehende, durch das Volk und im Sinne des Volkes ausgeübte Herrschaft. Bei Lincoln ist das Volk, um es prägnant auf den Begriff zu bringen, die Drehscheibe der Demokratie.

---

[14] Vorländer, Hans, Demokratie, S. 10.
[15] Ebd.

Gesprochen wird in der Demokratie von den drei Staatsgewalten, die zurückzuführen sind auf Montesquieu. Dabei steht der Begriff der „Gewalt“ für die Macht der Herrschaft, welche letztlich der Staat ist. Die drei Staatsgewalten der Demokratie unterteilen sich in die gesetzgebende Gewalt, Legislative, in die ausführende Gewalt, Exekutive, und in die richterliche Gewalt, Judikative. Als vierte Gewalt in der Demokratie hat sich die Presse mit dem Oberbegriff Medien eingebettet. Einerseits fungieren Medien als „Überbringer“ politischer Entscheidungen, wobei sie andererseits als „Überwacher“ gegenüber dem Staat durch ihre Berichterstattungen dem Volk dienlich sind.

Der souveräne Akteur in einem Staat ist, wie Lincoln es in seinem berühmten Zitat ausdrückte, das Volk. In einer Demokratie kommt dem Volk bei der Entscheidungsfindung zur Konstituierung einer Regierung die entscheidende Aufgabe bei Wahlen zu. Die Rolle des Volkes ist insofern „vorgegeben“, dass es in allgemeinen, freien, geheimen, gleichen und unmittelbaren Wahlen seine Vertreter wählt. Der Wille des Volkes ist in den Garantien der Demokratie, wozu u.a. wesentliche Werte wie Freiheit und individuelle Gleichheit vor dem Gesetz gehören, wiedergegeben.

Diese demokratischen Freiheiten tragen um ein Mehr bei, dass grundlegende Rechte in einem Staat gefördert werden können.[16] Betont werden sollte auch, dass Demokratie ein gewisses Interesse, Verantwortungsbewusstsein und Engagement benötigt, damit ihre Früchte, wie z.B. die Meinungsfreiheit, auch geerntet werden können.[17] Demokratie ist kein willkürliches Konstrukt, sondern erst durch die Partizipation des Volkes und der Artikulation seiner Interessen ein fassbarer Begriff.

---

[16] Vgl. Abdelmajid, Layadi, Entwicklung als Freiheit, S. 97. Zu demokratischen Freiheiten gehören auch die Förderung der Menschenrechte, des Umweltschutzes und die Gleichberichtigung zwischen den Geschlechtern.

[17] Vgl. Meier, Hans, Demokratie braucht politische Bildung, S. 12.

1.2.1. Demokratie und Menschenrechte

Das grundlegende Ziel der Demokratie ist die Gewährung und Steigerung der Freiheit des Individuums. Um es auf einen verständlichen Nenner zu bringen, erfordert die Gewährung von unveräußerlichen Menschenrechten ein demokratisch-politisches System. Essentielle Rechte, wie Grund- und Bürgerrechte, werden in einem Staat nur einem Bürger des jeweiligen Staates gewährt. Im Gegensatz dazu werden jedoch Menschenrechte einem Menschen verliehen, da Menschenrechte unveräußerlich, vor- und überstaatlich sind.[18] Menschenrechte sind also „älter" als der Staat.

Als das oberste Prinzip der Demokratie gilt die Rechtsstaatlichkeit.[19] Aufbauend auf dem Rechtsstaatsprinzip wird im Rahmen der Grund- und Menschenrechte die Gleichheit vor dem Gesetz garantiert. Nach ihrem Selbstverständnis versammelt ein demokratischer Rechtsstaat unterschiedliche gesellschaftliche Interessen hinter sich, die dieser gerecht in einem Diskurs vertreten sollte.[20] Menschenrechte sind in diesem Kontext ein deutlicher Maßstab für die Einhaltung von Rechten eines Individuums in einem Staat, welche besonders im internationalen Diskurs als solche bewertet wird.[21] Staaten mit einem autoritären Regime, welche ihrer Bevölkerung die Menschenrechte verwehren, sollten im Idealfall von der internationalen Gemeinschaft und zusätzlich von der angehörigen Zivilgesellschaft angeprangert werden.[22] Diese zangenartige Vorgehensweise von

---

[18] Vgl. Schubert/Klein, Politiklexikon, S. 188.
[19] Vgl. Frevel, Bernhard, Demokratie, S. 66.
[20] Vgl. Ebd., S. 63.
[21] Der internationale Diskurs zu Menschenrechten findet vor allem Ausdruck in Berichten von den zwei bekanntesten NROs Amnesty International (AI) oder Human Rights Watch (HRW). Daneben existieren Organe der UN, welche sich der Sache der Menschenrechte angenommenen haben.
[22] Vgl. Risse/Jetschke/Schmitz, Die Macht der Menschenrechte, S. 198.

„oben“ und „unten“ kann den Zustand einer Gesellschaft verbessern, die der Menschenrechte beraubt ist.

Autoritäre Regime lassen einen sich von innen entstehendem Pluralismus im Keim ersticken und diktieren ihrer Bevölkerung eine vorgefasste Meinung. Dagegen ist der Anspruch in einer Demokratie auf Menschenrechte das Zugeständnis von Freiheiten.[23] Die Bevölkerung in einem autoritären Staat kann ihren freien Willen in Wahlen oder ähnlichen Prozessen zur Willensbildung nicht zum Ausdruck bringen. Jegliche Partizipation bleibt auf der Strecke. In einer Demokratie wird diese Tatsache eher selten zu beobachten sein, weil die Macht- und Herrschaftsbegrenzung eindeutig ist: *„Die mehr oder minder breite Verteilung von Entscheidungs-, Umsetzungs- und Kontrollkompetenzen auf unterschiedliche Akteure bewirkt die Begrenzung von Macht, beugt Machtmissbrauch vor und begünstigt den ausgiebigen politischen Diskurs, der ein Grundmerkmal von Demokratien ist.“*[24]

Auf dem Fuße der Demokratie folgt auch die fast schon zwingende Tatsache, dass eine Zivilgesellschaft erforderlich ist. Indes bekundet die empirische Demokratieforschung, dass eine „erfolgreiche“ Demokratie sich längerfristig nur etablieren kann, wenn entscheidende Machtressourcen in einem Staat unter der breiten Masse des Volkes verteilt sind. Im gegensätzlichen Fall ist der Gehalt der Demokratie geringer.[25] Die Ansicht, dass eine Demokratie ebenbürtige Demokraten benötigt, geht in dieselbe Richtung. Ausschlaggebend für eine Demokratie ist eine dazugehörige Kultur, die erst erlernt werden sollte. Gewiss gehört dazu Bildung, die als eine

---

[23] Vgl. Schubert/Klein, Politiklexikon, S. 188. Zu diesen Freiheiten gehören das Recht auf Freizügigkeit, die Versammlungsfreiheit, die Vereinigungs- und Koalitionsfreiheit (d.h. auch das Streikrecht), das Wahlrecht, das Recht auf Erwerbsmöglichkeit und gerechten Lohn und das Recht auf Bildung.

[24] Frevel, Bernhard, Demokratie, S. 65.

[25] Vgl. Vorländer, Hans, Demokratie, S. 100.

„Begleitstimme demokratischer Ordnungen“[26] zu konstatieren ist. Menschenrechte nehmen insofern in einer Demokratie einen spezifischen Platz ein, als dass ein Bürger eines Staates bei einem Verstoß gegen jene Rechte hierfür bei entsprechenden Institutionen klagen kann.

In autoritären Regimen, wo Menschenrechte nicht die Schwelle als Norm überschritten haben, sind Menschen Repressionen des jeweiligen Staates ausgesetzt. Unterstrichen wird dieser Umstand durch eine empirische Untersuchung zur Durchsetzung von Menschenrechten. Diese empirische Untersuchung hat zur Lage der Menschenrechte für sieben von elf Staaten ergeben, dass die Durchsetzung von Menschenrechten mit *„Liberalisierungs- und Demokratisierungsprozessen“*[27] einherging.

Somit ist die Demokratie der bestmögliche Wirkungsbereich für die Durchsetzung der Menschenrechte, weshalb es unlogisch scheint, gegen Menschenrechtsverletzungen in der Dritten Welt mit anderen politischen Legitimationen als der Demokratie zu protestieren.[28] Die Umsetzung von Menschenrechten in westlichen Staaten gestaltet sich wesentlich leichter verglichen mit einem Staat, in welchem das Primat des Islams herrscht.[29] Dies ist so zu verstehen, dass westliche Staaten durch ihre innere und eigene philosophische, politische, wirtschaftliche, theologische und wissenschaftliche Entwicklung es schafften die Religion von der Politik zu trennen.

---

[26] Meier, Hans, Demokratie braucht politische Bildung, S. 12 ff.

[27] Risse/Jetschke/Schmitz, Die Macht der Menschenrechte, S. 181. Diese elf Staaten waren, wie es heißt, aus dem Süden. Durch die Demokratisierung, die eine Systemtransformation darstellt, verschwanden auch Strafen wie z.B. die Folter.

[28] Vgl. Böckenförde, Ernst-Wolfgang, Das Unwahrscheinliche wollen. Demokratie, notwendige Forderung der Menschenrechte?, S. 6.

[29] Vgl. Risse/Jetschke/Schmitz, Die Macht der Menschenrechte, S. 189. Der Islam ist auf den „ersten Blick“ der Auslöser für die Unstimmigkeit im politischen System, jedoch korrelieren auch andere Ursachen damit. In den folgenden Kapiteln wird diese These am Beispiel des Irans verdeutlicht.

Wie aus den Ausführungen bereits zu sehen ist und noch sein wird, wurde versucht, dem Wesen der Menschenrechte ein identifizierbares Gesicht zu verleihen, was sich kontinuierlich kenntlicher zu zeigen scheint in der Gestalt ihrer Instanzen. Der Weg der Menschenrechte ist zwar nicht frei von Schwächen, doch die Bildung diverser Konventionen zur Einhaltung der Menschenrechte weist auf eine aufstrebende Richtung hin. Vor diesem Hintergrund erlangten die Menschenrechte internationale Bedeutung, was ihre Legitimität seit dem Zweiten Weltkrieg kennzeichnet.

1.3. Die Ära der Menschenrechte - Geschichte und Entwicklung seit 1945

1.3.1. Was sind Menschenrechte?

Menschenrechte sind keine Konstrukte, die eine schleierhafte Bedeutung haben, sondern sind Resultate von konkretem, geschichtlichem und offenbarem Unrecht, begangen von Menschen an Menschen.[30] Der Zweite Weltkrieg ist ein ausschlaggebender Grund, weshalb die Menschenrechte einen hohen Stellenwert erhielten, und es zum Zusammenschluss der Vereinten Nationen kam. Vor dem Zweiten Weltkrieg hatten nur Staaten im Völkerrecht verankert Rechte. Getragen von den Erfahrungen des Völkermordes an den europäischen Juden lag der Gedanke nahe, derartige Menschenrechtsverletzungen für die nächsten Generationen zu vermeiden.[31]
Der grundlegende Gedanke der Menschenrechte ist demnach die Verhinderung des Missbrauches eines Individuums durch die willkürliche Macht

[30] Vgl. Bielefeldt, Heiner, Universale Menschenrechte angesichts der Pluralität der Kulturen, S. 47.
[31] Vgl. Gareis/Varwick, Die Vereinten Nationen, S. 177.

des Staates. Menschenrechte sind somit keine statischen Konstrukte. Sie haben eine eigene Dynamik, welche eng verknüpft ist mit den sich wandelnden Strukturen einer Gesellschaft. Menschenrechte enthalten subjektive Rechte, deren Adressaten alle Menschen kraft ihrer Natur als Menschen sind. Das Recht auf Menschenrechte gründet sich in universale Rechtsprinzipien mit moralischem Gehalt, denn *„das Recht ist die Schutzhülle sittlicher Prinzipien"*[32]. Menschenrechte sind u.a. moralische Rechte, welche die Befähigung zum eigenverantwortlichen Handeln implizieren, was nach dem Selbstverständnis der Menschenrechte als äußerst wichtig erachtet wird. Menschenrechte haben einen so genannten unantastbaren Charakter, dessen Träger als hilflos geltende Personengruppen, wie z.B. Frauen oder Kinder, sind.[33]

Prinzipiell sollen ein Konflikt und die aus ihm resultierende Gewalt durch eine argumentative Auseinandersetzung gelöst werden. Eine konkrete Umsetzung von Menschenrechten sollte den gesellschaftlichen Verhältnissen des jeweiligen Staates angepasst werden, wobei die Herrschaftsform der Demokratie, wie oben erläutert, das Ideal zur Inanspruchnahme der Menschenrechte in einer legitimen Rechtsordnung bildet. Für eine stabile demokratische Staatsform *werben* Menschenrechte, um eine möglichst gezielte Verwirklichung der individuellen Menschenrechte auch anbieten zu können. Nach dem Zweiten Weltkrieg war eine große Anzahl von Staaten der Ansicht, dass dem Individuum auf einer Grundlage, die dann die Allgemeine Erklärung der Menschenrechte bildete, kein Unrecht mehr widerfahren sollte.

---

[32] Forst, Rainer, Kontexte der Gerechtigkeit, S. 351.

[33] Vgl. Maus, Ingeborg, Menschenrechte als Ermächtigungsnormen internationaler Politik, S. 288. Denn allein aus ihrer Sozialisation heraus sind derartige Gruppen rechtlich marginalisiert, was durch den Gebrauch des Instruments der Menschenrechte den Grad ihrer Freiheit und ihrer Lebenssituation verbessern kann.

1.3.2. Allgemeine Erklärung der Menschenrechte von 1948

Menschenrechte haben einen überstaatlichen Charakter, was in der Gestaltung der Politik der Vereinten Nationen explizit erwähnt wird. Die Allgemeine Erklärung der Menschenrechte wurde im Jahre 1948 von der Generalversammlung der Vereinten Nationen angenommen.[34] Bereits im ersten Artikel wird die Universalität der Menschenrechte verdeutlicht:

„Alle Menschen sind frei und an Würde und Rechten gleich geboren. Sie sind mit Vernunft und Gewissen begabt und sollen einander im Geist der Brüderlichkeit begegnen.“[35]

Der Begriff der Würde, welcher den Ehrbegriff ersetzt hat, wird hier gleichgesetzt mit Freiheit und Gleichheit.[36] Freiheit und gleichberechtigte Mitbestimmung sind auch als Grundgedanken der Menschenrechte zu verstehen. Die Allgemeine Erklärung der Menschenrechte ist ein „weiches“ Völkerrecht, da sie keine rechtsverbindliche Umsetzung für Staaten besitzt. Des Weiteren arbeitet die Allgemeine Erklärung der Menschenrechte mit Erklärungen, Resolutionen oder auch Empfehlungen.

Seit ihrer Entstehung hat die Allgemeine Erklärung der Menschenrechte einen großen Zuspruch erfahren, denn sie ist, was ihre quantitative Verbreitung anbetrifft, das meist verbreitete und meist übersetzte internationale Dokument. Diese Popularität ist nicht unberechtigt, denn neben individuellen Menschenrechten existieren Gruppen- oder Kollektivrechte (Ar-

---

[34] Bei der Allgemeinen Erklärung der Menschenrechte handelt es sich formell um eine Resolution der Generalversammlung von 1948. Sie ist nicht bindend, aber Teile davon bilden das Völkergewohnheitsrecht. Sie interpretiert den Begriff Menschenrechte in der UNO-Satzung. Unterzeichnet bzw. ratifiziert werden die Menschenrechtspakte, nicht die AEMR.

[35] Heidelmeyer, Wolfgang, Die Menschenrechte, S. 209.

[36] Vgl. Forst, Rainer, Kontexte der Gerechtigkeit, S. 426. Der Begriff der Ehre umfasst den Kreis einer sozialen Klasse, wobei der Begriff der Würde individualistisch gestaltet ist. Ehre entspricht mehr den vorstaatlichen Denkstrukturen und Würde ist mehr verankertes Recht im modernen staatlichen Sinne.

tikel 29, AEMR), welche sich auf den Schutz von Minderheiten oder indigenen Völkern beziehen. Gruppenrechte werden nicht als solche gewährt, sondern der Schutz von Gruppen wird über den Menschenrechtsschutz von Individuen geregelt. Kollektive Rechte werden impliziert, wenn eine Gruppe ein friedliches Verhalten sowohl ihren Mitgliedern als auch einer anderen Gruppe gegenüber ausübt. Das heißt, dass die Friedfertigkeit einer Gruppe das Kriterium zur Gewährung von Kollektivrechten ist. Diese Rechte haben im Völkerrecht wenig Beachtung gefunden und wurden nicht verankert. Zur Einhaltung der Menschenrechte besitzt das Völkerrecht als Instanz eigene Aufgaben. In erster Linie regelt und begrenzt das Völkerrecht die Beziehungen zwischen den Staaten, aber es gewährt den Staaten auch eine Grundlage zur Ermächtigung und Verpflichtung ihres staatlichen Handelns auf internationaler Ebene.[37] An dieser Stelle stellt sich die Frage, wann das Völkerrecht wirksam wird. Die Wirksamkeit des Völkerrechts gilt, wenn mindestens zwei betroffene Staaten es in einem bilateralen Vertrag anerkennen. Wie noch zu sehen sein wird, sind diese rechtlichen Akte zur Verbesserung der Menschenrechte aus einem bestimmten Kontext entstanden. Eingebunden waren dabei zahlreiche Staaten.

1.3.3. Drei Generationen von Menschenrechten und das Recht auf Entwicklung

Ferner kann man von drei Generationen der Menschenrechte sprechen, wobei der Begriff Generation eine Bezeichnung für unterschiedliche Gruppen von Menschenrechten darstellt und keine weitere Bedeutung be-

[28] Vgl. Kimminich, Otto, Einführung in das Völkerrecht, S. 106.

inhaltet. So findet die erste Generation der Menschenrechte ihren Ausdruck dahingehend, dass das Individuum gegenüber staatlicher Willkür und Gewalt geschützt wird, wobei die zweite Generation Partizipationsrechte im wirtschaftlichen, sozialen und kulturellen Bereich vorsieht und die dritte Generation schließlich kollektive Rechte fokussiert wie beispielsweise das Recht auf Entwicklung. Das Recht auf Entwicklung wurde im Zuge der zweiten Weltmenschenrechtskonferenz im Jahre 1993 in Wien von der Staatenwelt als ein notwendiges Recht angesehen.[38] Verzeichnet wurde als Ergebnis der Konferenz, dass jedes Individuum ein Recht auf Entwicklung habe.[39] Das Recht auf Entwicklung beruht auf der These, dass der Anspruch der universellen Geltung der Menschenrechte anerkannt wird. Demnach heißt es im ersten Artikel der Erklärung zum Recht auf Entwicklung:

„Menschen und Völker (sollen; d. Verf.) Anspruch darauf haben, an einer wirtschaftlichen, sozialen, kulturellen und politischen Entwicklung, in der alle Menschenrechte und Grundfreiheiten voll verwirklicht werden können, teilzuhaben.“[40]

Geschichtlich ist das Recht auf Entwicklung folgendermaßen entstanden: Durch die globalen Verhältnisse tauchten neue Fragen auf, welche einer Berücksichtigung in der Allgemeinen Erklärung der Menschenrechte bedurften. So ist in der Folge der Menschenrechte der dritten Generation die Erklärung zum Recht auf Entwicklung abgegeben worden. Das Recht auf Entwicklung wurzelt im Prozess der Dekolonisation, womit eine Vermeh-

---

[38] International hat im Allgemeinen das Jahr 1968 durch einen revolutionären Geist gepaart mit weltweiten Protesten einen verbleibenden Eindruck hinterlassen. Ausschlaggebend für Menschenrechte war in diesem Jahr in Teheran, Iran, die Abhaltung der *ersten* Weltmenschenrechtskonferenz, welche den Übergang von der Phase der Förderung der Menschenrechte zu der Phase des Schutzes der Menschenrechte einleitete.

[39] Vgl. Hamm, Brigitte, Menschenrechte, S. 75.

[40] Fritzsche, K. Peter, Menschenrechte, S. 108.

rung neu entstandener souveräner Staaten als Mitglieder der Vereinten Nationen verzeichnet werden konnte. Eng damit verbunden sind Ansprüche dieser entkolonialisierten Staaten, was neue Fragen in den Dimensionen der Politik und Wirtschaft für die Vereinten Nationen stellte. Das Recht auf Entwicklung gilt somit als ein unveräußerliches Recht, das im Grunde die politische, soziale und kulturelle Entwicklung sämtlicher Völker bezweckt. Zum Recht auf Entwicklung heißt es in der Präambel:

„[D]er die ständige Steigerung des Wohls der gesamten Bevölkerung und aller Einzelpersonen auf der Grundlage ihrer aktiven, freien und sinnvollen Teilhabe am Entwicklungsprozess und an der gerechten Verteilung der daraus erwachsenden Vorteile zum Ziele hat.“[41]

Um den Fokus aus dieser Perspektive auf die afghanischen Flüchtlinge im Iran zu richten, ist zu schildern, dass afghanische Flüchtlinge dort sehr wenig Freiraum für ihre kulturellen oder politischen Belange haben. Ein Grund besteht unter anderem darin, dass afghanische Flüchtlinge keinen offiziellen Vertreter, weder im iranischen Parlament noch in den Städten oder ländlichen Gebieten, haben. Von offizieller iranischer Seite heißt es, dass afghanische Flüchtlinge durch ihre in Afghanistan erworbene Bildung, die Kenntnisse und Orientierung voraussetzt, ihre Probleme bei behördlichen Stellen eigenständig äußern können. Einem offiziellen Vertreter, welcher die Stimmen afghanischer Flüchtlinge bündelt, wird keine Notwendigkeit zuerkannt. Der Grund dieser Argumentationsweise liegt darin, dass die Rede von einer afghanischen gebildeten Elite[42] ist. Tatsäch-

[41] Ebd., Diese Bekundung zum Recht auf Entwicklung ist aus der Präambel der „Deklaration zum Recht auf Entwicklung“ von 1986 entnommen.

[42] Vgl. www.netiran.com. Ein Interview mit dem iranischen Minister Ahmad Husseini (Director-General for Aliens Affairs of the Interior Ministry). Als afghanische Elite im Iran gelten nach Husseini Personen, welche einen Universitätsabschluss haben. Ihre Zahl wird auf 2000 geschätzt.
Sicherlich ist die Zahl von afghanischen Eliten im Iran in den letzten Jahren angestiegen, wobei es keine verlässlichen Zahlen gibt (Stand: Mai 2016).

lich leben im Iran afghanische Flüchtlinge aus den verschiedensten sozialen Schichten mit entsprechender Bildung oder Alphabetisierungsrate, so dass diese Argumentation unhaltbar ist. Zumal die besagte afghanische Bildungselite sich in der Bildung zwar von anderen afghanischen Flüchtlingen unterscheidet, aber dennoch mit dem erstrangigen Merkmal als Flüchtlinge aus Afghanistan gekennzeichnet ist. Für sie und andere afghanische Flüchtlinge ist der Zugang zu staatlichen Bildungseinrichtungen eingeschränkt. Repräsentative Aktivitäten für ihre Landsleute werden dieser vermeintlichen Bildungselite nicht eingeräumt.[43] Der Iran möchte afghanischen Flüchtlingen das Recht auf politische oder kulturelle Aktivitäten nicht einräumen, da er im Umkehrschluss insgeheim den Export seines politischen Systems verfolgt:

„Iranian authorities support and allow only those refugee activities which they fully control and which immediately serve the export of their own Islamic Revolution to Afghanistan.“[44]

Als ein Menschenrecht ist das Recht auf Entwicklung in der Praxis schwer durchsetzbar, dennoch kann die Aufmerksamkeit darauf gelenkt werden. Menschen sollten als Betroffene dieses Menschenrecht für die Belange ihrer Gemeinschaft einfordern.[45] Diese Argumentation sollte derart verstanden werden, dass bei einer vehementen Forderung eventuell eine Kehrtwende zur Besserung ihrer Situation eintreten könnte. Eine außerordentliche Widersprüchlichkeit besteht zwischen bereits bestehenden Gesetzen zum Recht auf Entwicklung und ihrer vernachlässigten Realisierung in einigen Staaten.[46] Letztlich zählt der politische Wille eines Staates, welcher den Menschen dieses Recht verwehrt oder einräumt.

---

[43] Vgl. Pstrusinska, Jadwiga/Krasnowolska, Anna/Maciuszak, Kinga: Afghanica. The Afghanistan Studies Newsletter, A visit to Afghan refugees in Mashhad, S. 7.
[44] Ebd.
[45] Vgl. Layadi, Abdelmajid, Entwicklung als Freiheit, S. 130.
[46] Vgl. Ebd., S. 127.

1.4. Zivil- und Sozialpakt

In der Allgemeinen Erklärung der Menschenrechte werden zwei Pakte aufgeführt, welche unter den Bezeichnungen Zivil- und Sozialpakt bekannt sind. Sowohl der Zivil- als auch der Sozialpakt sind später, nämlich im Jahre 1966, als angemessene und notwendige Erweiterungen der Menschenrechte beschlossen worden. In einer allgemeinen Klassifikation wird der Zivilpakt als klassisches und der Sozialpakt als modernes Menschenrecht bezeichnet.[47] Ersterer zählt zu den beachtlichsten Errungenschaften zur rechtlichen Verankerung der Menschenrechte, dessen Rechtsanspruch in den Verpflichtungen der Staaten ohne weiteres überführt werden kann. Es beinhaltet in seinem Kern klassische bürgerlich-liberale Abwehrrechte, welche auf dem Fundament des Verbotes der Diskriminierung und dem Gebot der Gleichberechtigung von Mann und Frau beruht. Die Einzelgarantien werden wiederum in vier Untergruppen unterteilt, die nach ihrem Wesen als äußerst wichtig erachtet werden. Solche fundamentalen Rechte sind der Schutz der Individualsphäre, Schutz der gesellschaftlichen Stellung eines Individuums, Schutz der Stellung im politischen Gemeinwesen und justizielle Schutzrechte.[48]

Die normative Grundlage, dass der Schutz der Menschenrechte vornehmlich dem Individuum gilt, gehört zum unbestreitbaren Anspruch der Menschenrechte. Diese verankerten Rechte räumen dem Individuum eine weitreichende Möglichkeit zur Partizipation an der Gesellschaft ein, was das Leitbild der Menschenrechte reflektiert. Im Zivilpakt wird der Handlungs-

---

[47] Vgl. Heidelmeyer, Wolfgang, Die Menschenrechte, S. 44.
[48] Vgl. Gareis/Varwick, Die Vereinten Nationen, S. 190.

raum der staatlichen Macht klar eingegrenzt, da ein Staat nicht in die Freiheit eines Individuums eingreifen darf.[49]

Neben dem Zivilpakt umfasst der Sozialpakt eines der beiden grundlegenden Menschenrechte. Der Sozialpakt gewährt Schutz in drei Sphären des Rechts, nämlich in der Wirtschaft, im Sozialen und in der Kultur. Staaten, die einen oder auch beide Pakte unterzeichnen, unterliegen der verbindlichen Annahme derer Inhalte. Sowohl im Sozial- als auch im Zivilpakt ist das Recht auf Selbstbestimmung der Völker enthalten. Das Recht auf Selbstbestimmung beinhaltet die Autonomie eines Staates. Umgekehrt findet staatliche Souveränität ihre Grenzen bei der Einhaltung der Menschenrechte. Staatliche Souveränität kann negatives Potenzial beinhalten, die darin besteht, dass sich ein Staat unter dem Vorwand der Souveränität dem Schutz der Menschenrechte entzieht und den universellen Anspruch der Menschenrechte mit seiner Staatspolitik als unvereinbar in Frage stellt. Der Iran durchbricht als Vertragsstaat diese Pakte, wenn es um die Todesstrafe geht:

„Als Vertragsstaat des Internationalen Pakts über bürgerliche und politische Rechte sowie des Übereinkommens über die Rechte des Kindes hat sich der Iran verpflichtet, keine zum Zeitpunkt der Tat minderjährigen Straftäter hinzurichten. Dennoch sind nach Erkenntnis von ***ai*** *(amnesty international; d. Verf.) im Iran seit 1990 mindestens 18 jugendliche Straftäter hingerichtet worden. Allein 2005 wurden mindestens acht zum Tatzeitpunkt minderjährige Personen exekutiert - darunter zwei, die auch bei der Hinrichtung unter 18 Jahre alt waren.“*[50]

Hierin verletzt der Iran das Recht von heranwachsenden Jugendlichen auf Entwicklung, indem diesen Jugendlichen keine Gelegenheit eingeräumt

---

[49] Vgl. Stuby, Gerhard, Internationale Menschenrechte, ihre Universalität und Probleme ihrer Durchsetzung, S. 126.

[50] www2.amnesty.de/internet/deall.nsf/windexde/PR2006001.

wird, sich durch eine angemessene Haft wieder in die iranische Gesellschaft zu resozialisieren. Die Höchststrafe bereits bei der Adoleszenz nach dem iranischen Recht zu verhängen, soll Abschreckung erzeugen, was eine diskriminierende Gesetzmäßigkeit bedeutet. Diskriminierung ist in den letzten Jahrzehnten zu einem internationalen Thema angewachsen, womit die Menschenrechtsdebatte sich auch befasst.

1.5. Diskriminierung, Individualbeschwerde, NRO

Trotz noch bestehender Mängel möchte die Charta der Menschenrechte den Einzelnen vor den potenziellen Gefahren, die ein Staat oder eine Gesellschaft einem Individuum bereiten kann, die Möglichkeit einräumen auf bereits bestehende Gesetze menschenrechtlicher Art zurückzugreifen. In diesem Sinne sind eine Reihe von kodifizierten Menschenrechtsgesetzen ins Leben gerufen worden, die von einer großen Anzahl Staaten unterzeichnet wurden und Anerkennung genießen dürfen. Nichtsdestotrotz ist es den Staaten, welche den Schutz der Menschenrechte in ihre nationale Politik übernommen haben, überlassen, den Rechten in ihren Exekutivorganen Gültigkeit zu verleihen. Mit der Beachtung der Menschenrechte steuert ein Staat dazu bei, dass die Universalität der Menschenrechte als oberstes Gut aufgewertet wird. Die Realisierung von internationalen Normen in der Innenpolitik eines Staates impliziert eine gewisse Vorbildfunktion.

1.5.1. Diskriminierung

Im Menschenrechtsdiskurs wirft die Diskriminierung einer Gruppe oder einer Rasse Fragen auf, die vorwiegend menschenverachtende Kontexte beinhalten. Diskriminierungen rassistischer Couleur begründen sich beispielsweise in der Art, in der eine Gruppe einer anderen Klischees vorhält. Klischees entstehen meistens wegen andersartiger Herkunft, Religion oder Hautfarbe in einer Gesellschaft, womit die Entstehung von Minderheiten determiniert ist. In diesem Kontext haben die Vereinten Nationen durch die Erfahrung des Nationalsozialismus versucht, das Phänomen des Rassismus einzudämmen, indem das Motiv des Rassismus in den Staaten und den Zivilgesellschaften durch eine Agenda auf Dauer verankert wurde.
Ursprünglich war der Rassismus in Staaten wie Südafrika durch das Apartheidregime ideologisch begründet.[51] Festzuhalten gilt, dass der Rassismus nicht gänzlich beseitigt worden ist. Die heutigen Erscheinungen zeigen sich vor allem in Unterschieden der Kultur oder Ungleichheit von Bildungsstandards in einigen Staaten.[52]
Bezogen auf den Iran dürfen viele afghanische Flüchtlingskinder keine staatlichen Schulen besuchen, im Gegensatz zu den iranischen Schülern. Sie werden in Schulen unterrichtet, die von afghanischen Flüchtlingen betrieben werden, vom iranischen Bildungsministerium jedoch nicht anerkannt sind.[53] Wenige afghanische Flüchtlingskinder dürfen im Iran staatliche Schulen besuchen, erzielen aber trotz Restriktionen gute schulische Leistungen, z.B. werden sie in der Schule als Stereotype behandelt:
„In spite of the discrimination they suffer at Iranian schools in the effect of the prevailing stereotype of a ‘stupid, illiterate, dirty Afghan’, refugee

[51] Vgl. Fritzsche, K. Peter, Menschenrechte, S. 110.
[52] Vgl. Priester, K., Rassismus und Kulturelle Differenz, S. 24.
[53] Vgl. http://www.fmreview.org/text.

children in Iran are good and ambitious students. (...) Therefore many young refugees finish their primary school as first pupils, but few can afford to continue at the secondary school; the most determined young people travel to Pakistan to join some medical or technical courses organized by western humanitarian organizations."[54]

Diese Art der Segregation im Iran ist mit den Bestimmungen von internationalen Übereinkommen nicht zu vereinbaren, wonach „*die Vertragsstaaten sich verpflichten, unmittelbare und wirksame Maßnahmen, insbesondere auf dem Gebiet des Unterrichts, der Erziehung, Kultur und Information, zu treffen, um Vorurteile zu bekämpfen, die zu Rassendiskriminierung führen (...).*"[55]

Ins Bewusstsein des Schutzes der Menschenrechte ist die Beseitigung des Rassismus gerückt, obwohl die Ignorierung der Menschenrechte in manchen Staaten an der Tagesordnung ist, welche in gleicher Weise Verträge zur Einhaltung der Menschenrechte unterzeichnet haben. Wie der Rassismus verstößt die Praxis der Folter gegen die Würde des Menschen und ihr Anprangern ist wichtiger Bestandteil des Schutzes der Menschenrechte. Der Folter wird dabei keinerlei Rechtfertigung zugelassen, so dass kein Staat sich auf Befehlsnotstand oder ähnliches berufen kann. Rechtfertigung könnte ein Staat derart erreichen, dass er es als Sicherheitszweck deklarierte, und somit Folter als Mittel zum Zweck einsetzte. So wird gezielte Folter oder auch Verbrechen an der Menschlichkeit vom Internationalen

---

[54] Pstrusinska, Jadwiga/Krasnowolska, Anna/Maciuszak, Kinga. Afghanica. The Afghanistan Studies Newsletter. A visit to Afghan refugees in Mashhad, S. 7.

[55] Menschenrechte. Dokumente und Deklarationen, S. 107. Dieser Artikel geht aus dem ersten Teil des siebten Artikels des Internationalen Übereinkommens zur Beseitigung jeder Form von Rassendiskriminierung (CERD) vom 7. März 1966 hervor.

Strafgerichtshof, der ein Organ der Vereinten Nationen ist, als untersagt deklariert.[56]

1.5.2. Individualbeschwerde

Die Implementierung von Rechten zu Gunsten der Lebenssituation von Menschen ist bei weitem nicht gleichgesetzt mit der Einhaltung dieser Rechte.[57] Es bestehen Mechanismen zur Kontrolle und der weit wichtigeren Wahrnehmung von Verfahren, die den Fokus auf Menschenrechte richten, welche allgemein als Staatenberichte-, Staatenbeschwerde- und Individualbeschwerdeverfahren verfügbar ist. Letzteres Verfahren wird von wenigen Vertragsstaaten als Recht anerkannt, da es eventuell das politische System eines Staates bei Aktivierung dieses Rechts als nonkonform mit den Menschenrechten aussehen lässt.

Die Individualbeschwerde stärkt sicherlich die Rolle der Opfer. Sie kann erst erfolgen, wenn der nationale Rechtsweg vollkommen ausgeschöpft ist. Eine Individualbeschwerde ist unzulässig, wenn sie anonym ist oder nicht mit den Bestimmungen eines Paktes vereinbar.[58] Aufgrund der Anonymität einer Beschwerde, d.h. ohne einen Namen oder eine Anschrift, kann ein Vertragsstaat im Falle einer Individualbeschwerde keine konkrete Stellung beziehen. Der Beschwerdeführende sollte als Person *„persönlich und direkt durch Praxis, Tun oder Unterlassung des jeweiligen Vertragsstaates (betroffen sein; d. Verf.). Es genügt daher nicht, einfach ein Gesetz oder eine staatliche Praxis allgemein anzugreifen, ohne darzulegen, in welcher*

---

56 Vgl. Handke, Peter, Rund um das Große Tribunal, S. 25.

57 Vgl. Brieskorn, Norbert, Menschenrechte, S. 23.

58 Vgl. Menschenrechte. Dokumente und Deklarationen, S. 86. Artikel 3 des Fakultativprotokolls zum Internationalen Pakt über bürgerliche und politische Rechte vom 19. Dezember 1966.

Weise er oder sie persönlich ein Opfer dieses Gesetzes oder der Praxis ist."[59] Jedoch sollte eine Individualbeschwerde bei Behandlung eines individuellen Falles auf einer Konvention basieren.[60] Zum Beispiel existieren Konventionen gegen Diskriminierung, Folter oder Rassendiskriminierung. Es gibt auch ein Fakultativprotokoll zum internationalen Pakt über politische und bürgerliche Rechte.[61] Dieses Fakultativprotokoll stellt eine Erweiterung der bürgerlichen und politischen Rechte dar. Danach kann ein Individuum bei Missachtung dieser Rechte kraft dieses Fakultativprotokolls seine Rechte einklagen. Dadurch wird auch eine besondere Kenntnisnahme der Menschenrechtsverletzungen auf internationaler Ebene beleuchtet und eine zusätzliche Unterstützung der Gerichtsbarkeit der Menschenrechte herbeigeführt. Gegenwärtig besitzen die Vereinten Nationen fünf Konventionen mit entsprechenden Fakultativprotokollen, in denen die Individualbeschwerde eingeräumt wird.[62] In entsprechenden Ausschüssen, welche über eine notwendige Kompetenz verfügen, wird eine Individualbeschwerde behandelt.

Bei der Individualbeschwerde spielen Kriterien wie Religion oder Staatsangehörigkeit eine untergeordnete Rolle.[63] Eine besondere Rolle kommt Nichtregierungsorganisationen zu. Sie könnten durch ihr zivilgesellschaftliches Engagement das Verfahren der Individualbeschwerde für die Bevölkerung bekannter gestalten. Welche Rolle NROs im Menschenrechtsdiskurs einnehmen, wird im Folgenden dargelegt.

---

[59] www.institut-fuer-menschenrechte.de, PDF - Datei, S. 20.
[60] Vgl. Fritzsche, K. Peter, Menschenrechte, S. 70 f.
[61] Vgl. Menschenrechte. Dokumente und Deklarationen, S. 86. Dieser internationale Pakt über politische und bürgerliche Rechte ist datiert vom 19. Dezember 1966.
[62] Vgl. Fritzsche, K. Peter, Menschenrechte, S. 70.
[63] Vgl. www.institut-fuer-Menschenrechte.de, PDF - Datei, S. 16 f. Religion fällt unter rassistische Diskriminierung und wird nicht gesondert behandelt.

1.5.3. Nichtregierungsorganisationen

Die Priorität der Menschenrechte wurde einerseits von den Vereinten Nationen ins Leben gerufen, wobei andererseits im Zeitalter der Globalisierung und der langsamen Entstaatlichung zunehmend Nichtregierungsorganisationen (NRO) in Erscheinung treten. Menschenrechtler, welche aus der Zivilgesellschaft hervorgehen und entsprechende Nichtregierungsorganistationen zur Wahrung der Menschenrechte gegründet haben, genießen eine wichtige Stellung. NROs haben einen modernen Charakter innerhalb der Politik, da sie nicht an einer Regierung beteiligt sind, jedoch oftmals eine beratende Funktion einnehmen.[64] Diese NROs haben den Schutz der Menschenrechte somit gesteigert. Das nicht gewinnorientierte Prinzip von NROs bringt eine steigende Anerkennung und Glaubwürdigkeit mit sich. Die Rolle und Funktion von NROs wird wie folgt beschrieben:

„NGOs verdanken ihre Popularität auch den Schwächen von repräsentativen Institutionen, dem Vertrauensverlust von politischen Parteien und verbreiteten Ohnmachtsgefühlen gegenüber bürokratischen Apparaten und undurchsichtigen Entscheidungsprozessen.“[65]

Gehör finden NROs nicht nur innerhalb von Regierungen, sondern auch bei zahlreichen überstaatlichen Instanzen, aus denen sie teilweise ihre Finanzierung schöpfen. Zu nennen sind u.a. die Weltbank oder die EU-Kommission. Als bekannteste und auch größte Menschenrechtsorganisation gilt *„amnesty international“*[66], die seit ihrer Gründung durch ihre welt-

---

[64] Vgl. Heins, Volker, Weltbürger und Lokalpatrioten, S. 41.

[65] Nuscheler, Franz, Entwicklungspolitik, S. 558.

[66] Vgl. Deile, Volkmar, Vorwort, S. 9. Die Stellungnahmen und Aktionen von amnesty international sind im Mandat der Organisation definiert, die sich auf zwei Gruppen von Menschenrechten stützen. Die erste Gruppe beinhaltet das Recht auf Meinungs- und Gewissensfreiheit und das Recht auf Freiheit vor Diskriminierung. Die zweite Gruppe bildet das Recht auf physische und psychische Integrität. Aus

weiten Einsätze eine mehr oder minder bedeutsame Verbesserung in der Debatte der Menschenrechte bewirkte. Zu Reibungspunkten kann es kommen, wenn sich eine NRO durch einen Staat zu sehr politisieren lässt, was der Arbeit und dem sonst unabhängigen Ansehen einer NRO schadet.

Der Iran hat jedoch ausdrücklich aus Eigeninteresse die Unterstützung von NROs bezüglich Flüchtlingsfragen gefordert.[67] Insbesondere wurde die UNHCR[68] in Teheran im Jahre 1984 von der iranischen Regierung eingeladen, eine Zweigstelle zu errichten, um die Lage der afghanischen Flüchtlinge zu erörtern.[69] Diese Zweigstelle blieb vorerst auf die Hauptstadt beschränkt. In anderen Landesteilen übernahm die iranische Regierung die Versorgung von afghanischen Flüchtlingen.[70] Der Iran initiierte vor allem deshalb eine Kooperation mit dem UNHCR, da zu jenem Zeitpunkt der Krieg gegen den Irak an der westlichen Front das Land massiv belastete. An der östlichen Grenze stellte die zunehmende Flüchtlingswelle von Afghanen eine unüberschaubare Größenordnung dar. Der Iran musste also auf der einen Seite seine westliche Grenze militärisch verteidigen und auf der anderen Seite stand seine poröse östliche Grenze „unversperrt" für Flüchtlinge aus Afghanistan. Dadurch war die Hilfe von NROs und dem UNHCR eine Entlastung, denn *„sie (NROs; d. Verf.) erreichen eher als jedes staatliche, zwischen Staaten oder internationalen Finanzorganisati-*

---

diesen beiden Gruppen von Menschenrechten leiten sich die Aufgaben von amnesty international ab.

67 Vgl. Rajaee, Bahram, The politics of refugee policy in post-revolutionary Iran, S. 48 f.

68 Die UNHCR, die keine NRO ist, sondern eine Organisation der UNO, wird unter Punkt 2.1. näher behandelt.

69 Vgl. Billard, Annick, Die Aussichten für die Rückführung afghanischer Flüchtlinge, S. 42.

70 Vgl. Ebd.

onen ausgehandelte und von Bürokraten verwaltete Programm die anvisierten Zielgruppen.“[71]

NROs sind auch eine wohlmeinende Stütze der Vereinten Nationen, da diese von den Vereinten Nationen zu bestimmten Themen angehört werden, womit NROs einen gewissen Einfluss in Sachen Menschenrechte ausüben können.[72] Methoden wie die öffentliche Anklage oder die Bloßstellung bezüglich der Verletzung von Menschenrechten werden von NROs ausgewählt, um eine offensichtliche Kritik auszudrücken.

Am Beispiel von NROs sieht man, dass der Einsatz für Menschenrechte auch in die Zivilgesellschaft Eingang gefunden hat. Der Anspruch der Menschenrechte auf Universalität wird jedoch von gewissen Ideologien abgelehnt, die im folgenden Abschnitt besprochen werden.

1.6. Menschenrechte in der Politik

Menschenrechte kamen durch unterschiedliche Vorzeichen der globalen Machtverhältnisse nach dem Zweiten Weltkrieg zu Stande. Dabei teilte sich die Welt in drei bestimmende Ideologien, die unterschiedliche Vorstellungen von Menschenrechten vertraten.

Die westlichen Industrieländer hegten die Vorstellung vom Primat der politischen Rechte und der bürgerlichen Freiheit, dagegen beharrten die ehemaligen Ostblockstaaten auf der Favorisierung wirtschaftlicher und sozialer Rechte und im Gefüge dieser zwei konkurrierenden Mächte beabsichtigten die Entwicklungsländer das Recht auf Entwicklung, was wirtschaftliche und soziale Rechte miteinschließt.[73] Bereits bei der Gestaltung

---

[71] Nuscheler, Franz, Entwicklungspolitik, S. 565 f.

[72] Vgl. Heins, Volker, Weltbürger und Lokalpatrioten, S. 80.

[73] Vgl. Hamm, Brigitte, Menschenrechte, S. 38.

der Menschenrechte hatte man durch die zwei tonangebenden sich gegenüber stehenden Mächte, sprich Industrieländer und Ostblockstaaten, und dem schwächeren Bund der Entwicklungsländer eine schier unüberwindbare Vermittlungsaufgabe zu bewältigen. Darin sollten sich die Interessen mit der Norm der Gerechtigkeit und der bestmöglichen Vertretung dieser drei sich streitenden Ideologien im Einklang befinden, was nicht ein Resultat des Zweiten Weltkrieges war, sondern einen fundierten Hintergrund hatte.[74]

Die Wahrung oder auch Verwirklichung der Menschenrechte ist ein Prüfstein des politischen Systems eines Staates, da es Unzulänglichkeiten zur Einhaltung der Menschenrechte beleuchtet.[75] So kommt beim Schutz von Menschenrechten „negative Freiheit“ zum Tragen.[76] Menschenrechte sind nicht identisch mit Staatsbürgerrechten, da letzteres Recht von einem Staat für einen begrenzten Kreis, sprich die Bürger eines Staates, rechtlich festgelegt wurde. Die Staatsangehörigkeit einer Person ist das Bindeglied zwischen einem Individuum und dem Völkerrecht.[77] Obwohl die Klauseln der Menschenrechte sich zu der Frage der Staatsangehörigkeit geäußert haben, wonach jeder Anspruch auf Staatsangehörigkeit hat (Artikel 15, AEMR), ist kein Staat diesem Grundsatz verpflichtet.

---

[74] Vgl. Mackert, Jürgen, Kampf um Zugehörigkeit, S. 58. An dieser Stelle sind aus historischer Sicht drei Epochen zur Herausbildung von Rechten zu nennen, wonach im 18. Jh. bürgerliche Rechte entstanden sind (z.B. Freiheit des Individuums), im 19. Jh. haben sich politische Rechte etabliert (Recht auf Teilnahme am Gebrauch politischer Macht) und schließlich kam es im 20. Jh. zur Entstehung sozialer Rechte (Mindestmaß an wirtschaftlicher Wohlfahrt).

[75] Vgl. Kaufmann, Matthias, Philosophie der Menschenrechte, S. 125.

[76] Vgl. Ignatieff, Michael, Die Politik der Menschenrechte, S. 89. Negative Freiheit („Freiheit von etwas“) ist die Freiheit vor Übergriffen, Unterdrückung und Grausamkeit, wogegen positive Freiheit („Freiheit zu etwas“) z.B. ein Anrecht auf Meinungs- oder Redefreiheit, allgemein Freiheit zur Selbstentfaltung und Selbstverwirklichung bedeuten kann.

[77] Vgl. Zepf, Bernhard, Asylrecht ohne „Asylanten“?, S. 176.

Trotz der Institution der Vereinten Nationen als potenzielle überstaatliche Instanz ist die Einhaltung der Menschenrechte äußerst problematisch, da sie für Staaten keinerlei Bindung besitzt. Der Grundsatz des Menschenrechtsschutzes legt das Recht auf Leben, Freiheit und Sicherheit der Person fest, was in den nachfolgenden Artikeln des Gleichheitsgrundsatzes durch zahlreiche bürgerliche und politische Einzelrechte ausgeweitet wird. Die Erfüllung oder Umsetzung dieser obliegt keiner Kontrolle einer supranationalen Institution, sondern lediglich der Verantwortung eines Staates. Als positiv einzuschätzen ist daher die Errichtung der Institution der Menschenrechte in den unterschiedlichsten Regionen der Welt, die eine subsidiäre Aufgabe im internationalen Justizwesen ausübt.[78]
Der Anspruch der Menschenrechte auf Universalität wird jedoch von gewissen Ideologien abgelehnt, welche ihre Politik dementsprechend ausrichten, was ausführlicher im nachstehenden Punkt ausgeführt wird.

1.7. Kritik an den Menschenrechten

Die Menschenrechte werden von Kritikern nicht uneingeschränkt gut geheißen, da diese die Menschenrechte auf bestimmte Aspekte reduzieren, die sich mit der Doktrin und der Weltanschauung bestimmter Gruppen oder Kulturkreise nur spärlich decken und eher als fremde Implementierung betrachtet werden. Kritiker der Menschenrechte meinen, dass Menschenrechte aus der Zivilisation des abendländischen Westens stammen,

[78] Vgl. Menschenrechte. Dokumente und Deklarationen, S. 36. Die Menschenrechte in Regionen aufgeteilt beinhalten die Kontinente Europa, Afrika und Amerika und mittlerweile den islamischen Rechtskreis. Die islamischen Staaten haben eine eigene Deklaration herausgebracht mit dem Titel „Die Allgemeine Erklärung der Menschenrechte im Islam vom 19. September 1981“. Nicht nur diese, sondern eine weitere erfolgte mit der Komponente des Islam: „Die Kairoer Erklärung über Menschenrechte im Islam vom 5. August 1990“.

was daher geringe Repräsentativität für andere Kulturkreise besäße.[79] Jene sind nicht als konstruktive Kritiker zu verstehen, vielmehr kann man sie als Widersacher der Menschenrechte per se benennen, da die Einhaltung der Menschenrechte unvereinbar mit ihren autoritär legitimierten Regimen ist. Im Jahre 1982 erklärte der iranische Abgesandte bei den Vereinten Nationen:

„[D]ie 1948 in der Allgemeinen Erklärung der Menschenrechte garantierten Rechte (sind; d. Verf.) das Produkt des westlichen Liberalismus und Säkularismus gewesen (...). Nunmehr müsste der Inhalt der Menschenrechte neu definiert und von westlichen kulturchauvinistischen Einflüssen befreit werden. Anstelle der 'laizistischen', Dokumente müsse ein Instrument treten, das universell besser akzeptiert und deshalb leichter zu handhaben sei.“[80]

Bereits ein Jahr zuvor lehnte der iranische Diplomat die Vereinten Nationen ab. Seine Begründung war, dass die Vereinten Nationen eine säkulare Institution seien, deren Kongruenz mit der religiösen Rechtsordnung des islamischen Staates Iran gering sei.[81]

Das demokratische Staatsprinzip, was der humanistischen Idee der Menschenrechte als Bedingung zu ihrer Umsetzung dient, wird ins Abseits gestellt. Als Element der Demokratie wird dem Prinzip der Menschenrechte von repressiven Regimen jegliche Unterstützung verweigert. Menschenrechte dienen den Regelwerken dieser Regime nicht, denn Menschenrechte

---

[79] Vgl. Bielefeldt, Heiner, Universale Menschenrechte angesichts der Pluralität der Kulturen, S. 56. Aufgrund der Aufnahme in die internationale Staatengemeinschaft ratifizieren besonders Länder des Südens, also Entwicklungsländer, internationale Menschenrechtsabkommen, was allerdings mehr Lippenbekenntnisse sind. Erwähnenswert ist die Tatsache, dass es in der Präambel der Menschenrechte keinen Bezug auf Gott gibt.

[80] Forstner, Martin, Inhalt und Begründung der Allgemeinen Islamischen Menschenrechtserklärung, S. 250.

[81] Vgl. Ebd., S. 249.

beinhalten Rechte zur Selbstentfaltung der Identität und Individualität eines Menschen, was konträr zur Auffassung von Regimen steht, die mehr dem Kollektiv verbunden sind als dem einzelnen Menschen. Alles in allem treten Menschenrechte für eine Ordnung der Gesellschaft ein, in der die Würde des Menschen eine Aufwertung in den Dimensionen der Politik, der Wirtschaft, der Kultur und im sozialen Bereich erfährt. Der letzte Artikel der Allgemeinen Erklärung der Menschenrechte - die Allgemeine Erklärung der Menschenrechte beziffert 30 Artikel – kann die Intention der Menschenrechte unterstreichen:

„Keine Bestimmung der vorliegenden Erklärung darf so ausgelegt werden, dass sie für einen Staat, eine Gruppe oder eine Person ein Recht begründet, eine Tätigkeit auszuüben oder eine Handlung zu begehen, welche die Beseitigung der in dieser Erklärung verkündeten Rechte und Freiheiten zum Ziel hat.“[82]

2. Die Genfer Flüchtlingskonvention - Eine Ermutigung der Menschenrechte aus der Sicht von Flüchtlingen

Der Schutz der Menschenrechte ist eine der Herausforderungen, die sich auch im Verantwortungsbewusstsein der internationalen Gemeinschaft Platz verschafft hat. In Zeiten von Kriegen oder anderen verheerenden Ereignissen werden Menschen in die Notlage versetzt durch Flucht aus ihrem Heimatland ihr Leben zu schützen und ihrer Freiheit somit einen Ausdruck zu verleihen.[83] In diesem Sinne ist der Gedanke zutage getreten,

---

[82] Menschenrechte. Ihr Internationaler Schutz, S. 10.

[83] Vgl. Mackert, Jürgen, Kampf um Zugehörigkeit, S. 86 ff. Allgemein wird das 20. Jahrhundert als „Age of Migration“ bezeichnet. Insbesondere wird der Beginn der weltweiten Migration seit Mitte der 1970er Jahre angegeben, was „Welt-

solchen Menschen durch einen Rechtsstatus Schutz zu gewähren, was eine Initiative der Vereinten Nationen ist. Dabei ist die Genfer Flüchtlingskonvention im Jahre 1951, auch offiziell „Abkommen über die Rechtsstellung der Flüchtlinge“ genannt, als Vertragswerk zu Stande gekommen.[84] Ergänzt wurde die Genfer Flüchtlingskonvention um das Zusatzprotokoll über die Rechtsstellung der Flüchtlinge im Jahre 1967, da die Genfer Flüchtlingskonvention anfangs eine zeitliche und geographische Beschränkung enthielt.[85] Die Schutzbedürftigkeit eines Menschen sollte der Katalysator sowohl der Genfer Flüchtlingskonvention als auch die des Zusatzprotokolls sein, was viele Staaten nicht beachten.[86] Gegenwärtig gilt die Genfer Flüchtlingskonvention als der einzige internationale Vertrag des Völkerrechts zum Schutz von Flüchtlingen.

Der Iran ratifizierte die Genfer Flüchtlingskonvention und das Zusatzprotokoll im Jahre 1976.[87] Darin anerkennt der Iran ein Regelwerk, das für afghanische Flüchtlinge als ein höchstes Gut zu bezeichnen ist. Artikel, die für afghanische Flüchtlinge Priorität besitzen, sind u.a. die öffentliche Fürsorge (Art. 23, GFK), das Arbeitsrecht und soziale Sicherheit (Art. 24, GFK) sowie die Freizügigkeit (Art. 26, GFK). Um das Arbeitsrecht für afghanische Flüchtlinge als Beispiel zu nennen, gestattet der Iran ihnen

---

Flüchtlings-Krise“ genannt wird. Zu Zeiten des Kalten Krieges wurden Stellvertreterkriege der Supermächte geführt. Jene Supermächte, entweder die USA oder die ehemalige UdSSR, waren durch ihre politische und finanzielle Unterstützung totalitärer Regime der Auslöser von Massenvertreibungen.

[84] Vgl. Tomuschat, Christian, Fünfzig Jahre Genfer Flüchtlingskonvention, S. 21.

[85] Diese Beschränkung sah den Kontinent Europa als Handlungsraum für die Anwendung der Konvention vor, wobei der Zeitraum der Ereignisse vor dem 1. Januar 1951 in Europa zur erst vorgesehen wurde und später sich dies änderte.

[86] Vgl. Freiwillige Flüchtlinge gibt es nicht, S. 15. Staaten, die einem Flüchtling wenig Beachtung schenken, wenden einen einschränkenden Flüchtlingsbegriff an.

[87] Vgl. www.areu.org.af/publications/Afghans%20Living%20in%20Mashhad.pdf, PDF-Datei, S. 15. Sowohl die Genfer Flüchtlingskonvention als auch das Zusatzprotokoll finden in der iranischen Verfassung starken Ausdruck. Das heißt, dass nach Artikel 155 der iranischen Verfassung jemand ein Recht auf politisches Asyl genießen darf. Ausgenommen davon sind Verräter und Kriminelle.

fast keine Arbeitserlaubnis. Eine Arbeitserlaubnis erhalten afghanische Flüchtlinge für Branchen, in denen es tendenziell einen Arbeitskräftemangel gibt. Zum großen Teil stünden afghanische Flüchtlinge den iranischen Gesetzgebungen schutzlos gegenüber, wenn es nicht die UNHCR gäbe, die sich für ihre Belange einsetzt.

2.1. UNHCR

Die UNHCR, Hochkommissariat für Flüchtlinge, ist das wichtigste Organ der UN für die Angelegenheiten von Flüchtlingen. Sie wurde von den Vereinten Nationen 1951 gegründet.[88] Das Statut des UNCHR sieht den internationalen Rechtsschutz von Flüchtlingen als seine dauerhafte Aufgabe.[89] Der Flüchtlingsbegriff des UNHCR ist verwandt mit dem der Genfer Flüchtlingskonvention. Im Verhältnis zur Genfer Flüchtlingskonvention erkennt die UNHCR Menschen auch als Flüchtlinge an, die nicht nur aus Motiven wie politischer, religiöser oder rassistischer Verfolgung flüchten mussten.[90] Weiterhin gehört die Einhaltung der Genfer Flüchtlingskonvention und die Leistung humanitärer Hilfe zu ihren Aufgaben, welche ihr von den Vereinten Nationen übertragen wurde.[91] Die UNHCR sollte unparteilich und -politisch bei Flüchtlingsfragen handeln, wobei sie sich zunehmend im politischen Feld bewegt.[92] Das heißt, dass die UNHCR versucht Flüchtlingen in Staaten Zuflucht zu ermöglichen, was für manche Staaten ein Verstoß gegen ihre Politik darstellt. Staaten, welche nicht im Stande

[88] Vgl. Zepf, Bernhard, Asylrecht ohne „Asylanten“?, S. 16. Bereits fünf Jahre zuvor wurde die Internationale Flüchtlingsorganisation geschaffen, die das Flüchtlingsproblem lösen sollte.
[89] Freiwillige Flüchtlinge gibt es nicht, S. 176.
[90] Zepf, Bernhard, Asylrecht ohne „Asylanten“?, S. 17.
[91] Gareis/Varwick, Die Vereinten Nationen, S. 264.
[92] Freiwillige Flüchtlinge gibt es nicht, S. 19.

sind, ihre Flüchtlinge zu versorgen, werden durch bestimmte Programme vom UNHCR unterstützt. Die UNHCR unterhält in zahlreichen Staaten Zweigstellen, von denen aus ein Flüchtling materielle oder rechtliche Hilfe fordern kann.[93] Von demokratischen Strukturen kann beim UNHCR durchaus die Rede sein, denn die UNHCR wird von einem Exekutivkomitee, welches aus 54 Staaten besteht, kontrolliert.[94]

Die UNHCR war auch im Iran für die Interessen von afghanischen Flüchtlingen tätig. Dabei durfte sie in der Provinz Khorassan im April 1991 zum ersten Mal in einem Flüchtlingslager, in dem afghanische Flüchtlinge seit den Anfängen der 1980er Jahre eine Zuflucht fanden, seine Arbeit aufnehmen.[95] In Folge hat die UNHCR im Jahre 1992 Anstrengungen unternommen, um afghanischen Flüchtlingen durch einen internationalen rechtlichen Rahmen für ihre Rückführung Schutz zu bieten:

„Iran's first repatriation programme for Afghans was formalised in late 1992 with the creation of a Tripartite Commission comprising Afghanistan, Iran and UNHCR.“[96]

Unter dieser Vereinbarung kehrten 300.000 afghanische Flüchtlinge 1993 zurück nach Afghanistan. Das Repatriierungsprogramm wurde kurz vor dem Millennium erneut aufgenommen. Der Iran beabsichtigte afghanische Flüchtlinge, welche freiwillig nach Afghanistan immigrieren wollten, zu unterstützen. Die UNHCR sah darin ein Problem. Mit der Unterstützung von freiwilligen Flüchtlingen konnte der Iran auch afghanische Flüchtlinge

---

[93] Vgl. Zepf, Bernhard, Asylrecht ohne „Asylanten“?, S. 16.

[94] Vgl. Gareis/Varwick, Die Vereinten Nationen, S. 264.

[95] In einem telefonischen Interview mit Herrn Dr. Glatzer am 19.10.2005. Herr Dr. Glatzer war Ethnologe und Afghanistanexperte. Er bereiste mehrmals Afghanistan und den Iran für Tätigkeiten der wissenschaftlichen Forschung. In diesem Fall befand sich Herr Dr. Glatzer im Iran, um die Lage der afghanischen Flüchtlinge zu untersuchen.

[96] www.areu.org.af/publications/Afghans%20Living%20in%20Mashhad.pdf, PDF-Datei, S. 16. Das AREU, Afghanistan Research and Evaluation Unit, untersuchte in einem Fallbeispiel die Lage von afghanischen Flüchtlingen in Maschhad.

zur Rückführung nach Afghanistan zwingen. Diese Art von Rückführung wollte die UNHCR unterbinden:

„*UNHCR's goal was to institute a refugee-screening programme jointly with the government that would assess individual claims and provide protection to those recognised as refugees, and avoid deportations and confinement of Afghans within camps.*"[97]

Vor der Unterzeichnung dieses Abkommens zwischen dem UNHCR und Iran beharrte letzterer auf seinem alten Standpunkt, in dem der Iran den Lebensraum von afghanischen Flüchtlingen auf die Flüchtlingslager beschränkte. Aus diesen Erläuterungen ist zu erkennen, dass es keine leichte Aufgabe ist, einem Flüchtling seine Rechte, die internationale Geltung besitzen, zu gewähren. Dabei taucht die Frage auf, wie ein Flüchtling definiert ist, was nun zur Behandlung steht.

2.2. Definition eines Flüchtlings

Die zentral zu schützende Figur der Genfer Flüchtlingskonvention ist das Individuum und kein Kollektiv. Im Gegenzug wird diese individuelle Ausrichtung der Konvention kritisiert, da der Schutz von Flüchtlingen auch auf eine Gruppe von Flüchtlingen Anwendung finden sollte. Hierbei wird einer humanen Argumentation Rechnung getragen, da eine Gruppe von Flüchtlingen, z.B. eine Familie, untereinander eine starke emotionale Bindung besitzt, zumal ihr jegliche Lebensgrundlage durch die Flucht entrissen worden ist.[98] Dies zu betonen bedeutet nicht, zu verkennen, worin

---

[97] www.areu.org.af/publications/Afghans%20Living%20in%20Mashhad.pdf, PDF-Datei, S. 17.

[98] Vgl. Mann, Bernhard, Politische Flüchtlinge, S. 19.

scheinbar die mehr oder minder formale Definition eines Flüchtlings besteht.[99]

Sobald ein Staatsangehöriger das Territorium seines Staates verlässt, sich auf dem Hoheitsgebiet eines anderen Staates befindet und als Beweggründe sein Heimatland verlassen zu haben Motive wie Verfolgung aufgrund der Zugehörigkeit zu einer Rasse, Religion, Nationalität oder einer sozialen Gruppe angibt, ist jener nach den Genfer Flüchtlingskonventionen berechtigt sich Flüchtling zu nennen.[100] Entscheidend ist also die Zugehörigkeit zu oder die Mitgliedschaft in einer bestimmten Ideologie, die den Umstand der Verfolgung deutlich heraushebt, was den Zusammenhang zu einem Fluchtgrund erkennen lässt.

Zum Beispiel geben afghanische Flüchtlinge der Ethnie Hazara an, dass sie in Afghanistan wegen ihres auffälligen Phänotyps als Hazara und ihres schiitischen Glaubens eine geringe Überlebenschance haben.[101] Wie verheerend dieser Aspekt ist, wird daran deutlich als bei ihrer Rückkehr von Iran nach Afghanistan eine Gruppe von Hazara misshandelt wurde:

„*Some men were killed, some other captured, their noses and ears cut off. The rest returned hastily to Iran.*“[102]

Der Flüchtlingsbegriff wird noch enger gefasst. Als Flüchtling kann sich aber niemand ausgeben, welcher aus wirtschaftlichen Gründen die Flucht aus seinem Heimatland ergriffen hat.

---

[99] Vgl. Freiwillige Flüchtlinge gibt es nicht, S. 18.

[100] Vgl. Kessler, Stefan, Verfolgte haben ein Recht auf Schutz, S. 235.

[101] Hazara ist eine Ethnie aus Afghanistan. Sie gehören alle dem schiitischen Islam an. Besonders ihr Aussehen verrät sie schnell als Angehörige der Ethnie der Hazara. Das macht sie leicht zu Opfern anderer Ethnien oder der Majorität von fundamentalistischen sunnitischen Muslimen in Afghanistan.

[102] Pstrusinska, Jadwiga/Krasnowolska, Anna/Maciuszak, Kinga. Afghanica. The Afghanistan Studies Newsletter. A visit to Afghan refugees in Mashhad, S. 8.

Der Beauftragte für Flüchtlingsfragen des Iran, Ahmad Husseini, bekundet das eindeutige Bekenntnis des Iran zu der Genfer Flüchtlingskonvention mit Vorbehalten:

„[I]ndividual cases are rare since most refugees would come in groups (to Iran; d. Verf.). Teherefore, for the time being, we are receiving groups of 1.000 to 10.000 who are no more called refugees but rather the displaced who have not yet been given the status of refugees.“[103]

Husseini stellt hier die Behauptung auf, dass die meisten Menschen, welche den Iran aufsuchen, keine Flüchtlinge sind, sondern nur die Absicht hegen, eine Unterkunft auf Dauer zu erhalten. Diese Flüchtlinge sind nach Meinung Husseinis eine wirtschaftliche Last und keiner Herberge würdig. Nach Ansicht Husseinis müssten diese abgeschoben werden, was durch das „Non-Refoulement“ näher geklärt wird.

Das Gebot des Non-Refoulement ist eine rechtliche Maßnahme, um einen Flüchtling vor Abschiebung zu schützen. Einschränkungen sieht die Klausel des Refoulementverbotes für Flüchtlinge vor, wenn einem Flüchtling ein gesetzeswidriger Tatbestand in einem Staat angelastet wird, die kraft einer legitimen Gerichtsbarkeit getroffen wurde.[104] Zumal der erste Artikel der Genfer Flüchtlingskonvention Schutzbestimmungen für Flüchtlinge enthält, was nicht in dem Sinne zu verstehen ist, dass Staaten, welche Flüchtlinge aufnehmen, einer rechtlichen Verpflichtung unterliegen, zusätzlich Asyl in Aussicht zu stellen. Vielmehr ist die Genfer Flüchtlingskonvention derart konzipiert, dass sie bei der Asylpolitik eines Staates keine näheren Bestimmungen trifft.[105]

---

[103] Rajaee, Bahram, The politics of refugee policy in post-revolutionary Iran, S. 48.

[104] Vgl. www.UNHCR.de, Artikel 33. Verbot der Ausweisung und Zurückweisung, S. 15 f.

[105] Vgl. Freiwillige Flüchtlinge gibt es nicht, S. 49.

Folglich obliegt die Umsetzung der Konvention einem Staat als Vertragspartei, was die Vorgehensweise in Belangen der Flüchtlinge eigens regelt.[106] Diese Art von Politik kann als Mangel an Kontrolle der Konvention zu seinen Vertragsparteien angesehen werden, da ein Flüchtling der Willkür eines Staates unterworfen ist und aus seiner Position und einer entwurzelten Lebenslage, sich dem lediglich fügen kann. Einem Staat wird also ein Ermessensspielraum bezüglich seiner Flüchtlingspolitik überlassen, der das Fehlen einer rechtlichen Instanz, welche die Vertragsparteien auf einen gemeinsamen Nenner zu Gunsten der Flüchtlinge bringen könnte, enthüllt. So kann sich ein Flüchtling nicht auf die Konvention berufen, um in einem Staat ansässig zu werden, da es der Konvention untersagt ist, Urteile eines Staates zu bewerten.[107]

Der Iran war hinsichtlich seiner afghanischen Flüchtlingspolitik darauf bedacht, diese wieder in ihr Heimatland zurückzubringen, um *„innenpolitischen Krisen vorzubeugen“*[108]. Die Tatsache, ob der Aufenthalt eines Flüchtlings nur vorübergehend ist, entzieht sich dem Kenntnisstand eines Flüchtlings, da ein Flüchtling in erster Linie seine Flucht aus bestimmten Motiven als Handlungsgrund für die Bildung einer neuen Existenz angibt.[109] Der Iran argumentiert damit, der Zweck der Konvention könne nicht sein, sich den Ansprüchen eines Flüchtlings zu beugen, welche sich dahingehend äußern, dass ein Flüchtling einen fortwährenden Aufenthalt auf seinem Territorium begehrt. In dieser Hinsicht können sich Flüchtlinge aus Afghanistan auch als De-facto-Flüchtlinge ausgeben. De-facto-Flüchtlinge sind Personen, welche nicht unter den Flüchtlingsbegriff

---

[106] Vgl. Ebd.

[107] Vgl. Hailbronner, Kay, Die Genfer Flüchtlingskonvention vor den Herausforderungen des 21. Jh., S. 62.

[108] Bonin, Gordon, Afghan Refugees in Iran, S. 23. Als eine innenpolitische Krise gibt der Iran die Rezession der Wirtschaft an.

[109] Die Dauer seines Aufenthaltes ist für ihn deshalb schlecht abzuschätzen, weil ein Flüchtling enormen psychischen Belastungen ausgesetzt ist.

der Genfer Flüchtlinskonvention fallen, aber aus Gründen der Sicherheit nicht in ihr Herkunftsland zurückkehren können.[110]
Die Theorie ist das eine, welche klare Trennlinien zeichnen kann; die Praxis das andere, denn in Wirklichkeit korrelieren weitere Aspekte mit den Rechten von Flüchtlingen, welche jetzt exemplifiziert werden.

2.3. Realität eines Flüchtlings

Diese Überschrift möchte dem Anspruch gerecht werden, die relative Realität von Flüchtlingen darzustellen.[111]
Ein skizzenhaftes Szenario soll eine Veranschaulichung der Versetzung vom Zustand des in Frieden lebenden Zivilisten zum Zustand des auf der Flucht sich befindenden Flüchtlings verdeutlichen. Das Szenario kann ein offen ausgetragener Krieg mit Waffen sein, wonach erste Nachteile für die Zivilbevölkerung, welche aus nachvollziehbaren Gründen Kriegsgebiete verlassen sollte, entstehen. Die Zivilbevölkerung befindet sich dann zum Schutz ihres Lebens auf der Flucht, wo sie infolgedessen mit dem Status von Flüchtlingen versehen wird. Gewiss spielen sich in der Realität derartige Geschehnisse ohne eine Einflussnahme von Zivilsten oder einer sonstigen Mitsprache ab. In seiner Schrift „Zum ewigen Frieden" erkannte

[110] Vgl. Freiwillige Flüchtlinge gibt es nicht, S. 47. Über die Sicherheitslage in Afghanistan kann an dieser Stelle nicht eingegangen werden. Im zweiten Kapitel, dem geschichtlichen Abschnitt dieser Arbeit, wird die Sicherheit in Afghanistan in verschiedenen Kontexten angesprochen.
[111] Die Realität eines Flüchtlings im Iran wird in zwei Interviews - mit einem afghanischen Flüchtling (2006) und einem Afghanischen Iraner (2016) - im Anhang dieser Arbeit unterstrichen.

Immanuel Kant, dass die Zivilbevölkerung die Leidtragenden politischer Entscheidungen ist.[112]

Als möglicher Schutz des vorübergehenden Krieges ist die Einrichtung von Auffanglagern eine Lösung.[113] Solche Lager zum vorübergehenden Schutz befinden sich in der Regel in der Nähe der Grenze des Nachbarstaates. Afghanische Flüchtlinge mussten sich bei ihrer Ankunft im Iran in Transitcamps begeben, welche für nicht länger als zwei Monate vorgesehen waren.[114] Ebenso befanden sich an der Grenze im Iran für afghanische Neuankömmlinge, die geflüchtet waren, Quarantänestationen zur Feststellung von seuchenartigen Krankheiten, auf welche sich aber nur zehn Prozent der afghanischen Flüchtlinge untersuchen ließen.[115]

Eine Lösung kann ein Auffanglager auf Dauer nicht sein. In dieser Hinsicht kam der Iran den afghanischen Flüchtlingen durch eine mehr oder minder eingeleitete Integration in die iranische Gesellschaft entgegen. Der Lebensraum afghanischer Flüchtlinge wurde über die vorgesehenen Flüchtlingslager hinaus erweitert:

„Over the years, the Afghans have settled in the urban areas of Iran, integrating with the community."[116]

---

[112] Vgl. Kant, Immanuel, Zum ewigen Frieden, S.12 f. Immanuel Kant hat in seiner berühmten Schrift „Zum ewigen Frieden" im ersten Definitivartikel das Verhältnis des Volkes zum Krieg derart erklärt, dass ein Volk einen Krieg aus vernünftigen Gründen ablehnen müsste: „Wenn die Beistimmung der Staatsbürger dazu erfordert wird, um zu beschließen, ob Krieg sein solle, oder nicht, so ist nichts natürlicher als dass, da sie alle Drangsale des Krieges über sich selbst beschließen müssten (selbst zu fechten, die Kosten des Krieges aus ihrer eigenen Habe erzeugen,...), sie sich sehr bedenken werden, ein so schlimmes Spiel anzufangen."

[113] Vgl. Tretter, Hartmut, Der Einfluss von Menschenrechte auf Vertreibung, Flucht und Migration, S. 243.

[114] Vgl. Bonin, Gordon, Afghan Refugees in Iran, S. 20.

[115] Ebd., Krankheiten wie Malaria, Tuberkulose oder Cholera waren bei afghanischen Flüchtlingen an der Tagesordnung, da die medizinische Versorgung in den Kriegsjahren in Afghanistan enorm nachließ.

[116] Azari, Ehsan, Afghan Refugees - A tragedy created by Communism, S. 74.

Tatsache ist, dass ein Konflikt zwischen zwei Parteien erst geschlichtet werden sollte, bevor eine Zivilbevölkerung in den Alltag sicher zurückkehren kann. In einer solchen Lage wäre aus humanitärer Sicht die Aufnahme von Flüchtlingen in einem Staat eine berechtigte Lösung, da Flüchtlinge ungewollt ihren Alltag aufgeben mussten und Opfer von einem Konflikt geworden sind, dessen Beendigung sie erhoffen.

2.3.1. Rechte von Kindern

Die Verbesserung des Lebens von gefährdeten Personen, wie z.B. Kindern, ist eines der Ziele der Vereinten Nationen seit ihrer Gründung, da man den Rechten von Kindern als „schwach“ einzustufende Gruppe ein wachsames Auge widmen sollte.

Die UNICEF, das Kinderhilfswerk der Vereinten Nationen, hat die Rechte der Kinder in vier Kategorien unterteilt. Demnach gibt es die Überlebens-, Entwicklungs-, Schutz- und Teilnahmerechte.[117] Mittels dieser Rechte sollen Kinder ein Mindestmaß an Rechten zugestanden werden, um eine gerechte Entwicklung genießen zu können. Eine kategoriale Unterscheidung, ob ein Kind in seiner Sozialisation Ungleichbehandlungen aufgrund seines Aufenthaltes in einem Zufluchtsstaat erfährt, da in seiner Heimat kein ziviles Leben möglich ist, tritt auf. An dieser Stelle wäre die Situation von Kindern zu beleuchten, die ihr Heimatland mit ihren Eltern verlassen mussten, und eine fragwürdige Zukunft vor sich haben, die sich vor allem im Zugang zu Möglichkeiten der Bildung ausdrückt.

---

[117] Vgl. Fritzsche, K. Peter, Menschenrechte, S. 121.

Afghanische Flüchtlingskinder, die im Iran aufwachsen, erhalten in schulischer und kultureller Hinsicht eine dürftige Förderung.[118] Deshalb sind viele dieser Kinder längerfristig gezwungen als Tagelöhner mit geringen bzw. keinen schulischen Qualifikationen einer unterbezahlten Arbeit nachzugehen. Zum Recht des Kindes mit dem Status eines Flüchtlings äußert sich Artikel 22 Absatz 1 wie folgt:

„*Die Vertragsstaaten treffen geeignete Maßnahmen, um sicherzustellen, dass ein Kind, das die Rechtsstellung eines Flüchtlings begehrt oder nach Maßgabe der anzuwendenden Regeln und Verfahren des Völkerrechts oder des innerstaatlichen Rechts als Flüchtlinge angesehen wird, angemessenen Schutz und humanitäre Hilfe bei der Wahrnehmung der Rechte erhält, (...) unabhängig davon, ob es sich in Begleitung seiner Eltern oder einer anderen Person befindet oder nicht.*“[119]

Weiterhin behält sich die Kinderrechtskonvention eine Kontrolle vor, in der die Staaten verpflichtet sind, einen Einblick über die Entwicklung der Kinder aus rechtlicher Sicht in ihren Staaten zu ermöglichen. Eine prekäre Situation ergibt sich für einen Staat, wenn aus vorübergehenden Flüchtlingskindern irgendwann Einwanderer werden, die eine Aufenthaltsberechtigung seit Kindesbeinen oder Geburt darlegen.

Zu bedenken ist auch, dass ein langer Aufenthalt eines Kindes im Zufluchtsland erneute Themen zu dessen schulischer Ausbildung und letztlich zu seiner Integration als Teil der Gesellschaft mit sich zieht. Das heißt, wie verhält es sich mit dem Schulbesuch von Flüchtlingskindern und ob im jeweiligen Fluchtland Rechte auf einen Schulbesuch für solche Kinder

---

[118] Vgl. Boesen, Inger W., Ten years of war and civil war in Afghanistan, S. 38 f.

[119] Menschenrechte. Dokumente und Deklarationen, S. 174. Im Übereinkommen über die Rechte des Kindes (CRC) vom 19. November 1989.

bestehen.[120] In der Kinderrechtskonvention (Art. 28 Abs. 2) ist vermerkt, dass ein Kind ein Recht auf Bildung besitzt. Zweck ist die Hervorhebung der Chancengleichheit im Ausdruck einer vergleichbaren Entwicklung mit den „einheimischen“ Kindern.[121] Die Förderung eines Kindes in der Bildung wird in diesem Artikel groß geschrieben, damit ein Kind keine Benachteiligungen erfährt.

Diese Ungewissheiten in der Fürsprache eines Kindes zu bewältigen, erfordert eine soziale Politik, die ausgewogen gegenüber Menschen ist, die gezwungenermaßen von heute auf morgen ihr Leben ändern mussten. Man kann sich ganz leicht vor Augen führen, dass ein hoher Grad an Solidarität mit einfließen sollte, wenn Kinder schutzlos ihr Leben in einer fremden Umgebung gestalten müssen und nur die jeweiligen Gesetze eines Staates diesen Flüchtlingskindern zu einer angemessenen Entwicklung verhelfen könnten.

Kindern oder Jugendlichen den Status von Staatsbürgern in dem Land zu verleihen, in dem sie die Schule absolviert und den größten Abschnitt ihrer Sozialisation verbracht haben, kann eine förderliche Maßnahme zur rechtlichen Integration in einem Staat sein.

2.3.2. Staatenlosigkeit

Der Aspekt des Rechts auf Staatsangehörigkeit ist eine Komponente der Menschenrechte, welche die Staatenlosigkeit unterbinden möchte.[122] Der

---

[120] Vgl. Langenfeld, Christine, Rechte vorübergehend aufgenommener und geduldeter Flüchtlinge, S. 211 f.

[121] Vgl. Menschenrechte. Dokumente und Deklarationen, S. 177. Im Übereinkommen über die Rechte des Kindes (CRC) vom 19. November 1989.

[122] Vgl. Klein, Eckhart, Die Bedeutung der Menschenrechte für die Regelung der Staatsangehörigkeit, S. 239.

Eintritt der Staatenlosigkeit soll vermieden werden, damit Staatsbürger nicht schutz- oder bezugslos sind. Die Zugehörigkeit zu einem Staat besitzt keine Legitimation im Völkerrecht, da das Völkerrecht in diesen Angelegenheiten es einem Staat überlässt, welche Individuen als Bürger eines Staates entsprechende Rechte beanspruchen können. Die Allgemeine Erklärung der Menschenrechte sieht in Artikel 15 Absatz 2 folgende Regelungen für Staatsangehörigkeit vor, wonach *„Niemandem darf seine Staatsangehörigkeit willkürlich entzogen noch das Recht versagt werden, seine Staatsangehörigkeit zu wechseln."*[123]

Hier stellt sich die Allgemeine Erklärung der Menschenrechte auf die Seite von Flüchtlingen.

Für die Staatsangehörigkeit des Iran sind besondere Kriterien unumgehbar: *„Citizenship is rather complicated and in fact not easily possible. A person applying for citizenship should have been a resident of Iran for five years. Furthermore, he should have specialized qualifications approved by relevant organizations to the extent that his presence would be regarded essential. (...) Finally, those who receive a positive reply would be interviewed by the Interior Ministry and later would take an oath and then officially become an Iranian citizen."*[124]

Diese Kriterien für den Erwerb der iranischen Staatsangehörigkeit deuten darauf hin, dass eine schwindende Minderheit von afghanischen Flüchtlingen sie erfüllen können, um dauerhaft bürgerliche Rechte zu beanspruchen. Seit der starken Flüchtlingswelle von Afghanen in den Iran erwägt der Iran andere Maßnahmen als die Vergabe von Staatsangehörigkeit an afghanische Flüchtlinge, um ihnen einen rechtlichen Status zu verleihen.

---

[123] Menschenrechte. Dokumente und Deklarationen, S. 56. In Absatz 1 desselben Artikels wird jedem das Recht auf eine Staatsangehörigkeit zugestanden.

[124] www.netiran.com/?fn=artd(2938). In einem Interview mit Ahmad Husseini 1995.

Dabei sind afghanische Flüchtlinge zeitlich in drei Kategorien einzuordnen, wenn es sich um die Frage ihres rechtlichen Status im Iran handelt: Die erste Kategorie bilden die so genannten „Mohajerin", welche im Zeitraum von 1979 bis 1989 als unfreiwillige religiöse Migranten mit „blue cards" ausgestattet wurden, wobei die zweite Kategorie erstmals im Jahre 1993 als „Panahandegan" eingestuft wurden, welche „white cards" erhielten und schließlich ist die dritte Kategorie als die „kargar-e fasli" anzugeben, welche heute noch als Saisonarbeiter in den Iran kommen.[125] Der Unterschied zwischen dem Flüchtlingsbegriff *Mohajer* und *Panahandeh* liegt im Ermessen der iranischen Regierung. Differenziert wird hier zwischen afghanischen Flüchtlingen als Mohajerin[126], welche während der Okkupation der Sowjets als unfreiwillige religiöse Flüchtlinge ihre Heimat verlassen mussten und afghanischen Flüchtlingen als Panahandegan, welche während des afghanischen Bürgerkrieges in den Iran immigrierten. Afghanische Flüchtlinge mit dem Status eines Mohajer waren in Iran „angesehen". Für die Ausübung ihrer religiösen Pflichten, welcher sie durch die unsichere Lage in ihrer Heimat nicht nachkommen konnten, mussten sie fliehen. Die Religion wird hier als ein dynamischer Prozess angesehen, was auf der Grundlage der religiös-politischen Doktrin des Irans basiert. Dagegen galten afghanische Flüchtlinge mit dem Status eines

[125] www.areu.org.af/publications/Afghans%20Living%20in%20Mashhad.pdf, S. 5 f.

[126] Vgl. Krämer, Gudrun, Geschichte des Islam, S. 21. Mohajer leitet sich aus dem arabischen Wort Hejrat ab. Der Ursprung dieses Wortes ist politisch. Dabei verließ der Prophet Mohammed im Jahr 622 mit weiteren 70 Anhängern seinen Stammesverband in Mekka wegen immer geringerem Schutz und siedelte in das 300 km nördlich gelegene Medina. In diesem Jahr beginnt die islamische Zeitrechnung.

Panahandeh gering, weil sie sich durch die „white cards" vielerlei Sonderrechte erfreuten.[127]

Die Staatsangehörigkeit wird auch noch im Internationalen Pakt über bürgerliche und politische Rechte angesprochen, so dass daraus der Schluss gewonnen werden könnte, dass ein Flüchtling sich auf internationalen Rechtschutz beziehen kann.[128] Gleichermaßen ist die Genfer Flüchtlingskonvention darum bemüht, einen Flüchtling in einem Staat mit den Staatsbürgern auf das gleiche rechtliche Niveau zu stellen, um auftretende Ungleichbehandlungen möglichst zu vermeiden (Artikel 22 ff., GFK).[129]

Kurzfristig wird ein Flüchtling Schutz durch die Genfer Flüchtlingskonvention erhalten, mittelfristig wird auch Schutz durch das Regelwerk der Allgemeinen Erklärung der Menschenrechte gewährt und längerfristig ist ein Flüchtling auf die Gesetzgebungen eines Staates angewiesen, um bei Bedarf staatsbürgerliche Rechte gewährt zu bekommen:

„Nationale Staatsbürgerschaft ist jedoch ein knappes Gut und um sie finden zunehmend härtere Verteilungskämpfe statt."[130]

---

[127] Diese Sonderrechte bestanden schon vor der Islamischen Revolution für eine geringe Anzahl von Afghanen. Mit dem Status von einem Panahandeh während der Etablierung der Revolutionsregierung waren afghanische Flüchtlinge z.B. von der Zahlung der Steuer befreit. In Zeiten schlechter Wirtschaft stimmten solche Sonderrechte die Gemüter der iranischen Bevölkerung negativ, weshalb die Reputation von afghanischen Flüchtlingen darunter litt.

[128] Vgl. Kreuzner, Christine, Kommentar, S. 254.

[129] Vgl. Ebd., S. 260. In Absatz 1 dieses Artikels sind Staaten verpflichtet Flüchtlingen „[D]ieselbe Behandlung wie ihren Staatsangehörigen hinsichtlich des Unterrichts in Volkshochschulen gewähren." Dieser Artikel zielt darauf ab Flüchtlingen auch Möglichkeiten zur Bildung zu erleichtern, wie die „Anerkennung von ausländischen Studienzeugnissen, Diplomen oder akademischer Titel".

[130] Mackert, Jürgen, Kampf um Zugehörigkeit, S. 127.

2.3.3. Rückführung von Flüchtlingen

Hierbei bildet ein Spannungsfeld das Thema der Rückführung von Flüchtlingen, da der Aufenthaltsschutz eines Flüchtlings in einem Staat temporär ist und den verbindlichen Charakter einer Rückführung in seinen Regelwerken aufrechterhält.[131] Die Rückkehr eines Flüchtlings sollte unter dem Gesichtspunkt der Sicherheit in seinem Heimatland erfolgen, dessen Bedingungen keine politische Verfolgung (Artikel 33, GFK) oder Folter (Artikel 3, VN-Folterkonvention) sein sollten. Viele der afghanischen Flüchtlinge im Iran haben Befürchtungen zurück nach Afghanistan zu gehen, da das Leben dort fortwährend unsicher und eine Überlebenschance aus Gründen der Verfolgung oder ähnlichem äußerst gering ist.[132] Ende der 1980er wurde vom UNHCR beschlossen, dass die Rückführung afghanischer Flüchtlinge auf freiwilliger Basis geschehen sollte:

„Die Flüchtlinge müssten selbst beurteilen, wie sicher ihre Heimatgebiete sind.“[133]

Die Rückkehr eines Flüchtlings, welcher aus einem so genannten Drittstaat stammt und in einem weiteren Staat einen Antrag auf den Status eines Flüchtlings stellt, hat geringe Aussicht auf Erfolg. Afghanische Flüchtlinge flüchteten meistens unmittelbar aus ihrem Heimatland in den Iran und aus keinem Drittstaat:

„A central route connecting central Afghanistan and Bamiyan Valley with Jalalabad, Kabul, Wardak, Ghor and Herat was also used by the refugees. The unasphalted road is suitable for four-wheel drive vehicle for seven months of the year. (...) This traditional route has been used by refugees

---

[131] Vgl. Reermann, Olaf, Kommentar: Vorübergehende Schutzgewährung und Verfahren, S. 79.

[132] Vgl. Ruiz, Hiram A., Assist Refugees in Iran, S. 1.

[133] Billard, Annick, Die Aussichten für die Rückführung afghanischer Flüchtlinge, S. 39.

from central Afghanistan. Peshawar and Mashad are the two destinations at the two ends of this ancient raod."[134]

In dieser Hinsicht stellt die Genfer Konvention einen essentiellen Anspruch auf den Schutz von Leib und Leben eines rückkehrenden Flüchtlings in seinem Heimatland. Diese Ablehnung trifft insofern zu, dass ein Flüchtling sich bereits in einem sicheren Staat aufgehalten habe und keinen Anspruch mehr erhalten kann, sich als Flüchtling oder Asylsuchender in einem weiteren Staat zu bewerben.[135] Demzufolge befähigt die Regelung einen Staat zur Feststellung des rechtswidrigen Missbrauches eines vermeintlichen Flüchtlings, der in einem Staat den vorübergehenden Schutz mit all seinen Vorzügen im Visier hat, wie Ansprüche auf Leistungen der öffentlichen Wohlfahrt, als das jener einer bedrohlichen Gefahr in seinem Heimatland ausgesetzt ist. Ebenfalls bestehen Ausnahmen zum Schutz eines Flüchtlings nicht in einen Drittstaat abgeschoben zu werden, wenn sich die politischen Verhältnisse schlagartig im Drittstaat geändert haben und ein Flüchtling Opfer eines Verbrechens wird.

In den Anfangsjahren ihres Aufenthaltes wurden afghanische Flüchtlinge mit dem Status eines Mohajerin, wie oben erläutert, geradezu herzlich im Iran empfangen. Die iranische Regierung stellte ihnen so genannte Identitätskarten aus, womit sie in den Genuss der Dienstleistungen der Wohlfahrt kommen sollten, Zugang zu Bildungseinrichtungen erhielten und Gesundheitsversorgungen beanspruchen konnten.[136] Diese Leistungen wurden 1982 von dem eigens für die Angelegenheiten von afghanischen Flüchtlingen, genannt „*Council for Afghan Refugees*“, bereitgestellt.[137]

---

[134] Azari, Ehsan, Afghan Refugees - A tragedy created by Communism, S. 81.
[135] Vgl. Piotrowicz, Ryszard, The third States and Safe States of Origin in UK and Australian Practice, S. 146.
[136] Vgl. Bonin, Gordon, Afghan Refugees in Iran, S. 19.
[137] Vgl. Ebd.

Um seine Flüchtlingspolitik zu koordinieren, begann der Iran im darauf folgenden Jahr in einer gesonderten statistischen Zählung die Anzahl afghanischer Flüchtlinge festzuhalten.

Repatriation from Iran	*Assisted*	*Spontaneous*	*Total*
1988–89	–	–	–
1990	–	–	–
1991	–	–	–
1992	7,000	287,000	294,000
1993	337,000	269,000	606,000
1994	121,000	106,000	227,000
1995	92,000	103,000	195,000
1996	8,000	6,000	14,000
1997	2,000	–	2,000
1998	14,000	–	14,000
1999	9,000	152,000	161,000
2000	184,000	31,000	216,000
Total[40]	775,000	954,000	1,730,000

Table 2. Repatriation of Afghans from Iran to Afghanistan
UNHCR Pakistan, www.un.org.pk/unhcr/Afstats-stat.htm

Ungeachtet dieser Tatsache gibt es keine verlässlichen Angaben über die Anzahl von afghanischen Flüchtlingen im Iran. Anschaulich zeigt die Tabelle in welchem quantitativen Ausmaß afghanische Flüchtlinge den Iran verlassen mussten. Dabei ist anzumerken, dass die Rückführung von afghanischen Flüchtlingen sich entweder durch eine Unterstützung (Assisted) oder durch spontane Entscheidungen (Spontaneous) vollzog.

2.4. Kritik an der Genfer Flüchtlingskonvention

Als Kritikpunkt wird genannt, dass die Berechtigung der Konvention obsolet sei, da sie anfänglich in ihrer Erklärung Opfer totalitärer Regime schützen wollte. Aber in der derzeitigen globalisierten Weltsituation ereignen sich andere Einflussfaktoren, z.B. ungleiche Lebensverhältnisse, welche zur Vertreibung von Flüchtlingen führen, dessen Bewältigung ein Staat zu bewerkstelligen habe.[138] Beispielsweise sind ethnische Separierungen in der gegenwärtigen Konstellation der Welt Anlässe für Gewalt in Staaten. Unmittelbare Komplikationen wie illegale Einwanderung aus Kriegsgebieten oder die Angleichung neuer Entwürfe zum Schutz des Menschen aus der Perspektive des bürgerlich-politischen und der wirtschaftlich-sozialen Verhältnisse sind nicht minder Auslöser für die nicht gegebene Aktualität der Konvention, was den Bedarf an Ergänzung um diese Punkte erkennen lässt.

Wie bereits oben angesprochen, flüchteten seit dem Einmarsch der Sowjets in Afghanistan viele Afghanen in den Iran. Im Iran werden afghanische Flüchtlinge nicht unmittelbar mit dem Status eines Flüchtlings behandelt, sondern die Mehrzahl der Flüchtlinge wird als „illegale Störenfriede“ deklariert.[139] Allein nach dem Wortlaut der Konvention kann keine Person sich explizit auf die Inhalte, die einen Flüchtling definieren, berufen. Die Konvention bedarf einer Reform, um ihre Relevanz für Flüchtlinge beizubehalten.

Wie schon erwähnt sollte ein Flüchtling das Faktum seines eingeschränkten Aufenthalts verinnerlichen. Besonders der Iran geht mit einer rigorosen Politik gegen afghanische Flüchtlinge vor, obgleich sich die Lebenssituati-

---

[138] Vgl. Stiglitz, Joseph, Die Schatten der Globalisierung, S. 11.
[139] Vgl. Ruiz, Hiram A., Assist Refugees in Iran, S. 1.

on in Afghanistan kaum verbesserte.[140] Ein Versuch des Iran war es, afghanische Flüchtlinge davon abzubringen, wieder den Iran als Zufluchtsland aufzusuchen. Hierbei wurden Lebensmittelprogramme für Bedürftige, die vom Bürgerkrieg betroffen waren, in Afghanistan eingesetzt: *„What we are doing is purely a humanitarian Islamic service. If we don't do it, we will have more refugees from this country at our doorsteps".*[141] Diese Mittel zum Zweck fruchten nicht sonderlich viel. Sie sind ein kleiner Tropfen auf den heißen Stein. Der Iran möchte durch solche Maßnahmen afghanische Flüchtlinge für eine möglichst lange Zeit ruhig stellen, aber die Ursache der Flucht von Afghanen liegt in der wirtschaftlichen, politischen und sozialen Fragilität Afghanistans.

2.5. Resümee der Menschen- und Flüchtlingsrechte – Eine produktive Macht?

Die Menschenrechte, welche die Lage eines Individuums verbessern sollen, sind seit den Erfahrungen des Zweiten Weltkrieges im Rahmen der Vereinten Nationen institutionalisiert worden. Die Tatsache, dass Menschenrechte seit dem Ende des Zweiten Weltkrieges dazu geschaffen wurden, Menschen das Leben zu erleichtern, ist eine Wohltat für Menschen, welche ein Bedürfnis nach Schutz ihres Lebens haben. Anstoß an den Menschenrechten findet die Genfer Flüchtlingskonvention in einem intensiven Maße, wenn es um den Schutz von Flüchtlingen geht. Flüchtlinge müssen sich nicht vor den Ausweisungen durch einen Staat fürchten, son-

[140] Siehe dazu das zweite Kapitel im geschichtlichen Abriss über Afghanistan.
[141] Bonin, Gordon, Afghan Refugees in Iran, S. 24.

dern können sich im Ernstfall auf die international festgeschriebenen Normen beziehen.
Das Augenmerk zum Schutz eines Menschen wurde seit Ende des Zweiten Weltkrieges auf das Individuum gelegt. Mit der Anerkennung der Deklaration der Menschenrechte bezwecken Staaten, die der zivilisierten Gemeinschaft der Staatenwelt angehören wollen, ihrer Regierung ein Mindestmaß an Respekt zu verschaffen. Unverkennbar ist auch in dieser Sicht, dass normkonformes Verhalten die Durchsetzung von Rechtsstaatlichkeit und Demokratie erfordert. Staaten, die über eine andere Legitimation verfügen und sich lediglich aus Gründen der Reputation dem Regelwerk der Menschenrechte fügen, vernachlässigen in erhöhtem Maße die Menschenrechte. Diese Vernachlässigung ist oftmals mit der Neigung zu Menschenrechtsverletzungen in der Realität zu verzeichnen.
Der Sinn der Menschenrechte ist dort am ehesten getroffen, wo internationale menschenrechtliche Normen von einem repressiven Staat internalisiert worden sind. Akteure stoßen bei der Einhaltung von Normen auf ein Regelwerk, das bei Missachtung mit Sanktionen droht.
Es ist damit nicht getan, dass beispielsweise ein Staat politische Gefangene aus einem Nutzen-Kalkül-Denken freilässt, die während ihrer Inhaftierungszeit der Folter ausgesetzt waren. Der Zweck der Freilassung von Gefangenen dient in diesen Fällen meist dazu, sich auf der internationalen Bühne Legitimität, Anerkennung und Respekt zu verschaffen sowie der Staatspolitik Vorrang einzuräumen. Menschenrechte tragen zu einer konstruktiven Lösung bei, wenn sie die bedenkliche Position eines Staates bei Beachtung der Menschenrechte verändert oder gar zum optimalen Zustand hin verbessert haben.
Die längerfristige Lösung ist es, Menschenrechte als Norm in einem Staat zu etablieren. Der iranische Staat negiert in diesem Falle die Menschen- und Flüchtlingsrechte, welche den afghanischen Flüchtlingen zustehen.

II. Geschichtlicher Abriss

3. Geschichtlicher Abriss

Im folgenden Kapitel wird aus einer geschichtlichen Perspektive beschrieben, weshalb afghanische Flüchtlinge seit 1979 im Nachbarstaat Iran Zuflucht suchen.
Der Fokus wird auf die Darstellung der drei Phasen afghanischer Politikgestaltung im Zeitraum von 1979 bis 2001 gelegt. Diese politischen Auswirkungen sind der Rahmen, um ein Verständnis dafür zu entwickeln, dass ein fragmentierter Staat wie Afghanistan lange benötigt, um sich wieder zu ordnen. Das Augenmerk richtet sich auf die Ereignisse der drei Phasen der Politik, in der eine anachronistische Auffassung afghanischer Politik eine kurze beleuchtende Analyse erfahren soll. Vordergründig war die Zivilbevölkerung, der mehr Gewalt widerfuhr als rationale Lösungen für einen Frieden, die leidtragende Figur in dieser lang anhaltenden Periode des Krieges.
Parallel wird versucht, den iranischen Staat seit dem Ausbruch der islamischen Revolution 1979 vorzustellen. Die Revolution im Iran verlief unter islamischen Vorzeichen, so dass die Schia als Konfession angesichts des besseren Verständnisses in einem Exkurs erläutert wird. Des Weiteren wird anhand der politisierten Schia die Staatsausrichtung des Iran seit 1979 in einem gesonderten Punkt erklärt. Wichtig ist in diesem Kontext der Irak-Iran-Krieg, durch den der Iran in seiner Entwicklung gehemmt wurde. In einem Resümee wird die Islamische Revolution kurz erläutert. Als letzter Punkt in diesem Kapitel wird die bisherige Geschichte der Afghanen im Iran beschrieben.

3.1. Die Militarisierung einer kommunistischen Ideologie - Einmarsch der Sowjets in Afghanistan (1978 - 1979)

Für die Flucht der Afghanen mit dem Status eines Flüchtlings sind politische Veränderungen im afghanischen Staat der außerordentliche Grund.[142] Der Einmarsch der Sowjets kann als *das* einschneidende Ereignis mit negativen Folgen für die afghanische Bevölkerung gesehen werden. Mehr als 6,2 Mio. Afghanen waren gezwungen, Afghanistan zu verlassen, wobei ungefähr die Hälfte in den Iran flüchtete.[143] Der Fremdbestimmung Afghanistans stand von Anfang an der Widerstand des afghanischen Volkes gegenüber. Widerstand leisteten auch die Intellektuellen des Landes. Unter Druck standen afghanische Intellektuelle in Regierungskreisen und im Erziehungssystem, welche sich nicht mit der Ideologie der Kabuler Regierung konform zeigten und schließlich ins Ausland flohen.[144]

Die Motive für den Einmarsch der UdSSR in Afghanistan können unzählige sein, denn alleine aus der geographischen Lage Afghanistans zum erstgenannten Staat besteht gegenüber dem Land am Hindukusch Interesse.[145] Die ehemalige Supermacht UdSSR hatte anfänglich einen Kooperationsvertrag mit der neuen afghanischen Regierung geschlossen, in der erstere eine aufbauende Funktion des kommunistischen afghanischen Regimes besaß.[146] Ein Widerspruch entstand bei der Einhaltung dieses Vertrages

[142] Vgl. Kidron/Segal, Hunger und Waffen, Karte 32. In dieser Karte wird gezeigt, dass im Jahre 1978 eine Flüchtlingsbewegung aus Afghanistan von ungefähr 50.000 - 150.000 Menschen in den Iran geflüchtet ist. Mehr als doppelt so viele der Flüchtlinge haben den pakistanischen Nachbarstaat aufgesucht.

[143] Vgl. Rajaee, Bahram, The politics of refugee policy in post-revolutionary Iran, S. 49.

[144] Vgl. Boesen, Inger W., Ten years of war and civil war in Afghanistan, S. 35.

[145] Historisch strebten die UdSSR einen Weg zum so genannten „warmen Meer", der durch das Gebiet um Afghanistan führen sollte.

[146] Vgl. Schetter, Conrad, Kleine Geschichte Afghanistans, S. 99. Die aufbauende Funktion des neuen afghanischen Regimes vollzog sich im Jahre 1978 dergestalt,

durch die UdSSR, denn der Einmarsch in Afghanistan missachtete diese Norm.

Dieser Einmarsch war völkerrechtlich nicht akzeptabel, weil der Kooperationsvertrag kein Verhältnis des Bündnisses zwischen den beiden Staaten definierte.[147] Sie marschierten in Afghanistan im Dezember 1979 nach Willkür ein. Nach dem Selbstverständnis der Sowjets war ihr gewaltsamer Einmarsch als eine Unterstützung für Afghanistan gedacht. Der Einmarsch der Sowjets vollzog sich rein ethnisch mit den in Afghanistan existierenden Ethnien kompatibel, weshalb vor allem Soldaten aus den ehemaligen Sowjetrepubliken Tadschikistan, Usbekistan und Turkmenistan einberufen wurden. Die internationale Gemeinschaft war über den plötzlichen Einmarsch der Sowjets aufgebracht, da geostrategische Bestrebungen der einstigen Hegemonie befürchtet wurden. Hinzu kommt, dass die beiden afghanischen Machthaber, Taraki und Amin, in dieser jungen Phase der Revolution untereinander Fehde betrieben und zu jener Zeit keine homogene Politik vertreten konnten, so dass die innenpolitische Uneinigkeit für eine militärische Intervention anfällig war. Folglich sind die Herrscher des kommunistischen Afghanistans ihre eigenen Opfer geworden, da sie mehr im Auftrag handelten als eine eigenständige Politik betrieben. Die Sowjets und die Kabuler Regierung zeigten sich in dieser jungen Phase ihrer Macht unmenschlich. Sie verminten wichtige Strecken, die unter anderem afghanischen Flüchtlingen als Fluchtwege dienten:

„In their stealty attacks, the Russian commando units and Kabul troops heavily mined this route (gemeint ist eine Strecke im Norden Afghanistans;

---

dass 5000 sowjetische Militär- und Zivilexperten nach Kabul entsandt wurden. An der doppelten Spitze der Partei konnte es nur einen Mann geben. Durch einen mysteriösen Mord an Taraki stand Amin nichts im Wege sich als Parteichef zu etablieren, wobei er jedoch kurze Zeit später von den Sowjets bei ihrem Einmarsch in Afghanistan erschossen wurde.

[147] Baraki, Matin, Islamismus und Großmachtpolitik in Afghanistan, S. 34.

d. Verf.) to curb the flow of the refugees and the supply of the Mujaheddin. Crossing this pass one can see scores of dead horses and donkeys. "[148]

3.2. Erste Phase - Prosowjetische Regierung in Afghanistan (1979 - 1986)

Afghanistan erlebte Ende der 1970er Jahre einen Staatsstreich, der eine Regierung hervorbrachte, die durch Beihilfe der ehemaligen UdSSR an die Macht kam. Eine prosowjetische und kommunistisch gesinnte Partei mit der Bezeichnung DVPA, Demokratische Volkspartei Afghanistan, ergriff die Macht am 28. April 1978.[149] Die Partei titulierte sich als demokratisch, wenngleich ihre Politik sich mit der demokratischen Definition kaum deckte. Die Mitglieder der Partei setzten sich aus den verschiedenen Reihen der Gesellschaft, so z.B. aus Beamten oder Studenten, zusammen. Die DVPA unternahm den Versuch eine Reform der Gesellschaft einzuführen, was kläglich scheiterte. Sie beabsichtigte ihren politischen Gang nach sowjetischer Art durchzuführen, wobei sie die Verhältnisse der afghanischen Gesellschaft völlig außen vor ließ.

Zu beachten wäre, dass Afghanistan gesellschaftlich eine durch und durch traditionelle[150] Struktur aufweist, wobei die religiöse Geistlichkeit und

---

[148] Vgl. Azari, Ehsan, Afghan refugees: A tragedy caused by communism, S. 79.

[149] Vgl. Spanta, Rangin Dadfar, Afghanistan. Entstehung der Unterentwicklung. Krieg und Frieden, S. 139. Diese Partei bestand aus zwei rivalisierenden Fraktionen. Die eine Fraktion nannte sich „Khalq" (Volk), die andere Fraktion bekleidete sich mit dem Namen „Parscham" (Fahne). Erstere Fraktion hatte Gleichgesinnte im Nachbarstaat Iran („Toudeh" - Partei), wobei „Parscham" Unterstützung von der kommunistischen Partei Indiens erfuhr. Schließlich setzte sich die „Parscham" - Fraktion in den Regierungsjahren von 1980 bis 1992 durch.

[150] Vgl. Sigrist, Christian, Ethnizität als Selbstorganisation, S. 51. Afghanistan besitzt eigene Systeme im sozialen Bereich, z.B. die Organisierung in Stämmen, Clans oder Sippen, womit eine eigene Identität eng einhergeht. Diese war nicht

Religion[151] eine starke Rolle im Leben des durchschnittlichen Afghanen einnimmt. Geschichtlich wird diese Eigenart der Afghanen im 19. Jahrhundert folgendermaßen beschrieben:

„*Die Afghanen sind ein tapferes, zähes und freiheitsliebendes Volk. (...) Nur ihr unbezwinglicher Hass auf jede Herrschaft und ihre Vorliebe für persönliche Unabhängigkeit verhindern, dass sie eine mächtige Nation werden.*“[152]

Diese Feststellung ist ein Anzeichen dafür, dass das damalige afghanische Volk sich keiner fremden Macht unterwerfen konnte, weshalb es mit der Eigenschaft *tapfer* beschrieben worden ist. Der Umkehrschluss dieser Eigenart der Afghanen im 19. Jahrhundert kann nicht anders lauten, als dass die Afghanen sich zwar gegen eine fremde Herrschaft auflehnten, aber es auch gleichzeitig nicht schafften, eine relativ homogene Nation zu werden. Ein Jahrhundert später spricht der sowjetische Diktator Josef Stalin über einen Islam, was einen geostrategischen Charakter besaß. Somit wurden islamisch geprägte Staaten im Jahr 1941 in vier Gebietsrichtungen aufgeteilt: 1. Europa und Sibirien, 2. Nord-Kaukasus, 3. Aserbaidschan und 4. Zentral-Asien und Kasachstan.[153]

Durch verschiedene interne und externe Einflüsse hat es Afghanistan nicht geschafft sich von einer tribalen Gemeinschaft zu einer Nation zu entwickeln. Der Leiter des „Afghan Institute for Strategic Studies“ Davood Moradian sieht einen ausländischen, ethnischen und religiösen Despotismus als die drei wesentlichen Gründe für die hundertjährige politische, wirtschaftliche, und soziale Schwächen und Unterentwicklung in Afghanistan

mit dem Anspruch der Ausdehnung moderner sowjetischer Lebensführung auf ländliche Gebiete vereinbar.

[151] Vgl. Snoy, Peter, Das Land und seine Menschen, S. 17 f. Der Islam sunnitischer Prägung in Afghanistan bestimmt die Mehrheitskultur der afghanischen Gesellschaft.

[152] Engels, Friedrich, Afghanistan, S. 74 f.

[153] Roy, Olivier, L'échec de l'islam politique, S. 189.

an.[154] Aus diesem Konglomerat an Asymmetrie konnte bis heute kein Vertrauen zwischen einem Volk (Nation) und dessen Vertreter (Staat) entstehen. Die Untersuchungen von Wissenschaftlern, die den Status von Afghanistan als einen Staat ohne Nation oder *„failed state"* bewerten, sind nicht gering.[155]

Von diesem Gesichtspunkt aus ist eventuell die fremdgeleitete Herrschaft der DVPA zu verstehen, die von der ersten Stunde an nicht von einem afghanischen Nationalismus bekämpft wurde, sondern durch *„Stämme und andere Regionalgesellschaften"*[156]. Der Nationalismus war also in Afghanistan weniger fortgeschritten gewesen, womit man eine Spaltung der afghanischen Bevölkerung vermuten könnte, aber die DVPA wurde trotzdem bekämpft.

Die DVPA wollte prinzipiell die Stellung eines Geistlichen schwächen, deren Zweck die Durchsetzung einer nach ihren Vorstellungen aufgeklärten Bildungspolitik sein sollte. Die Dogmen eines religiösen Geistlichen sollten geringen Widerhall in der Gesellschaft finden, vielmehr sollten Letztere eine sozialistisch sowjetische Aufklärung eingeflößt bekommen. Die Bildungspolitik der DVPA sah vor, dass Frauen und Mädchen alphabetisiert werden sollten, was in der patriarchalischen Gesellschaft Afghanistans als Eingriff in die Privatsphäre einer Familie gilt. Der Vorsteher einer afghanischen Familie ist durch den Mann determiniert, der sich in einem solchen Fall moralisch verletzt sieht.

Im Zuge zahlreicher repressiver Maßnahmen entstand ein gewisser Unmut bei den Afghanen, dessen Konsequenz Aufstände waren. Die DVPA be-

---

[154] https://www.youtube.com/watch?v=Iyk4YEWQ3oY. In einem Interview in Persischer Sprache mit Dr. Davood Moradian beim afghanischen Sender TOLO News.

[155] Siehe dazu Nölle-Karimi, Christine (Hrsg.): Afghanistan - A Country without a State.

[156] Sigrist, Christian, Ethnizität als Selbstorganisation, S. 51.

gegnete ihren Widersachern mit einer strengen Vorgehensweise.[157] Gewaltanwendung als Mittel der Abschreckung an der Zivilbevölkerung zur Durchsetzung der prosowjetischen Doktrin war an der Tagesordnung. Afghanen begannen das Land zu verlassen, da sie ihre Wertvorstellungen verletzt sahen. Sie flüchteten in den Iran, wo sie entweder in einem der 80 Flüchtlingslager untergebracht wurden, wo lediglich zehn Prozent der afghanischen Flüchtlinge lebten oder die Erlaubnis erhielten, sich eine zivile Behausung in den östlichen urbanen und ländlichen Gebieten Irans zu errichten.[158] Doch diese Art von brüderlicher Flüchtlingspolitik währte nur in den Anfangsjahren der 1980er. Dabei ist zwischen den Zufluchtsländern Pakistan und Iran zu unterscheiden. In Pakistan wurden die afghanischen Flüchtlinge ausschließlich in Lager untergebracht, wo sie im Gegensatz zum Iran keiner Fremdenfeindlichkeit ausgesetzt waren:

„Contrary to Pakistan, a kind of xenophobia towards the Afghan refugees can be felt in Iran's cities.“[159]

In den Flüchtlingslagern im Iran war das Leben beschwerlich. Beispielsweise wurden Familien auseinander gerissen, so dass deren soziales Gefüge gestört wurde.[160] Es traten erhebliche Probleme im Bereich der Gesundheit, Ernährung, schulischen Bildung von Kindern, Arbeitslosigkeit und die mangelhafte Beziehung zu den einheimischen Iranern auf.[161] Anhand des spärlichen Kontakts der einheimischen Iraner zu den afghanischen

---

[157] Vgl. Spanta, Rangin Dadfar, Afghanistan. Entstehung der Unterentwicklung. Krieg und Frieden, S. 143. In einer anfänglichen Rede erklärte der Parteichef: *„Wir werden den Feinden der Revolution keine Luft zum Atmen lassen. Wir werden die Dampfwalzen über ihre Knochen rollen.“*

[158] Vgl. Rajaee, Bahram, The politics of refugee policy in post-revolutionary Iran, S. 50.

[159] Azari, Ehsan, Afghan refugees: A tragedy created by communism, S. 74.

[160] Vgl. Abdul-Wakil, Iran's relations with Afghanistan after the Islamic revolution, S. 106. Ein Flüchtlingslager war oder ist umzäunt durch Draht, von der Stadt entlegen und von bewaffneten Soldaten bewacht.

[161] Vgl. Kazemi, Farhad/Reynolds Wolfe, Lisa, Urbanization, migration, and politics of protest in Iran, S. 267.

Flüchtlingen entstanden Vorurteile, welche unter anderem auch geschichtlich verwurzelt sind.[162]

Das Regime der DVPA hatte eine Adaption der Nationalitätenpolitik der Sowjets im Sinn, die ethnische Minderheiten in Afghanistan aus ihrem benachteiligten Status mehr oder minder befreien sollte. Um eine Verbesserung des Status für marginalisierte Ethnien konnte es nicht gehen, sondern die Gegebenheiten Afghanistans sollten bestmöglich genutzt werden, damit die Politik im ganzen Land bekannt werden sollte. Dahinter steckte eine wohl kalkulierte Politik sowjetischer Machart, die Afghanistan angesichts einer überschaubaren Kontrolle in eine südliche und eine nördliche Zone aufteilen wollte.

Diese sogenannte Vorwärtspolitik der Sowjets wurde in der neuen kommunistischen Verfassung Afghanistans niedergeschrieben, welche im Jahre 1982 eine institutionelle Verankerung fand. Nationalitäten, die über eine Anerkennung auf der Grundlage der Gesetze verfügten, besaßen rechtlichen Anspruch auf Vertreter im Parlament. Beispielhaft sollte die Bevölkerung Afghanistans erstmals wissen, dass sie bei Bedarf einklagbare Rechte besitzt, welche durch die wohlgemeinte Einflussnahme der Sowjets zu Stande gekommen ist. Die moskauhörige DVPA betrieb eine Politik, die einseitig ausgelegt war. Beschlossen wurde ebenso eine Landreform, die in der Ideologie des sowjetischen Kommunismus eine Vertretung der armen Menschen gegenüber wohlhabenden Großgrundbesitzern sein sollte, um mehr Land für erstere abzugewinnen. Die angestrebte und instrumentalisierte Landreform hatte das Ziel, die ländliche Bevölkerung für die Inhalte der DVPA zu mobilisieren.[163]

---

[162] Vgl. Abdul-Wakil, Iran's relations with Afghanistan after the Islamic revolution, S. 111.

[163] Vgl. Roy, Olivier, Islam and Resistance in Afghanistan, S. 95 f.

Das afghanische Volk sah sich nach diesen fremden Implementierungen in einer bedrohlichen Situation, deren Lösung der Widerstand war. Dieser Widerstand wurde von diversen Ländern wie den USA, Saudi-Arabien und Pakistan finanziell unterstützt.[164]
Trotz der ethnischen Vielfalt in Afghanistan, welche in einer divergierenden Koexistenz lebt, war für die meisten Afghanen die gewaltsame Besetzung ihres Landes ein Zeichen, sich gegen die Invasoren zusammenzuschließen. Der Nachbarstaat Pakistan diente als militärischer „Koordinator" des Widerstandes, dessen militärischer Geheimdienst ISI, Inter Service Intelligence, aus einer Schar von Widerstandsgruppen schlussendlich sieben an der Zahl hervor brachte.[165] Durch diese Position erlangte Pakistan primär Macht, die zur Umsetzung seiner Interessen in Afghanistan diente.
Wiederum spielte der Islam eine erhebliche Rolle. Sämtliche afghanische Widerstandsgruppen trugen eine islamische Bezeichnung. Die Avancierung des Islam zum motivierten Widerstand der Afghanen war eine willkommene Ideologie für die USA, denn die Aufgabe ein ideologisches Konstrukt gegen den Kommunismus auszulösen, erledigte sich von selbst. Durch ihre militärische und finanzielle Unterstützung der afghanischen Widerstandsgruppen inszenierten die USA zu ihrem Vorteil den ungerechtfertigten Krieg der UdSSR gegen Afghanistan. Die Weltöffentlichkeit sollte durch das Kalkül der USA der unmittelbare Zeuge des ganzen Kriegsgeschehens werden, d.h. in welchem Ausmaß der menschenverachtende Rivale UdSSR konträr zu USA handelte.

[164] Vgl. Baraki, Matin, Islamismus und Großmachtpolitik in Afghanistan, S. 34.
[165] Vgl. Schetter, Conrad, Kleine Geschichte Afghanistans, S. 108.

3.3. Zweite Phase - Die Fortführung und das Ende des kommunistischen Regimes in Afghanistan (1986 - 1994)

Der Übergang zu dieser Phase, die ein Kontinuum der Partei der DVPA war, wurde durch die Ablösung des Führers Babrak Karmals durch Mohammad Najibullah (Najib) bestimmt. Letzterer, der durch die UdSSR begünstigt und eingesetzt wurde, war eine Genugtuung für die UdSSR wegen seiner Loyalität ihnen gegenüber.[166] Karmals Nationalitätenpolitik, also die Aufwertung größerer Ethnien durch die Gewährung der Ausübung ihrer Sprachen oder Kultur, fand hier Ersatz durch die Politik der nationalen Versöhnung. Die Politik der nationalen Versöhnung sah vor, das afghanische Volk vor einer Spaltung zu bewahren. Dabei darf nicht vergessen werden, dass Najib der Ethnie der Paschtunen[167] angehörte, was ihn dazu veranlasste, eine Bevorzugung dieser Ethnie vorzunehmen. Najib begann die Parteipolitik der DVPA umzudenken, damit das missliebige Diktat des sowjetischen Kommunismus Anhänger finden sollte.

Fortan erfuhr die DVPA eine andere Bezeichnung, nämlich Heimat-Partei, was die Nähe zum afghanischen und insbesondere zum paschtunischen Volk ausdrücken sollte. Das Verhältnis zum Islam gewann an normativem Wert, da der Islam zur offiziellen Staatsreligion erhoben wurde. Weitere

---

166 Vgl. Pohly, Michael, Krieg und Widerstand in Afghanistan, Ursachen, Verlauf und Folgen seit 1978, S. 289. Die Person Najib ist eine wichtige Komponente in der Politik der Sowjets. Najib war der Leiter des afghanischen Geheimdienstes KHAD. Der KHAD war eine zahlenmäßig 35000 Mann starke Einheit, die im Auftrag der Sowjets in Afghanistan agierte.

167 Vgl. www.bglatzer.de/aga/files, Being Pashtun - Being Muslim: Concepts of Person and War in Afghanistan, S. 1 ff. Die Ethnie der Paschtunen ist nach ihrem eigenen Selbstbild die zahlenmäßig größte Ethnie in Afghanistan. Daneben existieren die Ethnien der Tadschiken (Perser), Usbeken, Turkmenen und andere. Die Paschtunen werden als die größte Stammesgesellschaft der Welt angegeben. Sie besitzen ein eigenständiges Normen- und Wertesystem mit der Bezeichnung „Paschtunwali". Die Paschtunen teilen sich in die Stämme Ghilzai und Durrani ein.

Ziele des nationalistischen Najib waren, die Stimmen der paschtunischen Stämme auf seine Seite zu ziehen und die Rückkehr der afghanischen Flüchtlinge einzuleiten, welche Zuflucht in den nahe liegenden Nachbarstaaten Iran oder Pakistan suchten.

Er bereiste die Stadt Maschhad im Iran, um sich einen Einblick in das Leben der afghanischen Flüchtlinge zu verschaffen. Najib setzte sich für die Rechte der afghanischen Flüchtlinge im Iran durch diplomatische Intervention ein, die aber nicht von Erfolg gekrönt war.[168] Dort gaben ihm die iranischen Behörden zu verstehen, dass die afghanischen Flüchtlinge nicht auf Dauer im Iran bleiben können. Diese Tendenz, dass afghanische Flüchtlinge sich auf eine baldige Rückkehr nach Afghanistan einrichten sollten, zeichnete sich in den späten 1980er Jahren ab.[169]

Najib verstand es, seine Popularität beim afghanischen Volk durch eine Untermauerung der kulturellen Identität noch zu steigern. Ein günstiges Ereignis vollzog sich, ungeachtet intraspezifischer Querelen in der Regierungszeit von Najib, für das ganze Land. Hierbei wurde durch ein internationales Friedensabkommen, genannt „Geneva Accord" vom April 1988, der Abzug der sowjetischen Armee beschlossen. Zwei Jahre danach begann der Iran die Rückführung der afghanischen Flüchtlinge durch eine Kommission zu intensivieren, die aus der iranischen Regierung, dem UNHCR und der afghanischen Regierung bestand.[170]

Der Abzug der Roten Armee aus Afghanistan war ein schillerndes Ereignis, das die Regierungszeit Najibs landesweit mit den Werten der Freiheit und Unabhängigkeit gleichsetzte. Ein besonderer Schachzug gelang ihm in den beiden darauf folgenden Jahren durch die Berufung der großen Rats-

---

[168] Vgl. Azari, Ehsan, Afghan refugees: A tragedy created by communism, S. 73 f.
[169] Vgl. Ebd., S. 74.
[170] Rajaee, Bahram, The politics of refugee policy in post-revolutionary Iran, S. 56.

versammlung unter seiner Führung. Diese großen Ratsversammlungen, Loya Jirga genannt, waren innerhalb der Afghanen angesehen, da sie als wirklich einheimisch bewertet wurden.[171] In einer Loya Jirga kann ein Afghane seine Belange ausdrücken ohne sich fremd, wie unter der Herrschaft Karmals durch die adaptierte sowjetische Politik, zu fühlen.

Durch die Umbenennung der beiden Fraktionen der DVPA zur Heimat-Partei schien der Zwist aufgehoben zu sein, was auch in der Hoffnung der Sowjets lag, um eine identische Interessenvertretung betreiben zu können. Diese Annahme war ein Trugschluss, denn an dessen Stelle bahnten sich *ethnische* Rivalitäten an. Wichtige Positionen in der Regierung wurden vermehrt an Paschtunen vergeben, so dass diese ethnische Hervorhebung eine neue Problematik darstellte.

Die Mujaheddingruppen erstarkten zunehmend als der offizielle Widerstand. Ausgelöst durch die gezielte Formierung von islamischen Widerstandsparteien verlor Najib die Leitfäden seiner Politik aus der Hand. Die islamischen Widerstandsgruppen waren bereit, die Stellvertreterregierung der Hegemonialmacht UdSSR in Afghanistan in die Knie zu zwingen. Intern bekriegten sich die Mujaheddingruppen um die Vormachtstellung im künftigen Afghanistan, so dass ihre Zusammensetzung heterogen war. Das Resultat dieser heterogenen Struktur der verbliebenen Mujaheddingruppen war der erbitterte Kampf in der Hauptstadt Kabul gegeneinander. Schließlich trugen die Mujaheddin den militärischen und politischen Sieg davon. Im Ablauf dieser Kampfhandlungen vollzog sich im Jahre 1992 der Sturz Najibs.

[171] Vgl. Klimburg, Max, Afghanistan. Das Land im historischen Spannungsfeld Mittelasiens, S. 120 ff. Die Loya Jirga stammt aus der Tradition der Paschtunen. Sie wird zur Klärung von Streitfällen einberufen. Die Regeln besagen eine uneingeschränkte Teilnahme und freie Meinungsäußerung.

3.4. Dritte Phase - Der Sieg des islamistischen Widerstandes (1994 - 2001)

Die dritte Phase ist durch den Sieg des Widerstandes und der endgültigen Befreiung von der kommunistischen Herrschaft über Afghanistan geprägt. Das heterogene afghanische Volk hatte erwartet, dass Afghanistan nun von loyalen Afghanen regiert werde. Gepaart mit religiösem Eifer als verbindende Komponente aller Afghanen und einer nationalistischen Ausrichtung konfrontierten die neuen Befehlshaber das Land. Besonders Mujaheddin schiitischen Glaubens erfuhren Unterstützung von der iranischen Regierung.[172] Das staatliche Gewaltmonopol geriet in die Hände von Kriegsherrn, welche unter dem Begriff „Warlord" bekannt sind. Diese wollten die Gunst der Stunde nutzen. Sie regierten nach dem Abzug der Sowjets meistens einen ihnen vertrauten lokalen Bereich, der sich eng mit ihrer Kriegsführung als Widerstandspartei gegen die Sowjets deckte. Durch den sogenannten Peschawar-Accord vom April 1992, der in der Stadt Peschawar in Pakistan beschlossen wurde, sollte der Anarchie der Riegel vorgeschoben werden. Das Land am Hindukusch trug nun die offizielle Staatsbezeichnung „Islamische Republik Afghanistan".[173] Derweil schlug der Iran in seiner Flüchtlingspolitik einen rigiden Kurs ein:

„Until 1992, most Afghan refugees entering Iran were provided with 'blue cards' indicating their status as involuntarily migrants (mohajerin) and not refugees (panahandegan). Blue card holders were granted indefinite permission to stay in Iran legally, and until 1995 also had access to subsidized health care and food, as well as free primary and secondary education. However, they were also barred from owning their own business or

---

[172] Vgl. Abdul-Wakil, Iran's relations with Afghanistan after the Islamic revolution, S. 97.

[173] Mubtakir, Ghulam Nabi, Afghan True & Unique History, S. 447 f.

working as street vendors, limiting their employment to low-wage, manual day labor.“[174]

Während man sich in Afghanistan um die Vergabe der Macht stritt, mussten im Iran afghanische Flüchtlinge harten Zeiten entgegen sehen. Die Macht teilte sich unter den zwei stärksten Mujaheddingruppen, Hezb-e Islami mit dem Führer Gulbuddin Hekmatyar und Jamjat-e Islami geführt durch Burhanuddin Rabbani und Ahmad Schah Massoud, auf. Es kam zu Meinungsverschiedenheiten zwischen diesen beiden Mujaheddingruppen. Der Kern des Disputs drehte sich um Machtspiele dieser Übergangsregierung der Mujaheddin als der Peschawar-Accord feste Geltung finden sollte. Die Unterzeichnung des Peschawar-Accords missfiel dem Führer der Hezb-e Islami Hekmatyar, da das Verteidigungsministerium, was von der Jamjat-e Islami bekleidet wurde, nach dem Wunsch Hekmatyars ihm unterstehen sollte. Diese Ungereimtheiten zwischen den beiden Parteien provozierten einen neuen Krieg, der in der Hauptstadt Kabul begann und kurze Zeit später im ganzen Land ausgetragen wurde. Von allen Seiten geriet die Hauptstadt unter schweren Beschuss.

Unter diesen wirren Kriegshandlungen hatte die Zivilbevölkerung das Nachsehen. Nach mehr als zwölf Jahren kommunistischer Herrschaft sehnte das afghanische Volk eine Periode des Friedens herbei. Der Frieden blieb jedoch in weiter Ferne. Eine neue militante, von einer eigenen Auslegung des Islam gespeiste Bewegung betrat im September 1996 das Schlachtfeld in Kabul. An dieser Stelle ist zu unterstreichen, dass eine Gleichsetzung der Taliban mit den Mujaheddin nicht treffend wäre, da die Mujaheddin bis zum Abzug der sowjetischen Invasoren als Freiheitskämpfer angesehen wurden.

---

[174] Rajaee, Bahram, The politics of refugee policy in post-revolutionary Iran, S. 56 f.

3.4.1. Herrschaftszeit der Taliban

Nach dem Scheitern der Übergangsregierung der Mujaheddin von 1992 bis 1996 nahmen die Taliban das Land, nach ihrem Gutdünken als „Islamisches Emirat Afghanistan" benannt, ein. Sie versprachen dem Volk, die Ungerechtigkeiten der vergangenen Herrscher durch einen Gottesstaat wettzumachen. Ihr politischer und militärischer Führer, Mohammad Omar, mit dem Titel eines islamischen Geistlichen, Mullah, sollte zur Symbolfigur der Gerechtigkeit aufsteigen.[175]

Die Rekruten der Taliban setzten sich entweder aus der Ethnie der Paschtunen, bei denen die Taliban erstmals in Erscheinung traten, oder aus Waisen- und Flüchtlingskindern zusammen. Letztere wurden während ihres Aufenthalts als Flüchtlinge in pakistanischen Religionsschulen, bezeichnet als Madrassas, die Opfer islamistischer Indoktrination.[176] Der Islam nach Lesart der Taliban wurde von den Religionsschulen in Pakistan als Ideologie vermittelt, um der jungen afghanischen Generation Gefolgschaft zu lehren.

Die Hypothese, dass ein afghanischer Flüchtling in einem pubertären Alter für jede Denkweise, die seinem Land dienen könnte, anfällig sein kann, ist durchaus verständlich. Feststellbar ist also, dass die Rekruten der Taliban aus einem Milieu stammten, welche perspektiv- und heimatlos in die Zukunft schauten. Nicht positiver war die Lage im Iran für afghanische Flüchtlinge, denn sie mussten mehr oder minder den Iran in den 1990ern verlassen:

---

[175] Vgl. Rashid, Amhed, Taliban. Afghanistans Gotteskrieger und der Dschihad, S. 68. Mullah Mohammad Omar galt als „Robin Hood" neuzeitlicher Art bei den Afghanen zur Zeit der Taliban.

[176] Vgl. Pohly/Duran, Nach den Taliban. Afghanistan zwischen internationale Machtinteressen und demokratischer Erneuerung, S. 71. Die afghanischen Flüchtlingskinder sollten durch die Ideologie des Islam und einer militärischen Grundausbildung sich vor den kommunistischen Sowjets als Freiheitskämpfer erweisen.

„By 1997, repatriation efforts had yielded significant results: 1.3 million displaced Afghans had voluntarily returned to their country, 566.000 of whom were processed through the Commission's facilities.“[177]
Ausnahmslos wurde die Regierung der Taliban von Saudi-Arabien und Pakistan anerkannt, wobei die internationale Gemeinschaft den Taliban keine Achtung zusprach. Die Regierungszeit der Taliban verlief nicht reibungslos. Abgelehnt wurden die Taliban von den verbliebenen Mujaheddingruppen, welche sich zu einem Bündnis, genannt Nordallianz, zusammenschlossen. Diese Nordallianz, die ihre Hochburg im Norden Afghanistans hatte, führte in der Herrschaftszeit der Taliban ununterbrochen Kämpfe gegen diese.

3.4.2. Gesetze der Taliban

In der Folgezeit begannen die Taliban, ihre Auslegung religiöser Werte auf die Gesellschaft anzuwenden. Als die Vertreter Gottes auf Erden führten sich die Taliban in ihrem Auftreten auf, denn der dekadente Kommunismus sollte Afghanistan nie wieder betreten können. Die Taliban sprachen in der Gesellschaft mehr Verbote als Gebote aus, wobei letzteres jedem Taliban kraft seiner kompetenten islamistischen Sitten– und Wertevorstellung vorbehalten war. Dafür, einen Gottesstaat in Afghanistan zu errichten, bestand kein Grund, da in Afghanistan die Religion ohnehin eine positive bzw. lebensbestimmende Stellung bei der Bevölkerung einnimmt.[178]

---

[177] Rajaee, Bahram, The politics of refugee policy in post-revolutionary Iran, S. 56.
[178] Vgl. Rashid, Ahmed, Taliban. Afghanistans Gotteskrieger und der Dschihad, S. 153.

In Relation ausgedrückt war das Leben eines Flüchtlings im Iran dennoch besser als das Leben eines Afghanen in Afghanistan unter den Taliban. So wurden in Afghanistan die schiitischen Hazara aufgrund ihrer schiitischen Konfession massakriert:

„*Iran is a heaven for them (schiitische Hazara; d. Verf.) compared with Afghanistan. (...) Bread is cheap (...) and the streets are safe. Many don't even know Afghanistan: 60 percent were born here (in Iran, d. Verf.).*“[179]

Als weitere Mitglieder der Gesellschaft wurden die Frauen durch die Verordnungen der Taliban aus dem Alltagsleben verbannt.[180] Der gewährte Handlungsraum der Frau bei den Taliban bildete das Haus, denn in die Öffentlichkeit durfte die Frau nur durch eine bis zur Unkenntlichkeit verhüllte Ganzkörperbedeckung und in zusätzlicher Begleitung eines männlichen Familienmitgliedes. Dagegen waren Männer durch einen Edikt gezwungen sich einen Bart wachsen zu lassen. Die Reduzierung der Frau auf ihr Geschlecht wurde wiederum mit religiöser Notwendigkeit begründet. Aus den Bildungsinstitutionen wurden Frauen ebenso ausgeschlossen. Diese Geschlechterpolitik der Taliban war aufgrund von gravierenden Menschenrechtsverletzungen unhaltbar und dauert dennoch bis heute an.[181] Afghanistan, ein multiethnisches, multilinguales und multikonfessionelles Land, sollte in dieser Hinsicht nach dem Verständnis der Taliban als ein homogener islamischer Staat gestaltet werden, wo in der Realität der Eigenwille der Taliban mehr zählte. Letztere zwangen in den letzten Monaten ihrer verbliebenen Amtszeit Afghanen hinduistischen Glaubens, sich

---

[179] Bonin, Gordon, Afghan Refugees in Iran: Employment & Iran's Baby Boom, S. 24. Mit der Angabe 60% sind alle Afghanen im Iran gemeint und nicht ausschließlich die Ethnie der Hazara.

[180] Vgl. Rashid, Ahmed, Taliban. Afghanistans Gotteskrieger und der Dschihad, S. 350 f.

[181] Vgl. Baraki, Matin, Afghanistan nach den Taliban, S. 27. Frauen sitzen anhand eines willkürlichen Schuldspruches im Gefängnis und sind bei politischem Engagement lebensgefährlich gefährdet.

für die Sittenwächter der Taliban sichtbar zu kleiden. Eine Verkennung der afghanischen Geschichte, Sprachen und Kultur ist diese öffentliche Repression der religiösen Minderheit der Hindus seitens der Taliban, vergleichbar den Zeiten des Nationalsozialismus, als in Europa Menschen jüdischen Glaubens zu solch menschenverachtenden Akten gezwungen wurden.

Durch die Vernichtung der geschichtsträchtigen Buddha-Statuen (2001) offenbarten die Taliban, welches Weltbild sie über die Jahre hinweg vermitteln wollten. Diese Tat besaß lediglich für die Taliban eine Legitimation, da die Buddha-Statuen als Weltkulturerbe der Menschheit geschützt waren. Die Taliban legitimierten diese Übertretung der internationalen Übereinkunft als gotteslästerliche Verehrung, weil nach ihrer islamistischen Auslegung diese Statuen Götzen darstellten. Die internationale Gemeinschaft protestierte gegen diese Akte, was die isolierte Stellung der Taliban zusätzlich verschärfte.

3.4.3. Drogen und Taliban

Ein heikles Thema ist der Opiumanbau[182] bei den Taliban, der zum wichtigsten Exportartikel Afghanistans aufstieg. Die Opiumproduktion wurde von einfachen afghanischen Bauern betrieben, da Afghanistan seit zwei Dekaden von einer landwirtschaftlichen Dürre heimgesucht wurde. Anhand dieser schlechten landwirtschaftlichen Lage musste der Lebensunterhalt durch den Anbau von Opium erwirtschaftet werden, welcher beim

[182] Vgl. http://www.unodc.org, International Narcotics Conference on Afghanistan February 8-9 2004, S. 3 ff. Die Abhaltung dieser Konferenz hatte den Sinn, dass Afghanistan sich vom Anbau des Opiums systematisch lösen sollte. Der Opiumanbau und besonders der –gebrauch sind zu einem globalen Problem geworden, so dass die internationale Gemeinschaft an dessen Beseitigung interessiert ist.

Verkauf einen besseren Gewinn erbrachte als der konventionelle Anbau von Getreide.[183] Jedoch wurde der eigentliche Handel mit Opium von mächtigen Warlords und den Taliban abgewickelt, welche in einem Absatzmarkt mehr Profit erwirtschafteten als der einfache Bauer.[184]

Eine Ursache, weshalb afghanische Flüchtlinge in der iranischen Gesellschaft einen schlechten Ruf besitzen, ist die Beschuldigung, dass afghanische Flüchtlinge Drogen im Iran verbreitet hätten:

„Many Iranians have blamed the Afghan community for incidents of narcotic traffic, robbery, rape, murder, and other crimes committed by only a small percentage of Afghans.“ [185]

Zu diesem Thema äußerte sich ein Mitglied des iranischen Parlaments mit Vehemenz. Dieser forderte, dass künftig zur Gewährleistung der staatlichen Sicherheit afghanische Flüchtlinge in Konzentrationslager verbannt werden sollten.[186] Es ist also nicht schwer zu erkennen, dass seitens der iranischen Politik gegen afghanische Flüchtlinge gehetzt wurde. Ein iranischer Journalist äußerte sich in derselben Sache Mitte der 1990er Jahre wie folgt:

„This is the last bloody time we do anything humanitarian. Look at the mess it's got us into. We welcomed the Afghans with open arms and all we got was crime and drugs.“[187]

---

[183] Vgl. Baraki, Matin, Afghanistan nach den Taliban, S. 27. Der Anbau von Opium rentiert sich, da sich dieses 30-mal teurer als Weizen verkauft.

[184] Vgl. Ebd., S. 27. Die Bekämpfung von Drogen verläuft äußerst schlecht. Als Ausgleich für den Anbau von Opium wurden afghanischen Bauern pro Hektar 13000 US-Dollar angeboten, was sie ablehnten.

[185] Kazemi, Farhad/Reynolds, Wolfe, Lisa, Urbanization, migration, and politics of protest in Iran, S. 267.

[186] Vgl. Kazemi, Farhad/Reynolds, Wolfe, Lisa, Urbanization, migration, and politics of protest in Iran, S. 267.

[187] Bonin, Gordon, Afghan Refugees in Iran: Employment & Iran's Baby Boom, S. 25.

In Afghanistan zählten derweil die islamistischen Taliban ihre letzten Regierungstage. Die Beherbergung des weltweit operierenden Terrornetzwerkes El-Kaida war der ausschlaggebende Grund, vor allem für die USA, die Taliban abzusetzen. Spätestens als die Anschläge des 11. September 2001 auf das World Trade Center in den USA erfolgten, die von der El-Kaida verübt wurden, war die Beendigung der Amtszeit der Taliban eine logische Folge ihrer islamistischen Politik.

In einem Geheimtreffen in Berlin am 17. Juli 2001 zwischen den USA und den Taliban stellten erstere den Taliban ihre internationale Anerkennung in Aussicht, falls sie den Führer der El-Kaida nicht mehr schützen würden.[188] Auf dieses Angebot gingen die Taliban nicht ein, woraufhin die USA im selben Jahr militärisch in Afghanistan intervenierten. Seit dem Ende des Jahres 2001 befindet sich das Land am Hindukusch nach den Kriegswirren der letzten zwanzig Jahre im Wiederaufbau. Beim Wiederaufbau sind die USA wieder der tonangebende Akteur.[189]

Diese anhaltende Krise Afghanistans ist sogar im Jahr 2016 Thema des Buches von Zalmay Khalilzad.[190] Darin beschreibt er, dass im Bonner Abkommen von 2001 Hamid Karzai bei der Wahl des künftigen Staatspräsidenten weniger Stimmen im Verhältnis zu Abdul Sattar Sirat erhielt. Letzterer, ein Tadschike (Perser), wollte nach Eigenangabe und Wunsch aus ethnischen Gründen nicht Präsident werden.[191] Er überließ das Feld dem ethnischen Paschtunen Karzai. Auch die Liquidierung von Osama Bin

---

188 Vgl. Baraki, Matin, Islamismus und Großmachtpolitik, S. 37.

189 Vgl. Baraki, Matin, Afghanistan nach den Taliban, S. 25. Die USA setzten sich bei der Kandidatenfrage zum Präsidenten für ihren Favoriten Karzai durch, so dass die Große Ratsversammlung erst dann stattfinden konnte. Aus Protest verließen 70 Delegierte die Versammlung, da ihnen keine Möglichkeit zur freien Entscheidung gelassen wurde.

190 Siehe dazu Zalmay Khalilzad: "The Envoy: From Kabul to the White House, My Jounrely To a Turbulent World."

191 Vgl.http://www.bbc.com/persian/afghanistan/2016/04/160425_zs_khalilzad_book_reviewn.

Laden im Jahr 2011 im Pakistanischen Abbottabad brachte keinen erhofften Frieden mit sich.[192] Derweil scheiden sich die Geister wie Bin Laden tatsächlich ums Leben kam bzw. durch ein US-amerikanisches Sonderkommando aus nächster Nähe in seiner Residenz getötet wurde: Diese Fragestellung beschäftigt Verschwörungstheoretiker, Wissenschaftler, Drehbuchautoren, Journalisten und Politiker.

3.5. Der Tod von Mullah Mohammad Omar

Mit dem Tod des Gründers und des Anführers der Taliban hatten die wenigsten Experten gerechnet. Im Jahr 2015 verkündete die aktuelle afghanische Regierung den sicheren Tod dessen:
„*The Afghan government did not say what killed Omar or where he died, but Hasib Sediqi, spokesman for the Afghan intelligence agency, NDS, said the agency had known for a while that Omar "died suspiciously" in a hospital in Karachi in April 2013. "We have been raising this question for the last one and a half years," he said. "We have intelligence that Mullah Omar is no longer alive. Now we are happy that foreign forces are confirming this as well.".*" [193]
Als der Nachfolger von Mullah Mohammad Omar wurde zunächst Mullah Akhtar Mansour, ebenfalls ein ethnischer Paschtune, gewählt. Kaum im Amt wurde Mansour im Jahr 2016 durch eine US-amerikanische Drohne getötet.[194] Nach der Wahl von Akhtar gab es in den ersten Tagen und Wochen erhebliche Kritik. Innerhalb der Taliban wurde debattiert, ob Akhtar

---

[192] Vgl. http://www.sueddeutsche.de/politik/Al-Kaida-wieso-der-tod-von-osama-bin-laden-raetselhaft-bleibt-1.2695011.
[193] http://www.theguardian.com/world/2015/jul/29/taliban-leader-mullah-omar-dead-claims.
[194] Vgl. http://www.bbc.com/news/world-asia-36352559.

der rechtmäßige Nachfolger von Mullah Mohammad Omar sein kann. Aus diesen internen Zerwürfnissen der Taliban kann man von eine Krise der Führung sprechen:

„A number of traditional high ranking Taliban militants with potential to lead the group and keep it united have either died of natural causes or were killed over the past 15 years.“[195]

Als der Nachfolger von Mansour wurde der Schriarichter und ethnische Paschtune Haibatullah Akhunzada gewählt.

Seit dem Jahr 2013 unterhalten die Taliban offiziell ein Büro in der Hauptstadt von Katar in Doha am Persischen Golf. Die Taliban haben unmittelbar nach dem Tod ihres Führers Omar reagiert und ein Zeichen von anhaltender Macht, überlegter Führung und Repräsentanz setzen wollen. Mit der Eröffnung des Büros in Katar hat die Taliban eine politische Vertretung. Dadurch besitzt sie nun eine öffentliche Adresse und autorisierte Vertreter, die im Auftrag der Taliban wichtige Entscheidungen der Außenwelt überbringen können.

Diese führenden Vertreter der Taliban verfügen über das Recht auch andere diplomatische oder militärische Vertretungen von Staaten zu treffen. Die Entscheidung für die politische Repräsentation der Taliban fiel zwar auf Katar, aber ebenso galten die Türkei, Vereinigte Arabische Emirate und Saudi Arabien als potentielle Staaten. An ihrem Sitz in Doha weht die Flagge der Taliban mit der Aufschrift „Islamische Emirate Afghanistan“.

Dieses Büro sorgte bei der afghanischen Regierung für Unbehagen. Dabei hatte man Sorgen, dass der politische Flügel der Taliban nun die Kapazität,

---

[195] http://www.bbc.com/news/world-asia-36353933.

die Bereitschaft und das nötige Wissen besitzt, um gegen die Administration in Kabul Kämpfer zu rekrutieren, auszubilden und zu bezahlen.

Gegen die Gesetze, Riten und Traditionen der Stammesgesellschaft der Paschtunen scheinen die Taliban auch nicht sonderlich positiv gesinnt zu sein:

„*1. Die Taliban nutzen interne Konflikte aus und »liefern« dann als Schlichter »Gerechtigkeit«.*

2. Die Taliban bedrohen die lokale Macht der Ältesten als vorrangige Autoritäten für lokale wirtschaftliche und soziale Angelegenheiten.

3. Ziel von counterinsurgency ist nicht die Eliminierung möglichst vieler Kämpfer, sondern die Spaltung zwischen Aufständischen und Bevölkerung. Es muss besser »geliefert« werden, als dies die Taliban können. Auch lokale Generationskonflikte sollen instrumentalisiert werden.“[196]

In ihren jährlichen Frühjahresoffensiven kündigen die Taliban offen ihren Krieg gegen die afghanische Regierung in Kabul an. Der Dschihad der Taliban ist ihr Selbstverständnis des Islams, der sie dazu verleitet die zivile Bevölkerung Afghanistans seit ihrer Machtergreifung im Jahr 1996 bis heute (2016) nicht zu schonen. Ihre Strategie beruht im Großen und Ganzen darauf auch Kinder und Jugendliche als Selbstmordattentäter einzusetzen.

In einer im Jahr 2016 veröffentlichten Studie von der Britischen Nichtregierungsorganisation „Global Witness“ wurde festgestellt, dass u.a. die Taliban die nördliche Provinz Badakhshan als eine Finanzquelle entdeckt haben.[197] Es gibt eine unmittelbare Verbindung zwischen Krieg, Korrupti-

[196] Zittelmann, Thomas, Ethnologie im Krieg: Das Human Terrain System und die Darstellung der paschtunischen „Stammesgesellschaft“, S. 254.

[197] https://www.globalwitness.org/en-gb/campaigns/afghanistan/war-treasury-people-afghanistan-lapis-lazuli-and-battle-mineral-wealth/. Global Witness forscht und untersucht interdisziplinär. Dabei arbeitet sie mit den Untersuchungskriterien Ausbeutung (Rohstoffen), Armut, Konflikt/Krieg und die Missachtung von Men-

on, Vertreibung von Einheimischen und die Plünderung von weltweit seltenen Lagerstätten mit teuren Lapislazuli Steinen.

Weiterhin kritisieren insbesondere Teile aus der Zivilgesellschaft aus den Ethnien Tadschiken, Hazara und Usbeken den Ton von Altpräsident Hamed Karzai und dessen Nachfolger Ashraf Ghani, weshalb sie beide die Taliban seit 2001 als Brüder, Freunde und Landsleute titulieren. Das Argument der zivilgesellschaftlichen Akteure lautet, dass die Taliban durch ihre ausübende Gewalt keinen Unterschied zwischen Freunde und Feinde macht. Weiterhin, so die Akteure, sollten die Taliban als eine Terrorgruppe eingestuft und somit benannt werden.

Die Führung der Taliban entwickelte seit der Gründung ihres Büros in Katar auch ein neues Selbstverständnis und beabsichtigte sich in der Domäne der Diplomatie einzusetzen. Sie kündigte häufig an mit militärischen und politischen Führern Pakistans u.a. über die Lage von afghanischen Flüchtlingen, Grenzstreitigkeiten (Durand-Linie) und ähnlichen Problemfeldern Gespräche zu führen.

Afghanistan hat nicht nur interne und externe Sicherheitsprobleme. Die im Jahr 2014 erstmals sich der Weltöffentlichkeit präsentierende „Islamischer Staat im Irak und in Syrien" (zur erst ISIS, dann IS oder auch „Daesh" im Arabischen genannt) operiert neben der Taliban, der Al-Kaida und einigen anderen kleineren dschihadistischen Gruppierungen zurzeit auch in Afghanistan. Daesh hat einen eigenen Radiosender, womit sie täglich Propaganda für ihre Zwecke treibt. Viele arbeitslose und junge Afghanen aus dem

---

schenrechten. Ihre Herangehensweise für die Datengenerierung kann u.a. als investigativ bezeichnet werden. Als eines ihrer Ergebnisse gibt Global Witness bekannt: *„Armed groups made at least $12m from lapis in 2015, according to rough but credible estimates, with a government ban on the trade in early 2015 countered by massive smuggling through the Panjshir valley. The Taliban increased their share of this as their strength grew, to an estimated $4m. As of mid 2016, payments to the Taliban reportedly amount to at least 50% of the revenue from the mines."*

Osten und Südosten des Landes schließen sich ihr aus Armut und Perspektivlosigkeit an.

3.6. Resümee - Der ausgelöste und anhaltende Schaden seit dem Einmarsch der Sowjets

Die Bearbeitung der drei Phasen sollte einen groben Einblick in die Politik der afghanischen Regierungen geben, welche sich nicht für das Volk bemühten, aber im Namen des Volkes sich etablieren wollten. Die sogenannten Kriegsfolgen lassen sich in einem Ausmaß der blindwütigen Verwüstung betrachten: Allein die Flucht der afghanischen Zivilbevölkerung aus Afghanistan ist die größte Fluchtbewegung seit dem Zweiten Weltkrieg.[198] Die Mittel der Kriegsführung hatten lediglich die Folge, dass das Land entvölkert wurde. Bedingt durch diese Irrationalitäten bedurfte es der Flucht ins Exil, um das eigene Leben zu retten.[199]
Auch Binnenflüchtlinge gab es, welche eher Zuflucht in großen und nicht völlig zerstörten Städten suchten, statt in entlegenen kleinen und bereits ausgemerzten Dörfern. Eine ganze Generation afghanischer Kinder wurde das Recht auf Bildung durch Krieg und Vertreibung entzogen.[200] Durch Bombardierungen oder Artilleriebeschuss wurde das Leben der Afghanen zerstört. Dieser Punkt sollte so verstanden werden, dass dem afghanischen Volk jegliche Lebensgrundlage entzogen wurde. Der Schaden in kultureller, sozialer oder humanitärer Hinsicht stieg ins Unermessliche, dessen Wunden stets noch Narben forttragen. Eine sichere Rückkehr, wovon viele

---

[198] Vgl. Schetter, Conrad, Kleine Geschichte Afghanistans, S. 104 ff.
[199] Vgl. Centlivres-Demont, Micheline, Die afghanische Diaspora in Europa, S. 37 ff.
[200] Vgl. Boesen, Inger W., Ten years of war and civil war in Afghanistan, S. 42 f.

afghanische Flüchtlinge im Iran träumen, wird nicht leicht vonstatten gehen. Afghanische Flüchtlinge dachten nach dem Abzug der Sowjets, dass ihr Land aufgebaut wird, was aber in weiter Ferne blieb:
„[T]he subsquent loss of interest in the fate of Afghanistan by Western states should have taught Afghans not to be impressed by promises of assistance from the international community."[201]
So ist eine Rückkehr auch nach dem Abzug der Taliban für viele afghanische Flüchtlinge aus dem Iran nicht sehr wahrscheinlich. Afghanistan wurde von der internationalen Gemeinschaft wenig beachtet, so dass sich dort der Nährboden für den internationalen Terrorismus bildete. Das afghanische Volk sollte die Stärke der sowjetischen Militärs, der rivalisierenden Mujaheddingruppen und schließlich der Taliban an Leib und Leben spüren. Durch Antipersonenminen, welche sich millionenfach in der Erde befinden und nicht sichtbar für das bloße Auge sind, kann jeder Schritt eines Afghanen das Ende seines Lebens bedeuten.
Durch dieselbe Schlagkraft, welche die Menschen erleiden mussten, wurden die Infrastruktur und auch z.B. Bewässerungsanlagen verwüstet, was sich vornehmlich während der Regierungszeit des prosowjetischen Regimes ereignete. Aus der landwirtschaftlichen Sicht ist es nicht verwunderlich, dass durch die Bombardierungen die Fruchtbarkeit des Bodens erheblich abgenommen hat. Insgesamt betrug die Opferzahl des Krieges zwischen ein bis zwei Millionen Menschenleben. Anhand dieser verursachten Schäden an Menschen und Land bedarf eine nachhaltige Unterentwicklung keiner Prognose, sondern dies ist durch die jahrelange Kriegsführung impliziert.

---

[201] www.areu.org.af/publications/refugees, PDF-Datei, S. 29.

4. Iran - Islamische Revolution (1979)

Der Iran befand sich, wie sein östlicher Nachbarstaat Afghanistan, im Jahr 1979 in einer Aufbruchsstimmung.[202]

Die Bevölkerung war mit dem monarchischen System des Schahs unzufrieden, welcher Anfang der 1950er Jahre vom US-amerikanischen Auslandsgeheimdienst CIA installiert wurde. Der gesamte Staatsapparat des Schahs wurde von den USA aufgebaut und stand unter ihrer ständigen Aufsicht, da der Iran mit seinem Erdölvorkommen in der Interessensphäre der Hegemonialmacht lag. Das bedeutet, dass es eine Frage der Zeit war, wann das installierte Staatssystem durch die angestaute Stimme der Opposition gestürzt werden könnte. Eine Revolution mit islamischem Gedankengut entstand als eine Gegenbewegung zum Schah, die allein im Islam den einzigen Weg sah, sich auf eigene kulturelle Werte zu besinnen. Es heißt dazu:

„Eine zu rasche Modernisierung hatte (...) das soziale Gefüge der iranischen Gesellschaft zerrissen, und der schiitische Islam ersetzte erfolgreich die weltlichen Ideologien bei der Mobilisierung der revolutionären Massen."[203]

In Massendemonstrationen organisierte sich das iranische Volk gegen die Herrschaft der Monarchie des Schahs. Die Abschaffung des Schahregimes wurde durch ein beharrliches Vokabular, wie z.B. *„Wir wollen keinen schimmligen Kuchen vom Schah, wir wollen den perversen Schah nicht"*[204], in Parolen skandiert. Nach dem Selbstverständnis der religiös

---

[202] Vgl. Kidron/Segal, Hunger und Waffen, Karte 32. Nicht nur aus Afghanistan kamen Flüchtlinge in den Iran, sondern auch aus dem Irak. Im Jahre 1979 suchte eine geschätzte Zahl von 135.000 Menschen aus dem Nachbarstaat Irak als Flüchtlinge Zuflucht im Iran.

[203] Bayat-Philipp, Mangol, Die Beziehungen zwischen den USA und Iran, S. 32.

[204] Taheri, Amir, Chomeini und die Islamische Revolution, S. 392.

eingestellten intellektuellen[205] Iraner war allein der Islam im Stande, das Land aus der Tiefe zu heben, denn der Iran war seit der Regierung des Schahs im festen Griff der Supermacht USA.
Die Schwächung des Schahs hatte nicht nur internen und nationalen Charakter. Auch externe und internationale Mächte entschieden über die Zukunft Irans. Die auf Einladung vom damaligen französischen Präsidenten Giscard d'Estaing einberufene Konferenz von Guadeloupe - Anfang Januar 1979 - trug ihren erheblichen Teil zum Sturz des Schahs bei.
Zum besonderen Verständnis sollte hier kurz auf die Religion des Islams als treibende Ideologie der Revolution eingegangen werden. Insbesondere soll ein bündiger Exkurs den schiitischen Islam als die Mehrheitsreligion des Iran erläutern.

4.1. Exkurs: Die Bedeutung der Schia als Religion im Iran

Die Schia ist neben der Sunna eine der beiden großen Glaubensrichtungen des Islam, wobei die Sunna weltweit eine zahlenmäßig größere Anhängerschaft aufweist.[206] Der Ausdruck Schia ist aus der arabischen Sprache entnommen, und wäre mit „Partei" zu übersetzen. Nach dem Tod des Prophe-

---

[205] Vgl. Gronke, Monika, Geschichte Irans, S. 107. Als der geistige Anstifter der Revolutionsideologie wird Schariati angesehen, der in Anlehnung an Imam Husseins Tod ausrief: „Jeder Ort Kerbela, jeder Monat Muharram, jeder Tag Aschura." Hier soll der Märtyrertod propagiert werden, der ohne Bedenken begangen werden kann im Hinblick für ein besseres und gerechteres Staatssystem des vorrevolutionären Iran.

[206] Vgl. Religiöse Grundaussagen und –begriffe, S. 29. Die Sunna ist die orthodoxe Hauptrichtung des Islam. Sowohl schiitische und sunnitische Muslime erkennen das heilige Buch, den Koran, als Richtschnur an. Die Gesamtzahl der Muslime beträgt ca. 1,7 Mrd. Gläubige, wovon 180 Mio. Schiiten sind und der Rest Sunniten. Schiiten verteilen sich u.a. auf die Länder Afghanistan, Libanon, Syrien, Kuwait oder Bahrain.

ten Mohammed entfachte sich eine bis jetzt anhaltende Streitfrage, wer der rechtmäßige Nachfolger des Propheten sei.

Die Schiiten erkennen den direkten Vetter und Schwiegersohn des Propheten, Ali, als den legitimen Nachfolger an, was aber auf Ablehnung bei den Sunniten stößt. Nach dem Selbstverständnis der Schiiten wurde durch die Gründung der „Partei Alis" die Nachfolge des Propheten Mohammed Loyalität verliehen. Angesichts der Differenzen um die Nachfolge des Propheten spalteten sich die Muslime hinsichtlich der Leitung der religiösen Gemeinschaft. Die Sunniten sind der Auffassung, dass die Nachfolge des Propheten in den vier Rechtsschulen geregelt sei.[207]

Die Schia teilt sich wiederum in zwölf Imame, die sog. Zwölferschia, auf. Die Zwölferschia läuft genealogisch in einem verwandtschaftlichen Strang zusammen, an dessen Ende der Prophet Mohammed steht. Die zwölf Imame der Schia sind politisch-religiöse Führer gewesen, welche einen zweifelsfreien Status aufgrund ihrer Herkunft vom Propheten und ihren theologischen Kenntnissen genießen.[208] Neben der Zwölferschia existieren beispielsweise die Ismailiten als eine der bekanntesten schiitischen Gruppierungen, welche die Genealogie der zwölf Imame nur bis zum siebten Imam Ismail anerkennen. Als Anführer der Ismailiten gilt der im Diesseits fungierende „Agha Khan", welcher seine Abstammung auf den siebten Imam der Schia zurückführt.

Die besonderen Merkmale der Schiiten in Abgrenzung zu den Sunniten sind unter anderem ihr uneingeschränkter Glaube an die Rechtsordnung der Imame, die Existenz einer eigenen Hierarchie von Geistlichen sowie spezifische Passionskulte, wie das Gedenken an den ermordeten Imam

---

[207] Vgl. Krämer, Gudrun, Geschichte des Islam, S. 96. Diese vier Rechtsschulen berufen sich jeweils auf einen besonderen Rechtsgelehrten. Es gibt somit die Hanafiten, die Malikiten, die Schafiiten und die Hanbaliten. Die Gründer lebten und lehrten alle im heutigen Saudi-Arabien oder im Irak.

[208] Vgl. Buchta, Wilfried, Schiiten, S. 12.

Hussein im zehnten Monat des islamischen Kalenders.[209] Die herausragende Stellung nimmt der zwölfte Imam Mahdi ein, welcher sich entrückt im Verborgenen befindet und bei seiner Wiederkehr ein Reich der Gerechtigkeit errichten soll.[210] Bis dahin soll ein Geistlicher die islamische bzw. schiitische Gemeinde durch seine religiöse Kompetenz führen. Dieser Führer wird bei den Schiiten als Ayatollah[211] bezeichnet. Dieses Amt wurde vor der Islamischen Revolution im Iran von führenden schiitischen Klerikern als nicht politisch erachtet. Der Ayatollah sollte, wenn überhaupt, nur eine beratende Funktion besitzen. Das Wertmaß eines Ayatollah ist nicht absolut.

Über dem Rang eines Ayatollahs steht ein wesentlich durch sein hohes Alter gekennzeichneter Geistlicher mit dem Titel eines „Mardscha“[212], welcher durch seine angeblich jahrelange Akkumulation an religiösem Wissen eine „Quelle zur Nachahmung“ sei. Einem solchen Mardscha soll in der Regel eine kontemplative Haltung zu Eigen sein. Durch sein detailliertes Koranstudium sollte er der gläubigen schiitischen Gemeinde den rechten Weg des Lebens vermitteln können. Jedoch wurde die Stellung des Ayatollah in den Revolutionsjahren in der iranischen Verfassung institutionalisiert, was ein frevelhaftes Novum für den schiitischen Klerus darstellt. Für schiitische Würdenträger ist der Ayatollah nicht das Maß des schiitischen Klerus im Iran, da letzterer zwecks der Staatsraison die Schia

---

[209] Die Grundlagen des Islams sind u.a. die fünf Säulen: 1. Glaubensbekenntnis (Schahada), 2. Gebet (Salat), 3. Almosensteuer (Zakat), 4. Fasten (Saum) und 5. Pilgerfahrt (Haddsch). Diese gelten sowohl für Schiiten als auch für Sunniten.

[210] Vgl. Ludwig, Ralph, Mohammed, S. 120 f. Zu unterscheiden wäre auch die Jahreszählung der Schiiten, welche nach dem Sonnenjahr mit 365 Tagen zählen und nicht nach dem Mondjahr mit 354 Tagen wie die Sunniten.

[211] Vgl. Taheri, Amir, Chomeini und die Islamische Revolution, S. 396. Die Definition eines Ayatollahs lautet „Sinnbild Allahs“. Kraft seiner Kompetenz verfügt ein Ayatollah über die richterliche Gewalt in religiösen Fragen.

[212] Buchta, Wilfried, Schiiten, S. 45. Das Amt des Mardscha ist seit 1961 im Iran unbesetzt.

in den Augen des Klerus politisch missbraucht. Als Spezifikum in der iranischen Verfassung wird die Rechtsschule[213] des sechsten schiitischen Imams, Jaffar as-Sadiq, mit ihren Prinzipien für immer und ewig anerkannt.

Wie bereits angedeutet, ist der Klerus der Schia im Iran in einem Hierarchiesystem definiert mit dem höchsten Amt des Mardscha. Danach folgt ein Groß-Ayatollah, wovon auf der Welt 20 an der Zahl existieren. Nur ein einziger iranischer Groß-Ayatollah, nämlich Montazeri[214], ist Anhänger des politischen und religiösen Systems in Iran gewesen, was sich aber im Laufe der Zeit änderte. Auf den Groß-Ayatollah folgt ein Ayatollah, wovon im Iran 5000 gezählt werden. Etwa 80 Ayatollahs unterstützen das iranische Regime durch die Besetzung eines politischen Amtes, worunter der bekannteste der jetzige Revolutionsführer Ali Khamenei ist.[215]

Eine Schlüsselposition nehmen die geistigen Zentren ein. So ist der Ursprung der Schia der Irak mit den bedeutsamen Städten Nadschaf und Kerbela, wo sich Seminare zur Bildung und zum Erwerb eines geistlichen Würdenträgers befinden:

---

[213] Vgl. Krämer, Gudrun, Geschichte des Islam, S. 96 f. Die Zwölferschia erkennt die Rechtsschule des sechsten Imams an. Grundlegende Schriften dieser wurden häufig von ihren Schülern der Nachwelt hinterlassen. Eine Rechtsschule berief sich auf eine bestimmte gemeinsame Tradition, die in Schriften festgehalten wurde. Für diese Schriften bürgten sogar Menschen. Der Gläubige konnte sich dann für eine Rechtsschule entscheiden oder sie auch frei wechseln.

[214] Ayatollah Montazeri (1922-2009) war ein enger Weggefährte Khomeinis gewesen. Nach dem Tode Khomeinis wurde er als dessen Nachfolger gehandelt. Wegen seiner häufigen Kritik des politischen und religiösen Regierungssystems im Iran wurde er in den 1990ern mit mehrjährigem Hausarrest belegt.

[215] Vgl. Buchta, Wilfried, Schiiten, S. 45. Die wichtigsten schiitischen Kleriker nach Rang sind die aufgezählten Mardscha, Groß-Ayatollah und Ayatollah. Letzterem folgt ein Hujjatulislam. Ein Hujjatulislam ist ein Absolvent eines theologischen Seminars. Ihre Anzahl beträgt 28000 Mann im Iran, worunter 2000 politische Regimegeistliche sind. Einfache theologische Geistliche, die die letzte Stufe des schiitischen Klerus bilden, werden zahlenmäßig auf 180000 geschätzt. Sie verfügen über wenig theologisches Seminarwissen.

„Nadschaf (entwickelte sich; d. Verf.) zum Hauptsitz schiitischer Gelehrsamkeit - eine Position, die es bis ins frühe 20. Jahrhundert beibehielt. "[216] Relativ nahe gelegen an diesen beiden Städten im Irak befindet sich das Grab des Imam Ali, welches auch als Wallfahrtsstätte dient.[217] Nicht nur im Irak, sondern auch im heutigen Iran ist die Stadt Maschhad im Osten des Landes eine heilige Pilgerstätte, in welcher der achte Imam begraben ist. In Lehrinstitutionen werden Schiiten über die Schia in der heiligen Stadt Maschhad gelehrt. Daneben ist die Stadt Qom, südlich von Teheran, auch Zentrum der islamisch-schiitischen Wissenschaft. Auf die Bevölkerung Irans bezogen zeigt die folgende Tabelle den Anteil von Schiitentum prozentual:

Schiiten	89 %
Sunniten	10%
Andere	1 %

Quelle: Nazila Ghanea-Hercock: Ethnic and religious Groups in the Islamic Republic of Iran.[218]

[216] Taheri, Amir, Chomeini und die Islamische Revolution, S. 220.
[217] Vgl. Halm, Heinz, Die Schia, S. 16.
[218] Ghanea-Hercock,Nazila, Ethnic and religious Groups in the Islamic republic of Iran, S. 8.

4.2. Die politische Schia - Eine Staatsordnung nach iranischem Muster

Bezogen auf die Verhältnisse des revolutionären Iran beabsichtigte der damalige Geistliche Groß-Ayatollah Khomeini einen Gottesstaat zu gründen, welcher nach seinem Selbstbild die jahrelangen kulturellen Überfremdungen des westlich orientierten Schahs durch den schiitischen Islam ersetzen sollte. Aus dem Exil, in das er vom Schah aufgrund seiner ideologischen Ablehnung ihm gegenüber verbannt wurde, leitete Khomeini eine erfolgreiche Revolution ein. Die Mittel zur Verbreitung seiner islamischen Ideologie waren nicht von Aufsehen erregender Bedeutung. Aber diese Mittel zeigten eine umso wirksamere Umsetzung, deren Nachwirkung die Ausrufung der Islamischen Republik Iran am 1. April 1979 zur Folge hatte. Die Bevölkerung stimmte in einem Plebiszit überwiegend für eine islamische Verfassung im Dezember desselben Jahres ab.[219]

Dieser Gottesstaat mit dem Fundament des Islam hatte ein dogmatisches Verständnis. Der Gottesstaat sah sich in der Aufgabe, der Freiheit der iranischen Bevölkerung Grenzen zu setzen. Der politischen und religiösen Kulturrevolution, fußend auf einer verfassungsmäßigen Grundlage, stand nichts im Wege. Die Verfassung sieht einen Wächterrat bestehend aus konservativen geistlichen und weltlichen islamischen Rechtsgelehrten vor, die dem Führer unterstehen, der auf Lebenszeit regiert. Die Stellung des ins Leben gerufenen Wächterrates könnte auch als Oberhaus charakterisiert werden, wobei das Parlament als Unterhaus angesehen werden kann. Die Oberhand behält der Wächterrat als überprüfende Instanz bei der Legislative, damit alle Gesetze in Vereinbarkeit mit dem Islam stehen.[220]

[219] Vgl. Gronke, Monika, Geschichte Irans, S. 110.
[220] Vgl. Buchta, Wilfried, Schiiten, S. 86.

Diese Relation verweist auf die Dominanz des Wächterrates, der in der Befugnis des Vetorechts gegenüber dem Parlament liegt. Die Souveränität im Staat wurde nicht als des Volkes Herrschaft aufgefasst, sondern sie geht einzig und allein von Gott aus, als dessen Vertreter sich der Führer im Staat versteht. Die Verfassung der Revolution ist ein Konglomerat aus republikanischen, demokratischen und bis zum Übermaß an tatsächlichen autoritären Elementen, wobei die Demokratie eindeutig zu kurz kommt.
In der Innenpolitik bildeten afghanische Flüchtlinge ein Novum für den neuen islamistischen Staat, das auch einen Einfluss auf die Außenpolitik besaß:
„*From the beginning of the influx, Iran had followed an ambiguous policy toward refugees and the conflict of Afghanistan as a whole.*“[221]
Durch sein Dogma verstand Khomeini ein Machtmonopol zu errichten, mit dem er jedwede staatliche Gewalt durch die Autorität seiner Person bündeln konnte. Wichtige exekutive Organe wie die Polizei, den Geheimdienst oder das Militär ordnete Khomeini unter sein Diktat. Die uneingeschränkte Vollmacht zur Ernennung und Absetzung der Judikative war Khomeini ebenfalls eigen.[222] Eine Partei, Islamic Republic Party, wurde im Jahr der Revolution gegründet, die die Ideologie unterstreichen sollte. Diese Partei, aus zwei gegnerischen Flügeln gebildet, wurde Jahre später wegen interner Zerwürfnisse aufgelöst. Außer dieser Partei unterlagen andere politische Parteien, oder auch die Presse, einer harten islamistischen Zensur.
Khomeini schrieb ein Buch, worin er seine persönliche Visionen und die Inhalte eines islamischen Staates vorstellte, dass jedoch keine Beachtung in der Bevölkerung fand. Der ersehnte Sturz des Schahs gab Anlass, das Feld diesen Revolutionären ohne Vorbehalte zu überlassen. Die Realität lehrte die Bevölkerung die wahren Inhalte der Verfassung auf der Grund-

---

[221] Azari, Ehsan, Afghan refugees: A tragedy created by communism, S. 73.
[222] Vgl. Buchta, Wilfried, Ein Vierteljahrhundert Islamische Republik Iran, S. 7.

lage islamistischer Gesetze. Beim abgehaltenen Plebiszit spielte das Volk für die Architekten dieser Revolution keine integrierende Rolle.

Zum politischen Zweck wurden auch afghanische Flüchtlinge instrumentalisiert. Die *erste* Komponente der politischen Strategie war es, die afghanischen Flüchtlinge gezielt unter die Kontrolle der Revolutionsregierung zu bringen, das *zweite* Element bestand daraus, die öffentliche Meinung zu afghanischen Flüchtlingen regierungsnah zu konstruieren und im *dritten* Schritt wurden afghanische Flüchtlinge für die außenpolitischen Zwecke des Iran benutzt.[223]

Die Gesellschaft sah in Khomeini einen charismatischen Heilsbringer, was sich aber anhand der realen Politik in eine Entkräftung der Annahme umschlug. Eine personifizierte Anschauung schwang mit der Revolution:

„Khomeini, von den moderaten Kräften im Exil (der Iraner; d. Verf.) als gemäßigt beschrieben, wurde als eine Persönlichkeit dargestellt, die helfen würde, in Iran eine wahrhaft legitime und liberale Regierung wiederherzustellen."[224]

Eine positive Veränderung des Status quo trat nicht ein, wonach versprochene demokratische Elemente die Gesellschaft durchdringen sollten. Sogar Frauen, die während des Schahregimes keiner Kleidungsvorschrift unterlagen, bevorzugten aus einer Protesthaltung zum Schahregime in der Vorphase der Revolution den Ganzkörperschleier. Aus dieser anfangs von den iranischen Frauen angeregten Norm aus der islamischen Tradition der Scharia wurde später eine zu befolgende Pflicht. Die auferlegten bzw. verfassungsmäßigen Pflichten sollten von so genannten Sittenwächtern im öffentlichen Leben einer präsenten Kontrolle unterzogen werden. Rigoros wird auch die in der Verfassung verankerte Scharia beim Genuss von Al-

---

[223] Vgl. Kazemi, Farhad/Reynolds Wolfe, Lisa, Urbanization, migration, and politics of protest in Iran, S. 282.

[224] Bayat-Philipp, Mangol, Die Beziehungen zwischen den USA und Iran, S. 34.

kohol oder dem Verzehr „unislamischer" Speisen angewendet, womit die Gesellschaft sich einer religiös begründeten Zucht beugen sollte. Eine Ähnlichkeit zu der Herrschaftszeit der islamistischen Taliban in Afghanistan ist unverkennbar.[225]

Der Iran befand sich in einer Zeit voller Umwälzungen, in der die Bevölkerung mit neuen Gesetzen und einer islamistischen Ideologie fertig werden musste. Im Juni des Jahres 1989 starb der in Regierungskreisen seit 1979 zum omnipotenten Vater der Nation gehandelte Khomeini, der die Revolution von der ersten Stunde an dirigiert hatte.

Ali Khamenei, ein Weggefährte des Revolutionsführers, übernahm die Regierungsgeschäfte nach dem Ableben Khomeinis. Obgleich Khamenei einen niedrigeren theologischen Titel als der verstorbene Khomeini besitzt, was die Willkür der Regierung unter Beweis stellt, die ihre eigenen Prinzipien missachtet, wurde er zum legitimen Nachfolger ernannt.[226] Dieser Widerspruch ließ die Kritik der schiitischen Orthodoxie am Regierungssystem des Gottesstaates lauter werden. Die Schia ist traditionell apolitisch, was aber seit der Revolution einen politischen Charakter zum Vorteil einer religiös und politisch gesinnten Oligarchie vorfand:

„Chomeini, den man im Westen oft als einen Wahrer der Tradition schildert, in Wahrheit mit einer der wichtigsten Regeln der schiitischen Theologie gebrochen hat. Dass er für sich die Bezeichnung Imam akzeptierte, könnte nach seinem Tode Ursache eines bedeutenden Schismas innerhalb der Schia werden."[227]

Zu klären ist, dass die theologische Hierarchie der Schia weniger durch die Politik als vielmehr durch das Fachwissen des Klerus geführt wird. Der

---

[225] Siehe Punkt 3.4.: Dritte Phase - Der Sieg des islamistischen Widerstandes (1994 - 2001).

[226] Vgl. Buchta, Wilfried, Ein Vierteljahrhundert Islamische Republik Iran, S. 11.

[227] Taheri, Amir, Chomeini und die Islamische Revolution, S. 210.

schiitische Klerus ist zwar gegen eine Instrumentalisierung der Schia in der Staatspolitik, wie oben geschildert, aber bei Flüchtlingen aus Afghanistan hegte er selbst Präferenzen:

„*Publicly, Iranian clerics make no distinctions between the Shiite and the Sunni Afghan refugees. But in practice, they do have their preferences, even among fellow Shiites.*“[228]

Zu den politischen und religiösen Ereignissen trat zeitgleich ein Krieg gegen den arabischen Nachbarn Irak ein. Der Irak-Iran-Krieg wirkte sich in dieser relativ jungen Phase einer neuen Regierung für den Iran in politischer, wirtschaftlicher und nicht zuletzt humanitärer Hinsicht verheerend aus.

4.3. Der Krieg zwischen Irak und Iran aus iranischem Blickwinkel

Die Überschrift lässt in den folgenden Ausführungen den Leser erkennen, dass der Krieg den Fortschritt eines Staates beeinträchtigt. Als denkbarer Fortschritt kann gewertet werden, dass die iranische Bevölkerung die Absetzung des Schahs durch eine Volksabstimmung mit einer eindeutigen Mehrheit erwirkt hat, obwohl, wie im vorhergehenden Punkt erläutert, die Iraner durch die Freiheit beschneidende Politik des Revolutionsregimes eines Besseren belehrt wurden. Der Iran befand sich im Jahr des Angriffes, aus den Wehen der Revolution die Welt neu betretend, in einer Organisation seiner Streit-, Sicherheits- und Ordnungskräfte, wobei letztere die Gesellschaft seit 1979 bis heute unter ihre Vormundschaft bringt. Generell

[228] Abdul-Wakil, Iran's relations with Afghanistan after the Islamic revolution, S. 103.

spricht die iranische Verfassung von einer doppelt zu verteidigenden Sicherheit:

„Die Armee hat im Rahmen dieser Arbeitsteilung die Aufgabe, den Iran nach ‚außen' zu verteidigen, während die Pasdaran (Ordnungskräfte; d. Verf.) die Aufgabe haben, das politische System der IRI (Islamischen Republik Iran; d. Verf.) nach ‚innen' zu sichern."[229]

In der Außenpolitik stellte Khomeini den Versuch an, die Oppositionsgruppen eines islamischen Staates zu unterstützten, damit jene seine Lehren des islamischen Staates mit Gott als dem alleinigen Souverän adaptieren sollten.

Bei dieser ganzen Thematik gerieten die afghanischen Flüchtlinge in Vergessenheit, was die UNHCR in ihrem Bericht 1984 kritisierte.[230] Darin wurde angemerkt, dass die afghanischen Flüchtlinge unter enorm schlechten Lebensbedingungen im Iran lebten. Mit der „Logik des Krieges" paarte sich die 444 Tage lange Geiselnahme US-amerikanischer Diplomaten in der US-Botschaft in Teheran (von November 1979 bis Januar 1981), die international das Prestige des revolutionären Staates in Ächtung brachte.

4.3.1. Saddams Kalkül

Über die Anfälligkeit des revolutionären Irans für eine Niederlage in einem offen ausgetragenen Kampf spekulierte der damalige irakische Staatspräsident Saddam Hussein. Zugleich waren zwei verschiedene Weltanschauungen in Konfrontation miteinander, nämlich die Ideologie eines schiitischen Islam iranischer Prägung und die von Saddam Hussein hoch

---

[229] Möller, Harald, Der Krieg Irak-Iran, 1980 - 1988, S. 252.
[230] Vgl. Azari, Ehsan, Afghan refugees: A tragedy created by communism, S. 74.

gehaltene Ideologie des arabischen Sozialismus in der Gestalt der Baath-Partei[231].

Saddam Hussein war der vermeintlichen Ansicht, die Gunst der Stunde für sich entscheiden zu können. Er hielt die mindere militärische Befähigung des Irans in der Aufbauphase eines neuen Staatsapparates für einen ausschlaggebenden Grund, durch einen Blitzangriff im September 1980 schnell siegen zu können. Der Irak begann den Krieg indem er *„präventiv den ersten Schuss abfeuerte."*[232]

Als Kriegsursache wird landläufig die territoriale Zugehörigkeit des Flusses Schatt al-Arab genannt.[233] Dieser für diese relativ trockene Region in beiden Staaten verlaufender Fluss war also ein Grund, weshalb der Irak danach trachtete, den Iran anzugreifen. Der Irak und sein Staatspräsident Hussein sahen sich in der Rolle, die arabischen Staaten, insbesondere der Persischen Golfregion mit einer vorwiegend schiitischen Bevölkerung, vor einer Ausweitung der schiitischen Ideologie Khomeinis präventiv zu bewahren, denn:

„Khomeinis Anmerkungen zu diesem Thema deuten eher darauf hin, dass der Iran den ‚revolutionären Geist' exportieren wollte und darauf hoffte, damit den revolutionären Funken zu zünden, der dann die benachbarten

---

[231] Vgl. Tinaye-Tehrani, Ali, Der irakisch-iranische Krieg vom September 1980 bis zum August 1988, S. 19 f. Die Ideologie der Baath-Partei im Irak, dessen Gründer der Syrer Michael Aflaq ist, beruft sich auf die drei Komponenten Einheit, Freiheit und Sozialismus, wobei das Primat bei der Einheit liegt und das Kollektiv der Araber meint. Sogar die in der Kultur der Araber so wichtige Religion wird zur Förderung der Idee beiseitegeschoben.

[232] Dahmer, Kerstin, Parlamentarische Kontrolle der auswärtigen Gewaltanwendung. S. 243 f.

[233] Vgl. Geller/Singer, Nations at War. A Scientific Study of International Conflict, S. 141. Der 193 km lange Schatt al-Arab (die persische Bezeichnung lautet „Arvand Rud") ist der Zusammenfluss der beiden irakischen Flüsse Euphrat und Tigris, welcher schließlich in den Persischen Golf mündet. Am Schatt al-Arab sind auch Erdölförderanlagen angebracht.

Regime wie Dominosteine in die Hände der Revolution fallen lassen sollte."[234]

Der Entschluss des ideologischen Exports, seiner letztlich im Iran sich verwirklichenden und beschränkenden Ideologie, deutete das Scheitern an. Der Gedanke des Panislams war nicht nur Saddam Hussein, sondern auch vielen anderen islamisch geprägten Staaten keine willkommene Anordnung. Ein Grund der Ablehnung der schiitischen Doktrin Khomeinis ist die Tatsache, dass die Schia an und für sich eine untergeordnete Rolle in der islamischen Welt einnimmt. Dies reicht bis zur Ernennung der Schia als Sekte in manchen islamischen Staaten oder Gesellschaften, was aber bei sunnitischen Rechtsgelehrten geringfügige Unterstützung findet. Die Schia wird bei letzteren als ebenbürtig betrachtet.

Dem irakischen Präsidenten war zur Destabilisierung des iranischen Opponenten jedes Mittel recht. Eine geschickte Ethnisierung des Krieges beabsichtigte der damalige irakische Staatspräsident an der Grenze zum Irak gelegenen iranischen Provinz Khuzestan, welche mehrheitlich arabischer Herkunft sind, einzuleiten. Diese Volksgruppe sollte von der iranischen Herrschaft befreit und dem irakischen Staat angegliedert werden. Saddams Versuch scheiterte kläglich, da die arabische Volksgruppe aus dem Iran diesem Vorhaben Husseins absagte und in den Kriegsgeschehnissen als Widerstandspartei auf iranischer Seite gegen die irakische Armee agierte.

Saddam Hussein wandte auch eine Rhetorik an, womit er die Perser als Feinde der Araber denunzierte, welche sich aus der Geschichte speiste.[235] Demzufolge sah er die Araber als Vorkämpfer des Islams an, um in der

[234] Dahmer, Kerstin, Parlamentarische Kontrolle der auswärtigen Gewaltanwendung. S. 235.
[235] Vgl. Möller, Harald, Der Krieg Irak-Iran, 1980 - 1988, S. 56.

arabisch-islamischen Welt auf der politischen und ideologischen Ebene keinen Freiraum für andere Interpreten zu lassen.

4.3.2. Wirtschaft und Krieg

Erstaunlicher Weise weitete der Irak den Krieg auf den wirtschaftlichen Sektor aus, welcher am Persischen Golf instrumentalisiert wurde. Als sogenannter Tankerkrieg ging diese Dimension des Krieges in die Geschichte ein.[236] Die Taktik des Irak war es, die Schiffahrt, die den Import und Export des iranischen Öles regelt, zu gefährden, woraus der Kern der Einnahmen der iranischen Wirtschaft besteht. Die wirtschaftliche Situation des sich im Krieg befindenden Irans bedurfte einer längerfristigen Erholung, was wie folgt beschrieben wird:

„[D]urch die revolutionsbedingte Isolierung des Irans war er (der Iran; d. Verf.) von den internationalen Kreditmärkten ausgeschlossen. Dies bedeutete zwar einerseits Schuldenfreiheit gegenüber dem Ausland und damit keine politische Erpressbarkeit während des Krieges, andererseits aber auch den Zwang, die Finanzierung des Krieges fast ausschließlich aus eigenen Ressourcen zu bestreiten. Dies führte dazu, dass der Iran am Endes des Krieges wirtschaftlich praktisch ruiniert war.“[237]

Ausgelöst durch den Krieg mussten über 2,5 Mio. iranische Bürger die Flucht ergreifen.[238] Trotz wirtschaftlicher Schäden durch den Krieg seit

---

[236] Vgl. Tinaye-Tehrani, Ali, Der irakisch-iranische Krieg vom September 1980 bis zum August 1988, S. 31.

[237] Ebd., S. 34.

[238] Vgl. Kazemi, Farhad/Reynolds Wolfe, Lisa, Urbanization, migration, and politics of protest in Iran, S. 268 f. Ebenso wurden 52 iranische Städte zerstört. Über 1,4 Mio. Iraker flüchteten in den Iran.

1979 nahm der Iran über 2,6 Mio. afghanische Flüchtlinge auf.[239] Viele afghanische Flüchtlinge fürchteten sich vor dem Krieg gegen den Irak. Durch eine Registrierung im Jahre 1983 sollten afghanische Flüchtlinge Ausweise erhalten, um aus Sicherheitsgründen identifizierbar zu sein. Einige afghanische Flüchtlinge argwöhnten, dass man sie durch die Registrierung an die Front in den Krieg gegen den Irak einbeziehen wollte.[240] Tatsächlich wurden Tausende afghanische Flüchtlinge gezwungen im Krieg zu partizipieren.[241] Die Teilnahme der afghanischen Flüchtlinge ging keineswegs durch eine freiwillige Entscheidung vonstatten. Vielmehr wurden afghanische Flüchtlinge dazu gedrängt, an die Front zu gehen, meist um eine Strafe zu kompensieren, was öffentlich von der iranischen Regierung als freiwillige Teilnahme ausgegeben wurde.[242]

Als Synonym für den Irak-Iran-Krieg wurde später auch die Bezeichnung „Erster Golfkrieg“ benutzt. Diese Bezeichnung suggeriert, dass der Handlungsraum des Konfliktes zwischen dem Irak und Iran hauptsächlich im Persischen Golf stattfand, was nicht korrekt ist:

„Die Ursachen dieser Wahrnehmung des Krieges dürften eng mit ‚unseren' ökonomischen Interessen an der Golfregion zusammenhängen. Denn schließlich war es der Tankerkrieg im Golf und nicht der Landkrieg am Zagros (Gebirgskette im Westen Irans; d. Verf.), der die Erdölversorgung der westlichen Welt hätte gefährden können und deswegen im Mittelpunkt der Aufmerksamkeit (...) stand.“[243]

---

[239] Vgl. Rajaee, Bahram, The politics of refugee policy in post-revolutionary Iran, S.
45 f.
[240] Vgl. Kazemi, Farhad/Reynolds Wolfe, Lisa, Urbanization, migration, and politics of protest in Iran, S. 266.
[241] Vgl. Abdul-Wakil, Iran's relations with Afghanistan after the Islamic revolution, S. 106.
[242] Vgl. Ebd.
[243] Möller, Harald, Der Krieg Irak-Iran, 1980 - 1988, S. 27.

4.3.3. Die Rolle der Supermächte

Durch die Einbeziehung der beiden Supermächte, die den Konflikt steuerten, war der Iran in eine verzwickte Lage geraten. Die Supermächte USA und UdSSR erklärten noch zu Beginn des Krieges ihre Neutralität, was sich aber im Verlauf der Kampfhandlungen änderte. Die UdSSR besaß in dieser Region geostrategische Interessen, da sie durch ihre damaligen und inzwischen aufgelösten Sowjetrepubliken Grenzen mit dem Iran teilte.
Durch einen im Jahre 1972 abgeschlossenen Vertrag, der die Kooperation mit dem Irak definierte, wurde dieser von der UdSSR im Krieg finanziell unterstützt. Eine gesicherte finanzielle Basis wirkte sich als Stabilisierungsfaktor für den Irak aus, womit sich sein Bedrohungspotenzial für den Iran steigerte. Der Iran erhielt aus ungeklärten Quellen ebenfalls finanzielle Unterstützung, die im Vergleich zum Irak jedoch spärlich war. Dagegen besaßen die USA eine Unmenge an Interessen, die sich vornehmlich in der Dimension der Wirtschaft bewegten. Ein Grund, weshalb keine Kriegspartei den Krieg für sich entscheiden konnte, ist auch die Konkurrenz um Einfluss der beiden Supermächte auf den Irak und Iran gewesen, die jeden möglichen Vorteil des anderen beseitigen wollten.
Der Krieg fand für beide Parteien im Jahre 1988 sein Ende durch die UN-Resolution 598, die einen Waffenstillstand im selben Jahr anordnete. Dieses Übereinkommen enthielt essentielle Lösungen zur Beilegung des Konfliktes von beiden Seiten, wie die Freilassung und Rückführung von Kriegsgefangenen oder der Rückzug auf international anerkannte Grenzen.[244] Unter der Schirmherrschaft der Vereinten Nationen und der Entsendung von Friedenstruppen war der Weg für einen dauerhaften Frieden geebnet, obwohl sich zahlreiche Zwischenfälle an der Grenze ereigneten.

---

[244] Vgl. Trautner, Bernhard J., Konstruktive Konfliktbearbeitung im Vorderen und Mittleren Orient, S. 225 f.

Ungeklärt blieb die Zuweisung der Kriegsschuldfrage. Eine eindeutige Klärung der Schuld am Ausbruch des Krieges hätte Reparationszahlungen mit sich geführt, die wahrscheinlich das Staatsbudget beider Kriegsparteien gesprengt hätte. Anzumerken ist auch, dass der Krieg nicht nur finanzielle Nachteile mit sich gebracht hatte. Unabhängig von der Staatszugehörigkeit gingen auch Menschenleben verloren.[245]

4.3.4. Film und Krieg

Der Irak-Iran-Krieg löste bis heute in den Iran einen Diskurs aus, der sich zwar und insbesondere durch viele Einzelschicksale ausdrückt, aber von zahlreichen Teilnehmern des Diskurses je nach Interessenlage benutzt oder ausgeblendet wurde.

Unter dem Sammelbegriff der „heilige Widerstand" (pers.: defa-e moghadas) wurde eine Industrie mit entsprechenden Narrativen (Sprache, Bücher, Zeitschriften, Medien, etc.), Akteuren (Filmemacher, Schauspieler, Sittenwächter, Politiker, Geistliche, etc.) und Städten (Ghom, Maschhad, Grabmahle, Schreine, Pilgerstätten, etc.) im Iran aufgebaut und somit inszeniert. Dazu gehört auch das Genre Film.

Der Irak-Iran-Krieg kann als eines der vorder- und tiefgründigen und für den Film geeigneten Themen aus der Sicht des iranischen Regimes angesehen werden. Schon während des Kriegsgeschehens gab es sowohl auf

---

[245] Vgl. Dahmer, Kerstin, Parlamentarische Kontrolle der auswärtigen Gewaltanwendung, S. 251 f. Insgesamt geht man im Allgemeinen von ungefähr 1 Mio. Opfer aus, wobei die Zahlen stark schwanken. Ohne Waffenimporte betrugen die Kosten auf irakischer Seite 94 - 112 Mrd. US-Dollar, auf iranischer Seite beliefen sich die Kosten zwischen 74 und 91 Mrd. US-Dollar. Der Import von Waffen kostete den Irak 42 Mrd. US-Dollar und den Iran 11 Mrd. US-Dollar. Die Kriegsschäden wurden von einem britischen Ökonom für den Iran auf 627 Mrd. US-Dollar geschätzt.

iranischer als auch auf irakischer Seite einige Filme und Serien, die den jeweiligen Gegner als „Bestie“ darstellten.
Die Filmindustrie im Iran legte Wert darauf, dass der normative Unter-, Zwischen- und Überbau den Märtyrertod pries und huldigte.[246] Regisseure wie Ebrahim Hatamikia, Massoud Dehnamaki und Sayyed Morteza Avini behandelten in ihren Filmen und Serien den Irak-Iran-Krieg. Selbst der säkulare Filmemacher Bahram Beyzaie bediente das Genre Kriegsfilm durch den Film „Baschu, der kleine Fremde“, wobei er durch seinen Protagonisten weniger Propaganda als vielmehr Alltagsleben im Krieg nacherzählte.[247]
Da die Visualität im 21. Jh. durch die sozialen Medien noch mehr an Bedeutung gewinnt als im vorigen Jahrhundert, setzt man im Iran bei der ideologischen Verbreitung der Revolution von 1979 nicht nur auf Publikationen und Bildungseinrichtungen, sondern auch auf Fernsehsender, Internetseiten und „Applikationen“ (engl.: Apps) für das Handy.
Der Inhalt vieler Filme, die über die Kriegszeit mit dem Irak eine Geschichte erzählen, ist teilweise der allgemeinen gesellschaftlichen Stimmung angepasst. Darunter zählt der Film „Ekhrajiha“ (dt.: die Verstoßenen). Alleine die erstklassige Besetzung des Filmes verdeutlichte, dass trotz seines konservativen Filmemachers der Inhalt mit Humor, kleinen Malheuren und einem durchgängigen Witz untermalt ist.

---

[246] Vgl. Alam, Homayun, Ethnische Minderheiten im iranischen Film von 1980 bis 2010, S. 94 f.
[247] Vgl. Ebd., S. 205 ff.

4.4. Der Abgang und der Zugang von Politikern im Staat

Seit den Wahlen von 2009 hat sich die politische Lage im Iran eindeutig für die Dominanz der Revolutionsgarden, die u.a. militärische, wirtschaftliche, soziale und politische Macht besitzen, gezeichnet. Dazu äußern sich Experten wie Mehrzad Boroujerdi und Kourosh Rahimkhani wie folgt:

The Islamic Revolutionary Guards Corps (IRGC) was established to protect domestic security, but the elite military wing has always had an implicit political role in protecting the revolutionary ideology. Its veterans have been represented in all eight parliaments, although in relatively small numbers - in single digits - between 1980 and 2004. The Revolutionary Guards involvement in politics has grown to unprecedented levels since 2004, when IRGC veterans won at least 16% percent of the 290 seats. (Reliable data for the political affiliation of about 7 percent of MPs is not currently available.).[248]

Mehrzad Boroujerdi stellte auch fest, dass vom ersten bis zum elften Parlament die Anzahl der Parlamentarier mit einem Status als Geistlichen abgenommen hat und gleichzeitig die Anzahl der Revolutionsgarden gestiegen ist.

Seit dem Bestehen der Islamischen Republik Iran ist feststellbar, dass es eine Frage der Zeit gewesen ist, wann und bei welcher Wahl einer aus den Reihen der Revolutionsgarden, und den Konservativen positiv zugestimmt, das Amt des Präsidenten bekleiden würde. Dieser Prozess nahm seinen Weg mit der Figur von Mahmoud Ahmadinejads. Im Jahr 2003 wurde er als der Bürgermeister von Teheran gewählt.[249] Er dankte nach zwei Jahren von seinem Amt ab und nahm an den Präsidentschaftswahlen des Landes

---

[248] http://iranprimer.usip.org/blog/all/Mehrzad%20Boroujerdi.

[249] Vgl. Ansari, Ali M., Crisis of Authority. Iran's 2009 Presidential Election, S. 19.

teil. Auf Staatsebene hatte er zuvor administrative Ämter, wie z.B. als der Gouverneur von West-Aserbaidschan, inne.

Nach der zweimaligen Amtszeit von Mohammad Chatami (1997-2005) erblickte Ahmadinejad die Gunst der Stunde, da er der Favorit der Konservativen gewesen ist und den Reformer ablösen konnte bzw. sollte.

Schließlich regierte Ahmadinejad in zwei Legislaturperioden (2005-2013). In seiner Amtszeit wurde die Krise einer Autorität im iranischen Staats- und Regierungssystem deutlicher als je zuvor. Er setzte mit seiner Politik als der neu gewählte Präsident Irans nicht dort an, wo der Reformer Chatami aufhörte. Eher versuchte er eine konservative Gangart mit der Zustimmung seines geistlichen und geistigen Mentors Ayatollah Mohammad Taqi Mesbah-Yazdi zu bewerkstelligen.

Als Bürgermeister von Teheran schrieb er auf seine Fahnen, dass die Religion und die Ideen Khomeinis die Hauptrolle spielen, was er schließlich als Präsident auf das gesamte Land ausweitete und fortsetzte. Alle hart durchkämpften Reformen von Chatami - ob in der Bildung, Kunst und Kultur, in der Wirtschaft, internationaler Austausch, Frauen, religiöse und ethnische Minderheiten oder auch für Afghanen, Iranische Afghanen und Flüchtlinge aus Afghanistan - wurden bis zu einem Stillstand zurückgefahren.

Ahmadinejad kündigte sich als jemand an, der den Klerikern zwar nicht offen den Kampf ansagte, aber durch seine nationalen und internationalen Auftritte, Besuche und Empfänge eine Art „nationalistische Diktatur" ankündigte. Seine nationale Strategie drückte sich durch einen Nationalismus mir der Hervorhebung der „Iranischen Schule" aus. Die iranische Schule bedeutete für ihn den Rückgriff auf die vorislamische Zeit Irans in Verbindung mit dem Islam und der Gegenwart.

Da große Teile der iranischen Geistlichen die vorislamische Periode der iranischen Geschichte als unwichtig betrachten, hat Ahmadinejad diese

Sichtweise als Kritik in seine Rhetorik und Ansprachen einfließen lassen. Damit vereinigte er nach seinem Selbstverständnis in seiner Person gleichzeitig Werte und Elemente der vorislamischen (iranisch), islamischen (iranisch-islamisch) und revolutionistische-antiimperiale (Revolution von 1979) Zeit. Dagegen suchte Ahmadinejad international den Schulterschluss zu afrikanischen und asiatischen Diktatoren, antizionistischen Juden und südamerikanischen Staatsherrn wie z.B. Hugo Chavez (1954-2013).

Chatami setzte sich in seiner Amtszeit für einen „Dialog der Zivilisationen" ein und lehnte damit das Werk des weltweit berühmten Politikwissenschaftlers Samuel Huntington „Kampf der Kulturen" ab. Ahmadinejad kam bis zu seiner Abwahl mit einer entgegengesetzten internationalen Politikausrichtung, die nicht nur große Teile der iranischen Bevölkerung, sondern auch die iranische Diaspora verärgerte.

Ahmadinejad bediente die Vorstellung er sei kompetent, gerecht, einer vom Volk und er besitze das Rüstzeug das Land führen zu können.

Nicht wenige Beobachter verglichen die Regierungszeit Ahmadinejads mit dem im Jahr 2004 auf dem Schwarzmarkt vorhandenen Film „Marmulak" (dt.: Kletterechse), die anhand des Protagonisten eine gesamtgesellschaftliche Perspektive zum Iran bietet.[250] Bei diesem filmischen Meisterstück wurde eine offene bis versteckte Ablehnung an der iranischen Geistlichkeit, der autoritären Politikführung, der sozialen Kluft zwischen arm und reich und der schon als beinahe unbezwingbaren und Kritik unverträglichen schiitischen Islam iranischer Provenienz ausgeübt.

Seit der Regierungszeit von Hassan Fereydoon Rohani ist das Lager der Reformer im Iran wieder erstarkt. Rohani, der sich selbst durch seinen Turban und seinem Gewand als Geistlicher auszeichnet, setzt sich für eine

---

[250] Vgl. Alam, Homayun, Ethnische Minderheiten im iranischen Film von 1980 bis 2010, S. 89.

nationale (Kunst, Kultur, Frauen und Minderheiten) und internationale (Atomabkommen) Versöhnung aus. Seit seiner Wahl als Präsident sucht Rohani mit den nationalen Medien, Politikern, Militär, Revolutionsgarden, Intellektuellen, Frauen und Studenten einen Konsens. Dagegen besteht meistens Dissens mit dem Führer Khamenei. Rohani wurde auch von konservativen Kreisen nahe gelegt sich nach dem Ende seiner Amtszeit (2017) nicht ein zweites Mal für eine Wiederwahl aufzustellen.

5. Resümee - Die Islamische Revolution als Artefakt

Die islamische Revolution im Iran ist das Artefakt einer ideologischen und geistigen Führung der Schia, welche von einer aufgebrachten, eine Revolution herbeisehnenden Massenbewegung unterstützt wurde. Die Revolution wandte sich gegen den Schah. Geradezu verpflichtet sah sich das iranische Volk den Anweisungen des Revolutionsführers Khomeinis zu folgen und den unliebsamen Schah endgültig zu entthronen. Vereinigt wurde das Volk mittels des schiitischen Islam, was das Ende der Ausbeutung ihrer wirtschaftlichen Ressourcen bedeuten und die Besinnung auf die eigene Kultur fördern sollte. Der Ausdruck der Islamischen Republik Iran gestaltet(e) sich derart, dass der Islam nicht als integrierender Teil des Lebens eingebettet wurde, sondern die geplante Ausbreitung über die Landesgrenzen vielmehr einen Zwang für die Bevölkerung darstellt(e).

Die islamistische Politik des Iran stößt nicht nur innerhalb der schiitischen Geistlichkeit im Iran auf Unbehagen, sondern die geplante Ausbreitung über die Landesgrenzen wurde auch von der arabischen und islamischen Welt abgelehnt. Politisch wurde der Iran international isoliert, wirtschaftlich mussten durchweg die Reserven des Landes die Kosten des Krieges decken und humanitär wurde das Leben vieler Iraner geopfert. Das iranische Volk befindet sich in einem Dilemma, dessen Ausweg für die Erlangung der Freiheit unter anderem die Migration ins Exil heißen kann.

Die nächsten Legislaturperioden nach dem Tode Khomeinis waren durch die vage Öffnung des Landes zwecks der Wirtschaft durch den Staatspräsidenten Rafsandjani seit 1989 determiniert. Eine Liberalisierung der gesellschaftlichen Verhältnisse trat nach Rafsandjani durch die Wahl des Reformers Chatami ab 1997 ein, der über die Vorgänger Regierung konstatierte:

„Alle neun Tage hätten die Konservativen eine Regierungskrise produziert.“[251]

Das Gravitationszentrum der Politik liegt im Ermessen des Wächterrates. In der Regierungszeit Chatamis waren Gesetze zur Abschwächung der Institution des Wächterrates ins Auge gefasst worden, die dann dem Staatspräsidenten übertragen werden sollten. Dieses Vorhaben wurde vom Wächterrat torpediert, um weiterhin Machtbefugnisse in der Legislative zu besitzen. Im August 2005 ist der nach zwei Legislaturperioden aus dem Amt geschiedene und dem Reformlager entstammende Chatami durch den als konservativ geltenden ehemaligen Bürgermeister Teherans Ahmadinejad[252] abgelöst worden. Der Abgang und der Zugang von Politikern im Staat konnte sicherlich verdeutlichen, dass durch die Regierungsführung weder von innen noch von außen in absehbarer Zeit Zugeständnisse für eine humane Politik in Aussicht gestellt wird.

---

[251] Vgl. Amirpur, Katajun, Gibt es in Iran noch einen Reformprozess?, S. 20.

[252] Er galt schon vor seiner Wahl als konservativ. Seine Wahl zum iranischen Präsidenten wurde von den Mullahs unterstützt, da er ihre politische und religiöse Linie vertrat. Auch Irans international umstrittenes Atomprogramm wurde von ihm verteidigt, wobei er gar keine Erfolge bei den Verhandlungen mit dem Westen verzeichnen konnte. Vermutet wurde auch, dass er während seiner Regierungszeit die eingeleiteten Reformvorhaben seines Vorgängers Chatami zurückweisen wird, was sich nach seiner Amtszeit bestätigt hat.

Nach der ersten Periode der Konsolidierung der Islamischen Republik Iran (1979), dem achtjährigen Irak-Iran-Krieg (1980-1988), der pragmatischen wirtschaftlichen Lösung nach innen und die politische und wirtschaftliche Öffnung nach außen durch die Regierungszeit von Rafsandjani (1989-1997), der Reformzeit durch Chatami (1997-2005), der konservativen und nationalistischen Populismus Ahmadinejads (2005-2013) und der offenen international ausgerichteten Politikführung Rohanis (2013-dato) kann noch viel erwartet werden.

Der Rückgang der Geistlichkeit in der Politik und in der Wirtschaft kann man durch die An- und Abwesenheit in bestimmten Institutionen relativ messen, jedoch bestehen durch die Amtsführung und die Institution des Führers geringe Ausweichmöglichkeiten. In der Regierungszeit von Ahmadinejad und auch nach seiner Wiederwahl bei den „gefälschten" Wahlen von 2009 als das iranische Nationalfernsehen den Sieg dessen voreilig verkündete, sprach Khamenei unmittelbar klare Worte zu seinen Gunsten aus.

6. Die bisherige Geschichte der Afghanen im Iran

Der Abschluss dieses Kapitels wirft einen Blick auf die bisherige Geschichte der Afghanen im Iran. Im Zuge der modernen Staatlichkeit sind die beiden Staaten Iran und Afghanistan entstanden. Mitte des 18. Jahrhunderts wurde der afghanische Staat ausgerufen.[253] Trotz der geographi-

[253] Vgl. Mubtakir, Ghulam Nabi, Afghan True & Unique History, S. 119 ff. Seit 1747 existiert der afghanische Staat, welcher aber in seinen Anfängen eine größere Ausdehnung besaß. Die Ausrufung des afghanischen Staates wurde in einer Loya Jirga (große Ratsversammlung) durch die Ethnie der Paschtunen gestaltet, dessen Initiator Ahmad Schah Abdali war, der bis 1773 regierte. Seit dieser Zeit besteht das Selbstbild der Paschtunen darin, dass Sie jegliche Berechtigung besitzen sich

schen Trennung von Iran und Afghanistan bestehen noch kulturelle, geistesgeschichtliche, sprachliche und nicht zuletzt religiöse Gemeinsamkeiten der beiden Staaten. Diese zahlreichen Berührungspunkte sind für Teile von Iranern und auch Afghanen der Anlass, dass sie Schriftsteller oder besondere geistige Größen, wie z.B. den „Islam-Reformer“ Sayed Jamaluddin Afghani (1838-1897), dessen Identität sowohl afghanisch als auch iranisch sein kann, für sich reklamieren:

„The similarity in language has led many Iranians to claim several Afghan literary figures as their own as Afghans are not shy to try likewise, proving thereby their own separate identity. Ibn-e Sina, Maulawi and Sayed Jamaluddin Afghani, to mention a few of many famous names, are considered in Iranian works as Iranians, whereas for Afghans their Afghan origin is self-evident.“[254]

Zur gleichen Zeit lancieren Teile der ethnischen Perser Afghanistans die Herkunft einstiger Größen zur gegenwärtigen geographischen Lage, die in Afghanistan liegt, und nicht im heutigen Staatsterritorium des Iran.[255] Ein Intellektuellenstreit zwischen Iran und Afghanistan - wobei Tadschikistan und Usbekistan ebenso Ansprüche hätten - über die Herkunft von Schriftstellern, Denkern und Künstlern ist noch nicht ausgebrochen.

Scheinbar soll die Vergangenheit des heutigen politischen Territoriums Irans und des iranischen Sprach-, Kultur- und Zivilisationsraumes durch

---

als die „Eigentümer“ von Afghanistan zu nennen. Demnach gelten alle anderen Ethnien „Outsider“.

[254] Abdul-Wakil, Iran’s relations with Afghanistan after the Islamic revolution, S. 110.

[255] http://www.dw.com/en/appropriation-of-sufi-poet-rumi-sparks-outrage-in-afghanistan/a-19319390. *„This comes at a time when the Afghan government has expressed criticism over another issue concerning the famous poet. Turkey and Iran have shown joint interest over filing the Masnavi Ma'navi, Rumi's most important work, as their heritage in the UNESCO heritage list.”*

bestimmte Menschen, die Akzente in der Geschichte gesetzt und ihre Werke auf Persisch und Arabisch veröffentlicht haben, neu konstruiert werden. Ob nun afghanische Staatsbürger im Iran davon profitieren, kann durch eine wissenschaftliche Erforschung näher beleuchtet werden.

Im Alltag dient die persische Sprache mehr als Zugang zur iranischen Gesellschaft. Dies bedeutet, dass sich ein Afghane im Iran zur Verständigung keine fremden sprachlichen Fertigkeiten oder interkulturelle Geschicke anzueignen braucht. Mittels dieser Gemeinsamkeiten stellt der Aufenthalt im Iran für einen Afghanen in erster Linie kein sonderliches Hindernis dar. Die Unterschiede sind erst während des zunehmenden Stromes afghanischer Flüchtlinge seit 1979 entstanden.

Zum besseren Verständnis sollte hier erneut die Tatsache Erwähnung finden, dass Afghanistan ein Staat ist, der über zahlreiche Ethnien verfügt, wie in folgender Tabelle dargestellt:

Paschtunen	42%
Tadjiken	27%
Hazara	9%
Uzbeken	9%
Aimak	4%
Turkman	3%
Baloch	2%
Andere	4%

Quelle: CIA World Factbook[256]

256 Vgl. www.cia.gov/cia/publications/factbook/geos/af.html. Die prozentualen Angaben sind geschätzt.

Das CIA World Factbook verweist darauf, dass derzeit (2015) keine verlässlichen Daten über das sensible Thema der Ethnizität und ethnische Zugehörigkeit in Afghanistan existieren und alle prozentualen Angaben auf Schätzungen basieren.[257]

Ethnien in Afghanistan gehen nach dem Selbstverständnis aus der Geschichte des Landes hervor, wo zahlreiche Völker das Land durchquerten und sich dort niederließen:

„Afghanistan has been a cultural, as well as physical, melting-pot: Persian, Central Asian, Sino Siberian, European (Hellenistic, Roman), Indian, Turkish, Arab, and Moghul influences rose, fell, and blended.“[258]

Diese immerhin vorteilhafte Vielfalt in Afghanistan ist nicht nur in der Zusammensetzung der Ethnien zu finden, sondern auch in der Sprache.[259] Anhand der tabellarischen Übersicht sieht man die sprachliche Vielfalt in Afghanistan:

---

[257] Vgl. https://www.cia.gov/library/publications/resources/the-world-factbook/geos/af.html. Das CIA Factbook gibt für das Jahr 2015 bekannt: *„Current statistical data on the sensitive subject of ethnicity in Afghanistan is not available, and ethnicity data from small samples of re0spondents to opinion polls are not a reliable alternative; Afghanistan's 2004 constitution recognizes 14 ethnic groups: Pashtun, Tajik, Hazara, Uzbek, Baloch, Turkmen, Nuristani, Pamiri, Arab, Gujar, Brahui, Qizilbash, Aimaq, and Pashai (2015).“*

[258] Dupree, Louis, Afghanistan, S. 55 ff.

[259] Vgl. Ebd., S. 66 ff. In Afghanistan gibt es zwei offizielle Amtssprachen, nämlich Farsi-Dari und Paschto, die zu der Sprachfamilie des Indoiranischen und Indoeuropäischen gehören. Das Paschto ist eine eigenständige Sprache, und ist für einen Farsi Sprechenden nicht zu verstehen. Neben diesen beiden Sprachen gibt es unzählige Dialekte des Farsi oder Paschto. Besonders in Westafghanistan spricht man ein *Varietätskonzept* des Farsi, was dem Farsi im Nachbarstaat Iran stark ähnelt. Westafghanische Provinzstädte wie Herat, Farah, Ghor und Badghis sind geographisch über 1000 Km von der Hauptstadt Kabul entfernt, was insbesondere Einfluss auf die Sprache und Dialekte besitzt. Dagegen liegen z.B. die iranischen Provinz- und Grenzstädte Maschhad, Birjand und Zabol wenige hundert Kilometer von ihren westafghanischen Provinznachbarn Herat, Farah und Nimruz entfernt.

Farsi/Farsi-Dari (Persisch)	50%
Paschto	35%
Türkische Sprachen (besonders Usbekisch und Turkmenisch)	11%
30 Minderheitensprachen (besonders Balutschich und Paschai)	4%

Q

Quelle: CIA World Factbook[260]

Afghanen haben den Iran stets aus verschiedenen Motiven besucht. Bestimmend waren nicht nur die Sprache oder ethnische Herkunft, sondern auch andere Gründe für eine gewisse Affinität zum iranischen Staat. Ein solcher Grund ist, dass Afghanen schiitischen Glaubens die heilige Stadt Maschhad als Pilgerstätte besuchten.[261] Der erste dokumentierte Aufenthalt von Afghanen im Iran wird um das Jahr 1850 angegeben, als zahlreiche Familien der Ethnie der Hazara aus Afghanistan in den Iran auswanderten. Sie wurden später (1937) vom damaligen König Reza Khan als Ethnie aufgenommen und galten von nun an als Iraner.[262] Eine andere Quelle

260 Vgl. www.cia.gov/cia/publications/factbook/geos/af.html. Die prozentualen Angaben sind geschätzt. Es ist jedoch der tatsächliche Fall, dass Persisch (Farsi-Dari) in Afghanistan als Lingua Franca gilt und beinahe überall gesprochen wird.

261 Vgl. www.areu.org.af. Case Study Series, PDF-Datei, S. 19. Der schiitische Anteil der afghanischen Bevölkerung macht ca. 15% Afghanistans aus, wobei es in der Schia einen Schutzmechanismus gibt, genannt „taqqiya“, nach der ein Schiit seine Konfessionsangehörigkeit verbergen kann, um sein Leben nicht aufs Spiel zu setzen. Gerade in Afghanistan ist die Religion ein heiß umkämpftes Thema, wo sich zum größten Teil Analphabeten der Auslegung des Korans bemächtigen. Religion in Afghanistan fließt in Tradition, Kultur und Macht ein.

262 Vgl. ebd.

besagt, dass Afghanen den Iran auch aus wirtschaftlichen Gründen aufsuchten, um dort zu arbeiten.[263] Besonders seit den 1970er Jahren, als der sogenannte Öl-Boom ausbrach, suchten unzählige Afghanen in iranischen Unternehmen eine Anstellung als einfache bzw. ungelernte Arbeiter.[264] Über die gesellschaftliche Lage der afghanischen Gastarbeiter wird wenig Positives berichtet:

„Many Iranians viewed the Afghans 'as mere commoners who are to be tolerated, but not necessarily trusted or fully accepted'."[265]

Daraus ist zu erkennen, dass Afghanen mit dem Status eines Gastarbeiters auf eine geringe Akzeptanz stießen, obwohl sie einer Beschäftigung nachgingen und nicht zu Lasten des iranischen Staates oder Steuerzahlers lebten. Besonders Menschen aus Westafghanistan schenkten der Demarkationslinie wenig Beachtung. Der Iran war für afghanische Staatsbürger, die an der Grenze zum Iran lebten und eine Affinität aus ethnischen (persischen), religiösen (schiitisch/sunnitisch), sprachlichen (persisch) oder verwandtschaftlichen Gründen aufweisen, ein bekanntes Land.[266] Der Iran ist demnach für Afghanen nie ein fremdes Land gewesen. Ob Afghanistan für iranische Staatsbürger etwas Beziehungsloses darstellt, steht an dieser Stelle nicht zur Debatte. Seit 1979 gelangten Afghanen nur aus einem Grund in den Iran:

„Most Afghans who took refuge in Iran were neither concerned nor interested in spiritual polemics. They came over just to find a safe haven. But

---

[263] Vgl. www.biphome.spray.se. In einem Interview in persischer Sprache sagte der iranische Wissenschaftler und Afghanistankenner Dr. Changiz Pahlavan, dass die Anzahl der Afghanen vor der islamischen Revolution im Iran auf 200.000 geschätzt werden, welche dort als Gastarbeiter waren.

[264] Vgl. Kazemi, Farhad/Reynolds Wolfe, Lisa, Urbanization, migration, and politics of protest in Iran, S. 265.

[265] Ebd.

[266] Vgl. www.biphome.spray.se. Im Interview in persischer Sprache mit Dr. Pahlavan.

for the zealots of the host country, sectarian rifts mattered much. Believing one way or another was the difference between being thrown into a refugee camp, surrounded by wires ands guards, or permission to live and work in a city, where despite war and shortages certain amenities were assured."[267]

Der Iran hat sich für Flüchtlinge aus Afghanistan mehr oder minder als eine „Heimat" entwickelt, so dass es wichtig scheint für ihre weitere Aufenthaltsberichtigung eine Erörterung aus rechtlicher Perspektive vorzunehmen. Diesem Aspekt wird u.a. im folgenden Kapitel nachgegangen.

---

[267] Abdul-Wakil, Iran's relations with Afghanistan after the Islamic revolution, S. 112.

III. Rechtsentwicklung in Relevanz für Minderheiten und afghanische Flüchtlinge im Iran

7. Rechtsentwicklung in Relevanz für Minderheiten und afghanische Flüchtlinge im Iran

Im ersten Kapitel wurde angestrebt unter der besonderen Berücksichtigung von afghanischen Flüchtlingen Menschen- und Flüchtlingsrechte im Iran darzustellen. Mit derselben Bezugnahme zeigte das nachfolgende Kapitel geschichtliche Ereignisse seit 1979 in Afghanistan und im Iran auf, wodurch es in beiden Staaten zu politischen Umwälzungen kam, die sich in erster Linie für afghanische Flüchtlinge negativ auswirkten.

Einleitend in diesem Kapitel wird die Relevanz der Thematik auf der Ebene diskutiert, inwieweit sich das autoritäre Regime über die Bevölkerung Irans hinwegsetzt. Die Desillusionierung der Bevölkerung durch das politische System hat sich derart aufgestaut, dass die lauter werdenden Stimmen der Kritik nunmehr ein Ventil suchen.

Eine prekäre Situation ergibt sich auch für religiöse und ethnische Minderheiten im Iran, welche Repressionen ausgesetzt sind. Daraus folgt die Fragestellung, welche religiösen und ethnischen Minderheiten im Iran existieren und ob sie im politischen und religiösen System integriert sind. Ziel ist es nicht, alle religiösen oder ethnischen Minderheiten, welche durch das iranische Gesetz ausgeblendet werden, detailliert zu betrachten.

Wie in den beiden vorangegangenen Kapiteln zu sehen war, marginalisierte der Iran afghanische Flüchtlinge. Derweil sind afghanische Flüchtlinge ein fester Bestandteil der iranischen Gesellschaft geworden. Aus diesem Grund kommt die Überlegung zu Stande, ob eine Aufnahme afghanischer

Flüchtlinge als Ethnie eine allgemeine Reputation hervorrufen würde. Kann durch die Aufnahme von afghanischen Flüchtlingen als Ethnie eine Dynamik ausgelöst werden, die die Wogen glättet und die rechtliche Stellung der afghanischen Flüchtlinge verbessern?
Des Weiteren ist die Frage zu stellen, ob der Iran noch attraktiv oder interessant für (afghanische) Flüchtlinge ist. Der Iran hat sich als ein für Flüchtlinge wenig geeignetes Land erwiesen. Ist die Attraktivität des Iran für (afghanische) Flüchtlinge aufgrund repressiver Flüchtlingspolitik verloren gegangen?

7.1. Das autoritäre Regime Irans - Das Verhältnis zu internationalen Normen

7.1.1. Die iranische Bevölkerung und das politische System

Die Bevölkerung des Iran befindet sich seit der Revolution von 1979 in einem trostlosen Zustand. Im Iran existiert sicherlich keine ausgeprägte Zivilgesellschaft, was weniger am Engagement des Volkes liegt, als vielmehr an den Strukturen des politischen Establishments. Intellektuelle oder Wissenschaftler bekunden in offenen Briefen ihre Kritik am politischen System des Iran.[268] Ihre Stimmen werden nicht beachtet oder verfallen einer Zensur in den Medien. Der Grund allen Übels ist die unumstößliche Position des Revolutionsführers. Als autoritäres Regime ist der Iran durch den Revolutionsführer legitimiert, welcher den Staat fest im Griff hat.

[268] Vgl. Amineh, Mehdi Parvizi, Demokratisierung und ihre Feinde im Iran, S. 28. Ein Geistlicher, welcher die Freitagspredigt in Isfahan hielt, dankte in einem offenen Brief 2002 an den Revolutionsführer ab.

Kraft der iranischen Verfassung ist seine Stellung, aus der sich seine Kompetenz ableitet, ohne Einschränkung verankert. Befugnisse besitzt der Revolutionsführer in allen politischen, wirtschaftlichen und sozialen Bereichen. Der verstorbene Revolutionsführer des Iran, welcher eher ein Theokrat war und sich als Gesandten Gottes betrachtete, hatte divergierende Vorstellungen von Menschenrechten als internationaler Norm:

„Ayatollah Chomeini zufolge bestand eine der ‚verächtlichsten Sünden' des Schahs darin, dass der Iran zu den ersten Staaten gehörte, die nach dem Zweiten Weltkrieg die Allgemeine Erklärung der Menschenrechte mit entwarfen und unterzeichneten."[269]

Anhand dieser Aussage des damaligen Revolutionsführers Khomeini ist eine autoritär geführte Regierung unzweideutig die Konsequenz. Dabei sind Kompromisse zu politischen Programmen oder ein Pluralismus in der Politik restlos getilgt. Khomeini warb auch mit dem Credo „Weder Ost noch West", wodurch er sowohl dem Kommunismus als auch der Demokratie westlicher Prägung absagte. Nach seiner Grundeinstellung kann nur die Religion das Volk belehren. Inzwischen äußert auch die Jugend ihre Bedenken am Regierungssystem und will als Reformbewegung namens „Dritte Macht" ihren Interessen Gehör verschaffen.[270] Die Akkumulation an Macht des iranischen Revolutionsführers ist jederzeit gegenwärtig, denn *„der Wille des Souveräns spricht also nicht nur im Ausnahmefall (sprich Revolution von 1979; d. Verf.), sondern auch im Normalfall."*[271] Der „Normalfall" bei Khomeini und seinem heute regierenden Nachfolger Khamenei ist die Durchdringung ihrer autoritären Macht sowohl in der Öffentlichkeit als auch im privaten Bereich. Das heißt, dass insbesondere das Rechtswesen mit der islamischen Gesetzgebung (Scharia) untermauert

[269] Taheri, Amir, Chomeini und die Islamische Revolution, S. 45.
[270] Vgl. Amineh, Mehdi Parvizi, Demokratisierung und ihre Feinde im Iran, S. 28.
[271] Han, Byung-Chul, Was ist Macht?, S. 93.

wurde, die das autoritäre Regime zu jedweder willkürlichen Handlung autorisiert.

Ein theologischer Souverän vom Typ Khomeinis ist in Abgrenzung zu einem politischen Souverän in einer Demokratie, welcher durch demokratische Wahlen seine Berufung erfährt, niemals gefährdet, seine Machtstellung zu verlieren. Herauszulesen sein sollte hier, dass ein politisch-demokratischer Souverän eigentlich im Auftrag seines Volkes handelt, wogegen ein Theokrat nach seinem Selbstverständnis Gottes Botschaft Pate steht. Um diesen Gedanken fortzuführen, bemächtigte sich der iranische Revolutionsführer der Freiheit seines Volkes. Zwar wurde Khomeini im Jahr der Revolution[272] mit eindeutiger Mehrheit in einem Referendum gewählt, aber in den Folgejahren bis zur unmittelbaren Gegenwart ist die Bevölkerung durch die Beschneidung ihrer Freiheit und anderen Miseren dem autoritären Regime unterworfen.[273]

Eine hohe und stetige Arbeitslosigkeit sorgt für Unmut, womit auch der niedrige Lebensstandard zu erklären ist, welcher unter dem Niveau vor der Revolution von 1979 liegt. Die Inflationsrate im Iran beträgt zwischen 30% und 50%. Mehr als 15% der Bevölkerung leben unter der Armutsgrenze. Aus diesen negativen Prozentangaben resultieren Probleme wie Drogenabhängigkeit, Prostitution oder Verbrechen. Dennoch sind simultan der Revolution positive Trends wie die Verdoppelung der Alphabetisierungsrate und höhere Schulbildung zu verzeichnen.

Nach dem Tode Khomeinis und mit dem Ende des Irak-Iran-Krieges wurde die islamische Revolution von 1979 durch ihren institutionellen Charakter gefestigt. Anhand der Stellung des absoluten Revolutionsführers wird

---

[272] Vgl. Han, Byung-Chul, Was ist Macht?, S. 100. In einer Revolution etwa kann wohl auch Gewalt im Spiel sein. Aber sie läuft ins Leere, solange sie nur Gewalt, d.h. an keine Macht angelehnt ist. Ohne Macht, ohne Zustimmung anderer, ist sie zum Scheitern verurteilt.

[273] Vgl. Amineh, Mehdi Parvizi, Demokratisierung und ihre Feinde im Iran, S. 25.

der Iran internationale Normen in seiner religiösen Doktrin weniger beachten. Diese reichen aus, um *„die Verfassung außer Kraft (zu; d. Verf.) setzen, wenn es ihm beliebt, und das Parlament auflösen, wenn es nicht zu seiner Zufriedenheit arbeitet.“*[274]

Eher wird angestrebt, die Besonderheiten des repressiven Regimes mit seiner schiitischen und islamischen Doktrin gut zu heißen, dessen negative Folge u.a. ein Ausschluss aus der internationalen Wirtschaft bedeutet, was bereits in die Tat umgesetzt wurde. So wurde der Iran im Jahre 2005 zum zwanzigsten Mal durch die USA an der Aufnahme in die Welthandelsorganisation gehindert.[275] Die Erwirkung wirtschaftlicher Sanktionen zur Durchsetzung von Menschenrechten kann allgemein keine Lösung sein. Das unmittelbare Ziel eines solchen Aktes ist die Destabilisierung eines normverletzenden Staates, dessen Auswirkungen vielmehr die Zivilbevölkerung treffen.[276]

Als Maßstab für die Koexistenz in einem Staat ist den Rechten von Minderheiten eine bedeutende Priorität einzuräumen. An Minderheiten, welche meistens einen religiösen oder ethnischen Unterschied aufweisen und eben für diesen Unterschied eine Gleichstellung mit der Mehrheitsgesellschaft fordern, kann der Grad des Pluralismus in einem Staat gesehen werden. Ausführlicher wird dazu im folgenden Abschnitt Stellung bezogen.

---

[274] Amirpur, Katajun, Gibt es in Iran noch einen Reformprozess?, S. 22.

[275] Vgl. www.boell.de/downloads/presse2005/iran-report0105.pdf. PDF-Datei, S. 14. Gemäß der Satzung der WTO bedarf die Mitgliedschaft eines Landes in die WTO der Zustimmung aller ordentlichen Mitglieder. Die Europäer kritisierten diese Entscheidung der USA, den Iran wieder einmal abzulehnen. Sie boten dem Iran an, sich als Vermittler einzuschalten, was sie nach iranischer Meinung nicht taten. Als Gegenleistung wollten die Europäer den Iran dazu bewegen, die Aussetzung der Urananreicherung zu vollziehen, um dann als potenzielles Mitglied in der WTO aufgenommen zu werden.

[276] Vgl. Risse/Jetschke/Schmitz, Die Macht der Menschenrechte, S. 201.

7.2. Religiöse und ethnische Minderheiten im Iran

7.2.1. Religiöse Minderheiten

In den letzten beiden Kapiteln wurden afghanische Flüchtlinge thematisiert, welche im Iran einer Marginalisierung ausgesetzt sind. Dabei ist zu sagen, dass der Iran nicht nur afghanischen Flüchtlingen mit einer rauen Gesetzgebung begegnet, sondern auch anderen Gruppierungen innerhalb der iranischen Bevölkerung[277]. Davon betroffen sind u.a. religiöse Minderheiten. Zu den religiösen Minderheiten im Iran gehören vier Gruppierungen. Diese sind die Bahai, Christen, Juden und Anhänger des altpersischen Glaubens Zarathustra. Die Christen werden wiederum in drei spezifische Untergruppen eingeteilt. Die folgende tabellarische Darstellung zeigt die zahlenmäßig geschätzten religiösen Minderheiten im Iran:

Bahais		300,000-350,000
Christians	Armenians	150,000-200,000
	Assyro-Chaldeans	40,000
	Protestants	10,000-15,000
Jews		25,000-30,000
Zoroastrians		10,000

Quelle: Ghanea-Hercock: Ethnic and religious Groups in the Islamic Republic of Iran.[278]

[277] Vgl. www.cia.gov/cia/publications/factbook/geos/ir.html. Seit 1956 wurde kein offizieller Zensus über die religiösen und ethnischen Minderheiten im Iran erhoben.

[278] Ghanea-Hercock, Nazila, Ethnic and religious Groups in the Islamic Republic of Iran, S. 4. Sie besitzen alle die iranische Staatsbürgerschaft.

Eine Besonderheit weisen die armenischen und assyrisch-chaldäischen Christen auf. Im Unterschied zur persischen Mehrheitsgesellschaft sprechen sie eine andere Sprache und pflegen eine eigenständige Kultur. Der fremden Sprache und Kultur, gemeint ist Persisch, kommt eine hohe Stellung im iranischen Staat zu.

Die armenischen und assyrisch-chaldäischen Christen, welche einen missionarischen Anspruch haben, können diesen nicht erfüllen. Einerseits verbietet der Staat christlichen Religionsgemeinschaften die Missionierung, was diese auch akzeptieren. Andererseits halten Christen ihre Gottesdienste in ihrer Sprache ab, weshalb das Interesse für Außenstehende eingedämmt wird. Ohnehin ist die Konversion keine leichte Aufgabe.

Der Umstand der Konversion legt auch den Verdacht nahe, dass ein muslimischer Konvertit regimekritisch sei. Zusätzlich wird die Konversion eines Muslims zum Christentum durch das iranische Strafgesetzbuch (Scharia) mit dem Tode bestraft, da jener vom „rechten Weg" seiner muslimischen Religion abgekommen sei. Aufgrund ihrer Konfession sind Christen Benachteiligungen im iranischen Rechtssystem gewohnt. Die Rechtslage gibt einem schiitischen Muslim bei einem Rechtsstreit, z.B. in Angelegenheiten der Familie, die eindeutig bessere Stellung.[279]

In der Verfassung gibt der Iran seiner Abneigung gegenüber anderen Religionen Ausdruck. Von diesem Standpunkt aus betrachtet, sind in der iranischen Verfassung lediglich drei religiöse Gruppen aufgeführt, nämlich Zarathustrier, Juden und Christen, welche eine rechtliche Anerkennung genießen dürfen.[280]

---

[279] Bei einer Scheidung z.B. erhält der Muslim Vorrang bzw. die Gesetze werden zu dessen Gunsten ausgelegt. Ein muslimischer Mann darf eine Nicht-Muslimin heiraten.

[280] Vgl. Ghanea-Hercock, Nazila, Ethnic and religious Groups in the Islamic Republic of Iran, S. 8. Diese religiösen Gruppen gelten als „ahl-e ketab" (Buchreli-

Da die Verfassung nur diesen drei Religionen rechtlichen Schutz einräumt, sind andere religiöse Minderheiten der Willkür des Staates unterworfen. Obgleich die Christen, wie oben geschildert, durch das Praktizieren ihrer Religion eine „akzeptable“ Stellung einnehmen.

Eine Sonderstellung nimmt die religiöse Minderheit der Bahai ein.[281] Wegen ihrer religiösen Ausrichtung werden sie streng verfolgt:

„There have even been government campaigns to oust Baha'is from private businesses, their cemeteries have been raided, assets confiscated and all passports and exist permits denied to all of them until recent years. No single Baha'i has been permitted to study or teach in tertiary eduaction since the onset of the revoluion.“[282]

Über die Lage der Bahai wird auch jährlich in den Subkommissionen der UN berichtet. Der Iran wurde wegen seiner repressiven Haltung gegenüber den Bahai regelmäßig von wichtigen UN-Körperschaften ausgeschlossen.[283] Die Islamische Republik Iran hat also nicht in Betracht gezogen, dass eine bewusste Benachteiligung religiöser Gruppen sie von der interna-

---

gion), was nichts anderes als deren Monotheismus meint. In der Realität gesteht man ihnen trotz der verfassungsmäßigen Aufwertung wenige Rechte ein.

[254] Buchta, Wilfried, Schiiten, S. 52 f. Als der Gründer der Bahai wird Mitte des 19. Jh. Sayyid Ali Mohammed genannt. Er war ein schiitischer Wanderprediger mit sozialrevolutionärem Gedankengut gegen die Dynastie der herrschenden Kadscharen im Iran. Er nannte sich „Bab“ (d.h. „Tor“), wodurch er den Anspruch auf göttliche Wahrheit erhob. Als er sich 1847 als den erwarteten Mahdi ausgab, wurde er drei Jahre später in Tabriz erschossen. Der Grund seiner Erschießung war, dass er die schiitischen Kleriker erbost hatte. Die Elite der Babi-Bewegung emigrierte nach dem Tod ihres Führers nach Bagdad. Ein Schüler des erschossenen Babi, Bahaullah (d.h. „Glanz Gottes“), gründete 1863 die Religionsgemeinschaft der Bahai. Das Weltzentrum der Bahai befindet sich heute in Israel (Haifa). Weltweit zählen die Bahai ungefähr sechs Millionen Anhänger, wobei 300.000 aus dem Ursprungsland (Iran) dieser Religionsgemeinschaft stammen. Heute wie damals gelten sie als eine Sekte innerhalb der schiitischen Geistlichkeit.

[255] Ghanea-Hercock, Nazila, Ethnic and religious Groups in the Islamic Republic of Iran, S. 14.

[283] Solche UN-Körperschaften sind das Expertengremium für Menschenrechte oder das Komitee für Wirtschaft, Soziales und kulturelle Rechte.

tionalen Bühne fernhalten würde. Durch diesen Ausschluss leidet der Leumund des Irans, womit andere Staaten eine potenzielle Kooperation, z.B. in der Wirtschaft, für nicht denkbar halten würden. Man kann sich auch nicht der Erkenntnis verschließen, dass der Iran eine bereits geschwächte Macht ist. Die Unterdrückung religiöser Gruppen wie den Bahai legt die Tatsache offen, dass der Iran sein religiöses und politisches System mit Gewalt in Szene setzen muss, um seine Macht aufrecht zu erhalten.[284]

7.2.2. Ethnische Minderheiten

Nicht nur die Rechte religiöser Minderheiten werden im Iran mit Füßen getreten, sondern auch die ethnischer Minderheiten. Von hoher Bedeutung ist der Fall, dass der Iran ein Vielvölkerstaat ist, eine heterogene, also pluralistische Gesellschaft, wie zu sehen sein wird, ist aber laut dem Dogma der Regierung nicht gestattet.
In den Anfängen der islamischen Revolution dachten ethnische Minderheiten, ähnlich wie die Gesamtbevölkerung, dass sie ihre geforderten und bisher nicht erfüllten Rechte erhalten würden. Das war bei der Etablierung der islamischen Revolution für die ethnischen Minderheiten nur in geringem Maße der Fall:
„It had been thought that Ayatollah Khomeini's calls for the revival of Islamic community may also conceive of loyal but autonomous ethnic areas. (...) The 1979 Islamic revolution proved to be largely negligent of the ethnic minority issue."[285]

---

[284] Han, Byung-Chul, Was ist Macht?, S. 9.
[285] Ghanea-Hercock, Nazila, Ethnic and religious Groups in the Islamic Republic of Iran, S. 7.

Als ethnische Minderheiten im Iran gelten Aseris, Kurden, Gilakis und Mazandaranis, Luren, Araber, Balutschen und Turkmenen. Die meisten dieser ethnischen Minoritäten sind in Regionen angesiedelt, wo sie eine gemeinsame Grenze mit dem Staat haben, wodurch sich ihre Abstammung oder eine ethnische Beziehung kennzeichnet. Anlehnend an diese Tatsache teilen die Aseris eine gemeinsame Grenze mit Aserbaidschan und der Türkei, die Kurden mit dem Irak und der Türkei, die Araber mit dem Irak und der Persischen Golfregion und die Balutschen mit Afghanistan und Pakistan.

Am Beispiel der Kurden im Iran kann man kurz das Problem der ethnischen Minderheiten verständlich skizzieren. Im Falle der iranischen Kurden sollte gesagt werden, dass sie nicht aus einem Nachbarstaat Irans stammen, sondern seit Jahrtausenden im heutigen Staatsgebiet des Iran siedeln.[286] Jedoch sprechen die Kurden eine andere Sprache, die u.a. eine Zwillingssprache des Persischen ist und folgen in ihrer kulturellen Genealogie anderen Traditionen. Nach der Doktrin des iranischen Staates soll das Persisch in all seinen Erscheinungsformen, d.h. Bildung oder Erziehung, die Kultur der Kurden und anderer ethnischen Minderheiten beeinflussen.[287] Dies drängt zu einer Gleichschaltung der iranischen Gesellschaft mit dem Ziel, eine homogene Gesellschaft zu formen.

Nicht nur die Kurden sind davon betroffen, welche von Kindesbeinen an als Muttersprache nicht Persisch lernen, sondern auch die Aseris, Balutschen, Turkmenen und Araber.[288] Immensen Benachteiligungen sind die letzten drei ethnischen Minderheiten ausgesetzt, welche zusätzlich wegen

---

[286] Dies trifft auch auf die Balutschen, Turkmenen, Aseris und Araber zu.

[287] Vgl. Ghanea-Hercock, Nazila, Ethnic and religious Groups in the Islamic Republic of Iran, S. 3.

[288] Der überwiegende Anteil der ethnischen Minderheiten im Iran wächst bilingual auf. Spätestens in der Schule wird die persische Sprache als Fundament für den schulischen und beruflichen Werdegang zur Pflicht.

ihres sunnitischen Glaubens benachteiligt werden.[289] Dabei genießen die Aseris die meisten Rechte. Sie sind schiitischen Glaubens und besetzen im Staatsdienst hohe Posten (Ali Khamenei).

Der Einfluss des iranischen Staates auf diese ethnischen Minderheiten soll im Idealfalle so weit reichen, dass die persische Sprache nicht nur als Amts-, Bildungs- und Verkehrssprache angesehen wird, sondern auch im informellen privaten Bereich anstatt der kurdischen oder türkischen Muttersprache (Aseri) verwendet wird. Anschaulich präsentiert die folgende Tabelle den geschätzten prozentualen Anteil von ethnischen Minderheiten im Iran:

Aseris	24 %
Kurden	7%
Gilakis and Mazandaranis	8 %
Luren	2 %
Araber	3 %
Balutschen	2 %
Turkmenen	2 %

Quelle: CIA World Factbook[290]

Wie zu sehen ist, ist die Hälfte der iranischen Bevölkerung nicht persischer Abstammung, und folgt einer anderen Kultur und Sprache, die sie durch die Weitergabe an die nächste Generation erhalten möchte. Abzuleiten von

289 Nicht alle Balutschen, Araber, Turkmenen oder Kurden sind sunnitischen Glaubens. Darunter gibt es auch eine schiitische Minderheit.

290 http://www.cia.gov/cia/publications/factbook/geos/ir.html. Sie besitzen alle die iranische Staatbürgerschaft. Diese Zahlen, welche der Stand vom Jahr 2006 sind, haben sich auch für das Jahr 2016 geringfügig verändert. Gegenwärtig beträgt die Einwohnerzahl Irans ca. 80 Mio. Der Führer Irans wirbt für eine Bevölkerung von 150 Mio. Iranern. Das Durchschnittsalter beträgt 29 Lebensjahre.

ihrer ethnischen Abstammung ist ihre eigenständige Sprache, was die nachfolgende Tabelle verdeutlicht:

Persisch und persische Dialekte	58 %
Türkisch und türkische Dialekte	26%
Kurdisch	9 %
Luri	2 %
Arabisch	1 %
Balutschisch	1 %

Quelle: CIA World Factbook[291]

Der Sonderfall der verschiedenen Sprachen im Iran erweist sich für die religionslastige iranische Regierung als ein Albtraum ohne Erwachen. Diese Sprachen, welche den größten Anteil zur kulturellen Identität einer Ethnie leisten, sollen durch die persische Sprache, wie oben schon angeführt, ersetzt werden.

Diese Denkweise liefert keinen geringeren Anhaltspunkt, als dass die iranische Regierung von Grund auf kulturelle Eigenheiten von ethnischen Minderheiten im Keim bekämpfen will. In Artikel 15 der iranischen Verfassung ist festgeschrieben, dass die offizielle Sprache des Staates Persisch ist.[292] So sollen offizielle Dokumente oder Bücher in persischer Sprache verfasst sein. Als Zusatz in diesem Artikel werden ethnischen Minderheiten ihre regionalen und tribalen Sprachen in der Presse, in den Massenmedien und im schulischen Unterricht erlaubt. Doch wie schon oben am Beispiel der ethnischen Minderheit der Kurden verdeutlicht, werden solche

291 Ebd.

292 Vgl. Ghanea-Hercock, Nazila, Ethnic and religious Groups in the Islamic Republic of Iran, S. 17.

Rechte in der praktischen Umsetzung durch die Regierung vorenthalten. Dem iranischen Regime kommt es also auf die Ausübung von Macht an, die sich ohne Einfluss kaum etablieren kann:

„Eine Macht, die keinen Einfluss auszuüben vermag, ist gewiss keine Macht. Aber der Einfluss hat nicht immer die Struktur einer Macht. Er (der Einfluss; d. Verf.) ist nicht an die Bildung eines Kontinuums gebunden."[293]

Der Iran gefährdet durch seine einseitige politische Haltung und das Ausblenden von ethnischen Minderheiten seine territoriale Integrität. Die territoriale Integration von ethnischen Minderheiten durch die Gewährung von ihnen zustehenden Rechten ist mitunter der Garant für politische Stabilität im Staat.

Wenn der Staat als Monopol legitimer Gewaltsamkeit seine Macht missbraucht, ist der Zugriff auf internationale Normen eine Lösung zur Erlangung von Rechten. Dabei setzen sich Menschenrechte für ethnische oder religiöse Minderheiten ein. Dies wird in der Erklärung des Rechts auf Entwicklung gestattet, was im nachstehenden Abschnitt erläutert werden soll.

7.3. Das Recht auf Entwicklung - Irans Verwehrung auf dieses Menschenrecht

Die iranische Regierung möchte diesen ethnischen und religiösen Minderheiten das Recht auf Entwicklung als ein unveräußerlicher und individueller Bestandteil der Menschenrechte nicht gewähren. Dieses essentielle Menschenrecht wurde in der dritten Generation der Menschenrechte be-

[293] Han, Byung-Chul, Was ist Macht?, S. 98.

schlossen. Ethnische oder religiöse Minderheiten im Iran sollen sich einer einzigen Sprache und einer Kultur verschreiben. Hier wird deutlich, dass nicht die Religion des Islam per se, womit die iranische Regierung ihre politische Legitimation festigt, sondern ein Konstrukt zur Etablierung des iranischen Regimes zur Geltung gelangen soll. Diese Avantgarde ist kein Phantom, sondern der pure islamistische Fundamentalismus[294] seit der islamischen Revolution im Iran.

Den religiösen und ethnischen Minderheiten möchte der Iran eine Leitkultur diktieren. Diese Leitkultur mit persischen und schiitischen Vorzeichen dient nichts anderem als dem Machtkalkül des iranischen Regimes. Nicht anders lässt sich z.B. der Widerstand der ethnischen Minderheiten erklären. Sie betonen durch ihren Widerstand die eigene Kultur und Geschichte, die bedroht ist durch einen Stillstand, da eine Entwicklung in Form von Bildung nicht ermöglicht wird.

Das Kriterium der Nachhaltigkeit bei der Gewährung des Rechts auf Entwicklung sollte Priorität erlangen. Nachhaltige Entwicklung ist bei religiösen und ethnischen Minderheiten dann der Fall, wenn man sie zur Partizipation in der Gesellschaft berechtigt. Im Artikel 6 Absatz 3 der Erklärung zum Recht auf Entwicklung heißt es:

„Die Staaten sollten Maßnahmen zur Beseitigung von Entwicklungshindernissen ergreifen, die sich aus der Nichtbeachtung bürgerlicher und

---

[294] Vgl. Schubert/Klein, Politiklexikon, S. 111. „Bezeichnung für das Beharren auf festen politischen und vor allem religiösen Grundsätzen, i. d. R. auf der Basis einer buchstäblichen Interpretation göttlicher Überlieferungen (z.B. Bibel oder Koran). So formierten sich etwa zum Ende des 19. Jh. in den USA starke protestantische Bewegungen, die die Heilige Schrift unmittelbar als Gottes Wort ansehen (z. T. heute noch von politischer Bedeutung). Der islamische F. fordert die wörtliche Befolgung der Vorschriften des Korans. Fundamentalistisch verstandene Religionen und daraus entspringende soziale Bewegungen betrachten ihre Überzeugungen und Vorstellungen als umfassende, absolute Lösung für alle (politischen, wirtschaftlichen und sozialen) Lebensfragen. Der F. birgt somit immer die Gefahr eines religiösen oder politischen Fanatismus in sich."

politischer sowie wirtschaftlicher, sozialer und kultureller Rechte ergeben.“[295]

Auf offene Ohren wird dieser Artikel für die Belange der religiösen und ethnischen Minoritäten im Iran nicht treffen. Dieser Artikel spricht davon, dass Staaten u.a. kulturellen und politischen Rechten Beachtung schenken sollen. Dagegen setzt der Iran alles daran, diesen religiösen und ethnischen Minderheiten keine Rechte zu gewähren, um seine religiöse und politische Ideologie nicht zu gefährden. Ethnische Minderheiten könnten eventuell so autonom sein, dass sie im Stande sein könnten, einen eigenen Staat auszurufen.

Die folgerichtige Konsequenz der Nichtbeachtung von Menschenrechten ist eine bedachte Isolation durch die internationale Gemeinschaft. Bei einem Verweis, welcher meistens von der internationalen Gemeinschaft an ein repressives Regime zur Lage der Menschenrechte erfolgt, erfinden solche Regime einen Vorwand, um jegliche Schuld von sich zu weisen.[296]

8. Aufnahme von Afghanen als Ethnie - Eine Lösung?

Im ersten Abschnitt dieses Kapitels wurde das Augenmerk auf die iranische Bevölkerung und den Revolutionsführer gelegt. Letzterer bündelte die ganze Macht des Staates in seinen Händen. Davon betroffen sind Minderheiten, die eine andere Religion als die herrschende Religion des Islams im Iran haben oder anderer ethnischer Herkunft sind. Dargelegt wurden also

---

[295] Menschenrechte. Dokumente und Deklarationen, S. 254.

[296] Vgl. Risse/Jetschke/Schmitz, Die Macht der Menschenrechte, S. 194. Unter anderem werden Kritiker von südlichen Ländern als Abkömmlinge des westlichen Kolonialherrn abgestempelt.

die Probleme der Minderheiten im Iran, sei es in religiöser, ethnischer oder sprachlicher Hinsicht.

Relevanz besitzt gewiss der Aspekt der religiösen, ethnischen und sprachlichen Vielfalt im Iran für die Angelegenheiten afghanischer Flüchtlinge. Für eine fortlaufende Aufenthaltsberechtigung afghanischer Flüchtlinge ist eine rechtliche Gleichstellung mit den iranischen Staatsbürgern von Nöten. Und trotz ihrer iranischen Staatsbürgerschaft sind, wie oben gesehen, religiöse und ethnische Minderheiten im Iran immer noch Benachteiligungen ausgesetzt.

Seit der starken Migration von afghanischen Flüchtlingen in den Iran ist bereits eine Vermischung der iranischen Gesellschaft mit Afghanen, afghanischen Flüchtlingen und Afghanischen Iranern von statten gegangen. Ein Beispiel dafür sind die zahlreichen Ehen zwischen Afghanen und Iranern, die von der iranischen Regierung größtenteils als illegal bezeichnet werden.[297] Derartige Interaktionen zwischen zwei Staatsbürgern sind auf eine zivile Gesetzesauslegung angewiesen, die nicht durch die Exklusion geprägt ist. Daher wird die Frage offen in den Raum gestellt, ob eine Aufnahme von Afghanen als Ethnie für diese eine Abhilfe sein kann, ihren gegenwärtigen Status zu verbessern. Bei der Namenswahl für die neue iranische Ethnie könnte man sie einfach „Khorasan-i“ nennen, da die Bezeichnung Afghane ohnehin stigmatisiert ist. Die Aufnahme einer Ethnie aus Afghanistan ist in der Geschichte des Iran bereits schon einmal praktiziert worden:

---

[297] Vgl. Bonin, Gordon, Afghan Refugees in Iran, S. 26. Die iranische Regierung hat seit 1990 Ehen zwischen afghanischen Männern und iranischen Frauen als nicht gesetzeskonform erklärt. Von offizieller Seite wird gesagt, dass mehr als 100.000 illegale Ehen zwischen afghanischen Männern und iranischen Frauen statt gefunden haben. Iranische Frauen sollen bei der Rückführung ihrer afghanischen Ehemänner in ihr Herkunftsland auch den Iran verlassen.

„After the seizure of power by Reza Khan after the last Qajar king in about 1937, Hazaras from Afghanistan were officially categorised as a tribal group called khawari and represent at ceremonies and Iranian national celebrations."[298]

Aus diesem Grund ist es nicht minder unbedeutend, die aktuelle Lage afghanischer Flüchtlinge an einer iranischen Stadt beispielhaft aufzuzeigen. Dezidiert wird in den nächsten Punkten versucht, sich an diesen Gedanken, nämlich der Aufnahme afghanischer Flüchtlinge als Ethnie, zu nähern.

8.1. Lage afghanischer Flüchtlinge am Beispiel der Stadt Maschhad

Am Beispiel der Stadt Maschhad kann man die aktuelle Lage afghanischer Flüchtlinge im Iran relativ anschaulich darstellen. Der Bezug zur aktuellen Lage afghanischer Flüchtlinge oder Afghanen in Maschhad geht auf die Studie einer wissenschaftlichen Forschungsorganisation, AREU, im Jahr 2005 zurück.[299] Hiermit sollte dem Kriterium der Aktualität über die Lage von Afghanen Nachdruck verliehen werden. Vergessen werden sollte nicht, dass die Provinz Khorassan seit Ende des Jahres 2004 in drei Provinzen aufgeteilt ist. Die Stadt Maschhad liegt seit dieser Teilung in der

---

[298] www.areu.org.af/publications/Afghans%20Living%20in%20Mashhad.pdf, PDF-Datei, S. 10. Die Bezeichnung „Khawari" bedeutet „Volk aus dem Osten", womit Afghanistan gemeint ist. Sie sind auch als „Barbari" im Iran bekannt. Mehrheitlich leben die Khawari in der östlichen Provinz Khorassan. Sie sind heute iranische Staatsbürger und als Iraner integriert.

[299] Vgl. Bei dieser Untersuchung mit dem Titel „Return to Afghanistan? A case study of Afghans living in Mashhad, Islamic Republic of Iran.", welche im Jahr 2005 entstand, arbeitete das Afghanistan Research and Evaluation Unit (AREU) mit der Faculty of Social Sciences University of Tehran zusammen. Die Fallzahl beträgt 60 afghanische Probanden.

Provinz Razavi-Khorassan.[300] Die Bezeichnung Razavi geht auf die Pilgerstätte des achten schiitischen Imams, Imam Reza, zurück, welcher in Maschhad begraben ist. Afghanische Flüchtlinge leben auch in anderen iranischen Provinzen, wie im folgenden Diagramm dargestellt.[301]

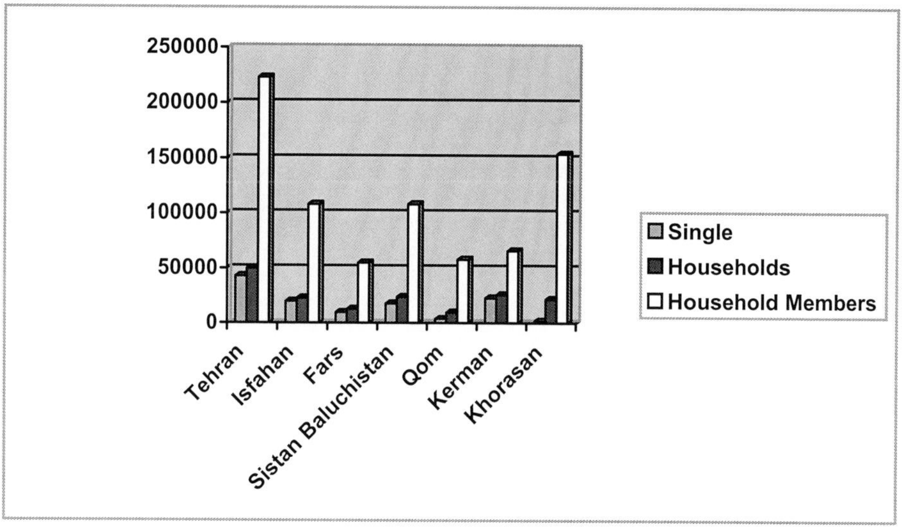

Der Terminus „afghanische Flüchtlinge" wird vom AREU kaum benutzt.[302] Vielmehr bezeichnet man die untersuchte Gruppe schlicht als „Afghanen". Um die Bezeichnung „Afghanen" hier gesondert aufzuneh-

[300] Die ehemalige Provinz Khorassan wurde, neben Razavi-Khorassan mit der Hauptstadt Maschhad, in die Provinz Nord-Khorassan mit der Hauptstadt Bojnourd und in die Provinz Süd-Khorassan mit der Hauptstadt Birjand geteilt.

[301] www.areu.org.af/publications/Afghans%20Living%20in%20Mashhad.pdf, PDF-Datei, S. 12. Das Diagramm zeigt die Ergebnisse der Erhebung in sechs iranischen Provinzen im Jahre 2004. Es zeigt, in welchen Verhältnissen Afghanen im Iran leben, d.h. allein stehende Singles, Familien und die Anzahl von Familienmitgliedern in den untersuchten Provinzen standen zu der zahlenmäßigen Relation, deren Obergrenze 250.000 ist.

[302] Afghanische Flüchtlinge werden in der Erhebung vom AREU selten als solche bezeichnet. Nur im Falle besonderer Abgrenzung zu Afghanen, welche über keine gültigen Papiere verfügen, bezeichnet man sie als Flüchtlinge. Im weiteren Verlauf dieses Abschnitts über „Die aktuelle Lage afghanischer Flüchtlinge am Beispiel der Stadt Maschhad" schließe ich mich dem Terminus Afghane/n an.

men, ist darauf hinzudeuten, dass afghanische Flüchtlinge langsam zum Selbstverständnis des Iran im Allgemeinen gehören. Eine tragende Rolle spielt die Tatsache, ob Afghanen als Familie oder als allein stehende Haushalte in Maschhad leben.[303] In Maschhad prägen Afghanen seit langem das dortige Stadtbild:

„Thus, Mashhad became an Afghan city and this may be seen at the first sight. Vast Afghan bazaars came into existence in the Old City around the Haram of Imam Reza (...). “[304]

Diese Bazare sind für den Bedarf von Afghanen und den Pilgern des Schreins von Imam Reza gedacht. Sie unterscheiden sich nicht wesentlich von den Angeboten iranischer Bazare oder Geschäfte. Afghanen in Maschhad versorgen sich größtenteils selbstständig. Das heißt, dass Afghanen u.a. ihre Unterkünfte selbst bauen, sofern sie eine Erlaubnis besitzen.

Bildungseinrichtungen für die weltliche und religiöse Erziehung werden von der iranischen Regierung bereitgestellt. Daneben haben Afghanen in Maschhad das Recht, ihre weltlichen und religiösen Schulen auch selbst zu führen.[305] Stark prägend für die Entwicklung von Afghanen schiitischen Glaubens sind Husseinies. Der Begriff Husseinie leitet sich von dem Na-

---

[303] www.areu.org.af/publications/Afghans%20Living%20in%20Mashhad.pdf, PDF-Datei, S. 18 f. Die zweithäufigste Gruppe an Haushalten (159,388) bilden afghanische Familien in den drei geteilten Khorassan Provinzen. Sie verfügen auch über gültige Aufenthaltspapiere. Alleinstehende Haushalte mit gültigen Aufenthaltspapieren in den drei Provinzen des Khorassan sind auch zahlreich vertreten (3495).

[304] Pstrusinska, Jadwiga/Krasnowolska, Anna/Maciuszak, Kinga. Afghanica. The Afghanistan Studies Newsletter. A visit to Afghan refugees in Mashhad, S. 6. Diese Fakten beruhen auf dem kurzen Aufenthalt von Anna Krasnowolska in Maschhad im November 1992.

[305] Vgl. www.areu.org.af/publications/Afghans%20Living%20in%20Mashhad.pdf, PDF-Datei, S. 19. Weltliche Schulen sind z.B. die Vor- und/oder Grundschule, während religiöse Schulen der Lehre des Korans dienen. Die Schiiten lehren traditionell in Husseinies.

men des dritten schiitischen Imams, Imam Hussein, ab. In einem Husseinie werden Vorträge gehalten, welche die Themenbereiche Geschichte, Kultur, Gesellschaft oder Religion umfassen. In Maschhad verfügen Afghanen aus Herat[306] über ihre eigenen Husseinies. In diesen Husseinies, die einen religiösen Charakter besitzen, befinden die Mitglieder über gesellschaftliche Angelegenheiten. Die Mitglieder der Husseinie Herati in Maschhad sind u.a. Kaufleute, die wirtschaftlich einflussreich sind. Eine kleine Gruppe von Heratis in Maschhad unterhält auch eine poetische Gemeinschaft: *„Their poetry (...) was predominantly classical in form, with war, exile and homesickness as its main subjects."*[307]

Hinter der poetischen Gemeinschaft der Menschen aus Herat verbirgt sich anscheinend eine intellektuelle Plattform für die Verarbeitung ihrer Migration in den Iran. Stürmen der Begeisterung können sich diese Heratis jedoch nicht hingeben, denn ihre Publikationen über Poesie und andere Themen unterliegen der iranischen Zensur.

Afghanen in Maschhad sind auch politisch organisiert. Die politische Organisation findet nicht über die afghanische Nationalität statt, sondern über die ethnische Herkunft. Eine tiefe ethnische Kluft besteht also bei Afghanen in Maschhad, welche nicht als eine afghanische Einheit zusammen finden. Diese Differenzen resultieren aus der konfliktreichen Vergangen-

---

[306] Vgl. Gronke, Monika, Geschichte Irans, S. 87. Herat (oder Harat) ist eine Provinz der gleichnamigen Hauptstadt im Westen Afghanistans. Ebenfalls zählen die Provinzen Farah, Badghis , Ghor oder Nimruz zu Westafghanistan. Die jetzige Provinz Herat und Westafghanistan waren im 19. Jh. (1833; 1837) umkämpfte Gebiete. Im Jahr 1856 gelang Nader Schah (ein Turkmene aus dem Stamm der Afschar, vgl. Gronke, S. 82) die Zurückeroberung dieser Gebiete. Ein Jahr später hielt Großbritannien seine „schützende Hand" über Afghanistan. Im Vertrag von Paris waren Herat und das heutige Westafghanistan nicht mehr Staatsterritorium des Iran. Schließlich wurde Herat trotz seiner persischen Tradition und Geschichte ins Staatsgebiet des heutigen Afghanistan einverleibt. Es ist derzeit Kulturzentrum Afghanistans.

[307] Pstrusinska, Jadwiga/Krasnowolska, Anna/Maciuszak, Kinga. Afghanica. The Afghanistan Studies Newsletter. A visit to Afghan refugees in Mashhad, S. 7.

heit Afghanistans, denn *„jeder Konflikt ist dadurch gekennzeichnet, dass die beteiligten Individuen versuchen, bestimmte wirtschaftliche, politische, soziale oder psychische Ressourcen in Anspruch zu nehmen.“*[308]

Soziale Spannungen in Maschhad werden dagegen durch die Berufung von so genannten „Weißbärtigen“ geschlichtet. Der weiße Bart gilt in diesem Zusammenhang als äußerliches Merkmal für Lebenserfahrung. Diese Selbstorganisation der Afghanen durch Orientierung an den Ratschlägen ihrer Ältesten zeigt die Erhaltung ihrer kulturellen Identität in der iranischen Diaspora.

Der Aufenthalt von Afghanen in Maschhad hat ihnen auch Vorteile in der Bildung gebracht. Verglichen mit dem Bildungsniveau in Afghanistan haben afghanische Kinder im iranischen Maschhad eine höhere und bessere Bildung, was sich in ihren Schulabschlüssen zeigt.[309] Diese erworbene Bildung prädestiniert sie jedoch nicht für den Erwerb eines angemessen Berufes. Afghanen arbeiten weiterhin in Berufszweigen, in denen Arbeitskräftemangel herrscht. Der Arbeitskräftemangel wird einerseits durch die Präferenz von iranischen Arbeitnehmern bestimmt, so dass weniger angesehene und körperlich anstrengende Berufe an Afghanen vergeben werden. Andererseits wird der Zugang zum Arbeitsmarkt für Afghanen im Iran durch einen gesetzlichen Erlass eingeschränkt, welcher die Arbeitserlaubnis für Afghanen in 16 Berufskategorien vorsieht. Diese Berufe sind hauptsächlich körperliche Berufe und dürfen nur von Afghanen ausgeübt

---

[308] Schetter, Conrad, Ethnizität und ethnische Konflikte in Afghanistan, S. 105.

[309] Vgl. www.areu.org.af/publications/Afghans%20Living%20in%20Mashhad.pdf, PDF-Datei, S. 23. In dieser Studie des AREU sind afghanische Kinder, die im Iran geboren sind, des Schreibens und Lesens fähig. 25% der Afghanen, die im Iran zur Welt kommen, haben die 12. Klasse abgeschlossen und verfügen über das Abitur. Ein geringer Anteil von Afghanen verfügt über einen Universitätsabschluss. Generell treffen afghanische Kinder oder Jugendliche im Iran im Vergleich zu ihren Altersgenossen in Afghanistan bessere Bedingungen für den Erwerb von Bildung an. In Negation steht diese Aussage, wenn iranische Gesetze ihnen den Zugang zu Bildungsmöglichkeiten verwehren, was sehr oft vorkommt.

werden, welche einen legalen Status besitzen. Gesetzliche Verordnungen für Afghanen auf dem iranischen Arbeitsmarkt sind seit dem Jahr 2001 in Kraft, um sich illegal im Iran aufhaltenden Afghanen den Verdienst zu erschweren. In manchen Fällen wurde die legale Arbeitserlaubnis von Afghanen, welche ihnen durch lokale Arbeitsministerien zuvor erteilt worden war, entzogen. Iranische Arbeitgeber in der Baubranche, welche Afghanen als günstige Arbeitnehmer einstellen, sind von Restriktionen auch nicht ausgenommen.[310]

Der Arbeitsmarkt in Maschhad wird deshalb von Afghanen in den Bereichen Baugewerbe, Teppichherstellung und Landwirtschaft dominiert. Die Reduzierung von afghanischen Arbeitskräften auf diese vornehmlich körperlichen Berufe ist eine Geringschätzung ihrer Menschenrechte. Im ersten Absatz des Artikels 23 der Allgemeinen Erklärung der Menschenrechte wird über die Rechte eines Arbeitnehmers gesagt:

„Jeder hat das Recht auf Arbeit, auf freie Berufswahl, auf gerechte und befriedigende Arbeitsbedingungen sowie auf Schutz vor Arbeitslosigkeit.“[311]

In diesem Artikel wird die Individualität der Arbeitnehmer vorangestellt, was aber in Maschhad für Afghanen nur geringe Beachtung findet. In Maschhad werden Afghanen als ein Kollektiv betrachtet, wonach allein ihre afghanische Nationalität sie ins Abseits der iranischen Arbeitsgesetze stellt. Erwiesenermaßen ist auch der Versicherungsschutz ein Spannungsfeld für Afghanen in Maschhad. Afghanen, die beispielsweise in der Baubranche arbeiten, sind längerfristig auf eine Versicherung vor unvorherge-

---

[310] Vgl. Bonin, Gordon, Afghan Refugees in Iran, S. 24. Iranische Arbeitgeber wurden sogar mit Freiheitsentzug bedroht, falls sie Afghanen einstellen. Iranische Arbeitgeber argumentieren für die Einstellung von Afghanen als billige Arbeitskräfte in der Hinsicht, dass dadurch die Preise niedrig gehalten werden können und eine Inflation verhindert werden könnte.

[311] Menschenrechte. Dokumente und Deklarationen, S. 58.

sehenen Verletzungen angewiesen. Gerade in dieser Branche können Verletzungen am Arbeitsplatz durch eine nicht-adäquate Arbeitskleidung entstehen.
Im Großen und Ganzen ist die Finanzierung der Lebenshaltungskosten der Afghanen in Maschhad ein kontroverses Thema. Um ein halbwegs akzeptables Leben führen zu können, ist ein finanziell rentabler Job von Nöten, der auch auf die intellektuellen Fertigkeiten zugeschnitten sein sollte. Mit diesen überwiegenden Nachteilen auf dem Arbeitsmarkt in Maschhad wird für Afghanen das bereits erwähnte Thema der Rückführung drängend, was von der iranischen Regierung forciert wird. Die Programme zur Rückführung nach Afghanistan seit 2001 werden Gegenstand des nächstens Abschnittes sein.

8.2. Rückführung nach Afghanistan

Um eine Rückblende, basierend auf den vorangegangenen Kapiteln, vorzunehmen, ist es nicht abwegig, über die aktuelle Rückführung von Afghanen zu berichten. Der Iran möchte die Rückführung von Afghanen schnellstmöglich vollziehen. Hinzu kommt ihre Reputation in der iranischen Gesellschaft, die sie mehr oder minder zur Repatriierung nötigt:
„In 2001, reports began to surface of anti-Afghan violence within in Iran. In Pishva, in southern Teheran, anti-Afghan protestors rampaged through a neighborhood, injuring a number of people and shouting, 'Death to Afghans'. In Falavarjan, a village in Isfahan province, a group of 100 Iranian 'motorcyclists' was reported to have attacked Afghans.“[312]

[312] Bonin, Gordon, Afghan Refugees in Iran, S. 24 f.

Der Nährboden für diese Form von gewalttätigem Hass sind Berichterstattungen in den iranischen Medien über das Aufkommen von Drogen im Iran, die aus Afghanistan stammen. Afghanen werden als „Sündenböcke" für Missstände, wie z.B. Abhängigkeit oder Konsum von Drogen, im Iran verantwortlich gemacht.[313]

Durch diese negative Assoziation greifen manche Bevölkerungsteile zur Selbstjustiz, welche eventuell auch durch persönliche Motive gespeist ist. Ein Argument, was auch ständig von der iranischen Regierung verbreitet wird, ist die Besetzung von wichtigen Arbeitsplätzen durch Afghanen.[314] Im Umkehrschluss würden also bei der Rückkehr von Afghanen Arbeitsplätze für iranische Staatsbürger entstehen, wobei nicht in Betracht gezogen wird, ob letztere bereit wären Jobs auszuüben, die bislang Afghanen verrichtet haben.

Seit dem offiziellen Niedergang des Taliban-Regimes im Jahre 2001 hat sich der Druck des Iran auf die Afghanen verschärft. Für ihre Rückführung wird seitens der iranischen Regierung in der Hinsicht argumentiert, dass in Afghanistan keine destabilisierenden Faktoren, wie z.B. ein Bürgerkrieg, mehr herrschen. Folgendermaßen fanden Irans Bemühungen für die freiwillige Rückführung von Afghanen in einem Vertrag zwischen der damaligen afghanischen Interimsregierung und dem UNHCR im Jahr 2001 feste Geltung.[315] Dieser Beschluss zwischen den drei Parteien sollte die Grundlage für die freiwillige Rückführung von Afghanen im März 2005 sein. Der Iran wollte damit Afghanen eine zeitliche Schonfrist gewähren, so

---

[313] Die Zahl der Drogenabhängigen im Iran steigt jährlich an. Iranische Experten sehen den Nachbarstaat Afghanistan als einen erheblichen Grund dafür, dass Drogen im Iran verbreitet werden. Durch den Drogenkonsum von Iranern entstehen dann gesellschaftliche Probleme, so die Ansicht der iranischen Regierung.

[314] Vgl. Ebd., S. 27.

[315] Vgl. www.areu.org.af/publications/Afghans%20Living%20in%20Mashhad.pdf, PDF-Datei, S. 1. In diesem Jahr gingen rund 770.000 Afghanen zurück nach Afghanistan.

dass sie sich auf ihre Rückkehr vorbereiten konnten. Eine relative Schonfrist wurde auch für die Ehen zwischen Afghanen und Iranern gefunden. Danach müssen afghanische Männer, die eine Ehe mit einer Iranerin eingegangen sind, nicht sofort das Land verlassen.[316]

Aus Sicht der iranischen Regierung hat ihr anvisiertes Programm zur Rückführung von Afghanen auch erste Früchte getragen, denn vom 1. März 2002 bis zum 31. Oktober 2004 sind offiziell 770.643 Afghanen nach Afghanistan zurückgekehrt.[317] Als eine Gegentendenz zu den Statistiken über die Rückführung von Afghanen wurde im Jahr 2002 eine Zählung von verbliebenen Afghanen im Iran vorgenommen.[318] Nach dem Zerfall der Taliban soll eine neue Welle von afghanischen Flüchtlingen, welche durch die Bombardierungen der USA ihr Leben bedroht sahen, in den Iran gekommen sein. In der Folgezeit wurden Afghanen harten Gesetzgebungen unterworfen.

Nach dem Abkommen von 2001 wurde zwei Jahre später unter Artikel 138 der iranischen Verfassung der Grundstein gelegt, um die „langsame“ Rückführung von Afghanen zu beschleunigen.[319] Auf der Grundlage dieses

---

[316] Vgl. Bonin, Gordon, Afghan Refugees in Iran, S. 26. Die Kinder aus einer afghanisch-iranischen Ehe haben den Status eines Flüchtlings. Diese Kinder erhalten nicht die iranische Staatsangehörigkeit, sondern die so genannten „special blue cards“. Damit möchte der Iran eine starke Differenzierung vornehmen, um diese Kinder aus einer afghanisch-iranischen Mischehe in der Gesellschaft als nicht-iranisch oder Fremde darzustellen.

[317] Vgl.www.areu.org.af/publications/Afghans%20Living%20in%20Mashhad.pdf, PDF-Datei, S. 11.

[318] Bonin, Gordon, Afghan Refugees in Iran, S. 26. Bei dieser Zählung am 27. August 2002 sollten Afghanen sich zur statistischen Registrierung melden. Falls sie nicht erscheinen sollten, würden sie des Landes verwiesen. Dabei wurden 2,6 Mio. Afghanen gezählt. Der Beauftragte für die Angelegenheiten von Flüchtlingen, Ahmad Husseini, war zu jenem Zeitpunkt auch der Ansicht, dass Afghanen eine wirtschaftliche Last darstellen. Afghanen sind nach seiner Meinung keine Flüchtlinge, sondern Immigranten.

[319]Vgl. www.areu.org.af/publications/Afghans%20Living%20in%20Mashhad.pdf, PDF-Datei, S. 3. Dieses Gesetz unter dem genannten Artikel nennt sich „Regulations on accelerating repatriation of Afghan nationals“. Insgesamt wurden

Artikels wurden Maßnahmen getroffen, um die Lebenshaltungskosten von Afghanen in die Höhe zu treiben. Eine staatliche Maßnahme war die Einführung von Schulgebühren für afghanische Kinder ab dem Jahr 2004, die in allen Jahrgangsstufen abzuleisten waren. Für die Rückführung von Afghanen in ihr Heimatland ging der Iran weiterhin strategisch vor. Durch eine Medienkampagne im staatlichen Fernsehen im April 2005 wurde für die Rückführung der Afghanen geworben. Der Einsatz der Medien wird von einem autoritären Regime bewusst instrumentalisiert:

„Die Medien können vom machtstrategischen Handeln vereinnahmt werden. Sie können aber auch destabilisierend auf die herrschende Machtordnung einwirken. Aus diesem Grunde versucht ja die totalitäre Macht, die medialen Räume zu besetzen.“[320]

Diese Art medialer Strategie hat eine doppelte Bedeutung, da deren Adressaten zum einen die Afghanen und zum zweiten das iranische Volk ist. Durch die Verbreitung solcher Informationen durch das staatliche Fernsehen soll der iranischen Bevölkerung suggeriert werden, dass Afghanen durch den iranischen Staat für ihre Rückführung sogar unterstützt werden. Dass die iranische Bevölkerung von den staatlichen Medien darüber in Kenntnis gesetzt wird, in welche Verhältnisse Afghanen unmittelbar bei ihrer Ankunft in Afghanistan geraten, steht *nicht* im staatlichen Interesse. Die Zusage der iranischen Regierung von Hilfeleistungen endet mit der Ausweisung von Afghanen aus dem Iran.

In Afghanistan sind die Rückkehrer aus dem Iran auf ihre eigenen persönlichen Fertigkeiten angewiesen. Allein die Aufnahme von iranischen Kultureigenheiten in Sprache oder anderen inter- und intrakulturellen Elemen-

---

im Jahr 2003 11 Artikel erlassen, die die Angelegenheiten von Ausländern im Iran betreffen. In Artikel 3 wird z.B. iranischen Arbeitgebern die Einstellung von Afghanen ohne legalen Status untersagt. Bei Zuwiderhandlung müssen iranische Arbeitgeber mit rechtlichen Schritten rechnen.

[320] Han, Byung-Chul, Was ist Macht?, S. 99.

ten stellt manche Afghanen bei ihrer Rückkehr in ihrem vermeintlichen Heimatland ins Zwielicht. In der Studie des AREU äußert sich ein Afghane dazu wie folgt aus:

„*Here is the problem: Afghanistan is our country but we don't have anyone to help us and (if we return) we will have a feeling of being strangers in spite of it being our country.*"[321]

Während ihres Aufenthaltes im Iran haben Afghanen kulturelle Gepflogenheiten der iranischen Mehrheitsgesellschaft absorbiert, was in Teilen von Afghanistan auf geringe Akzeptanz stößt. Aus der Sicht der Infrastruktur, Arbeitsmöglichkeiten und den allgemeinen Lebensbedingungen, die im Iran im Vergleich zu Afghanistan weiter entwickelt sind, sehen viele rückkehrende Afghanen Probleme darin, sich an die Verhältnisse ihres Herkunftslandes zu gewöhnen.[322]

Ein weiterer Faktor ist die Ausübung der Religion in Afghanistan. Viele schiitische Afghanen fühlen sich gerade in Maschhad durch die Nähe zum Schrein des Imam Reza dem Iran verbunden. Deshalb ist für schiitische Afghanen, welche eine Minderheit in Afghanistan darstellen, der Iran ein Präzedenzfall. Im Iran können schiitische Afghanen ihre Religion frei, wie am Beispiel der Husseinie Herati in Maschhad erläutert wurde, ausleben. In Afghanistan herrscht eher das Gebot seine schiitische Konfession zu

---

[321] www.areu.org.af/publications/Afghans%20Living%20in%20Mashhad.pdf, PDF-Datei, S. 38. Afghanen, die im Iran gelebt haben, erleben bei ihrer Rückkehr abschätzige Bemerkungen, wie z.B. „Irani gak". Diese Bezeichnung ist eine Art Vorwurf von Afghanen aus Kabul an ihre Landsleute, dass sie ihre Kultur im Iran nicht beibehalten haben und den persischen Dialekt mit einer Eigenart, wie sie im Iran verbreitet ist, sprechen. Gerade an der Sprache sind Afghanen, die im Iran gelebt haben, in der Gesellschaft Afghanistans zu erkennen. Jedoch singen immer mehr Sänger aus Afghanistan mit einem persischen Akzent aus dem Iran ihre Lieder.

[322] Vgl. Bonin, Gordon, Afghan Refugees in Iran, S. 27.

verbergen, um nicht Bedrohungen durch die sunnitische Mehrheitsbevölkerung ausgesetzt zu sein.[323]

Die Befürchtungen von Afghanen hinsichtlich ihrer Rückkehr sind nicht ganz unberechtigt, denn Afghanistan befindet sich trotz der international unterstützten Regierung in einer sehr fragilen Lage. Personen, die sich für die Öffnung des Staates zum säkularen Wertesystem einsetzen, sind gefährdet.[324] Ein ziviles Leben scheint unvorstellbar zu sein, was an der Sicherheitslage für Rückkehrer festzustellen ist:

„Selbst in Kabul werden Familien, bevorzugt Rückkehrer, überfallen, ausgeraubt und getötet.“[325]

Ähnlich sieht die Menschenrechtssituation von Frauen in Afghanistan aus. Frauen, die sich in der afghanischen Gesellschaft der Männerdomäne fügen müssen, sind Gewalt ausgesetzt.[326] Gerade wegen der Unterordnung unter den Mann sind afghanische Frauen nicht bereit, den Iran zu verlassen:

„Nevertheless, the Afghans mixed with the Iranian population and came into contact with an Iranian society in which most girls go to school and many women work.“[327]

Die Rückkehr nach Afghanistan gestaltet sich für Afghanen, wie oben geschildert, häufig als Albtraum. Afghanistan befindet sich nach den letzten Kriegsjahren immer noch in der Phase des Wiederaufbaus. Das Land

---

[323] Vgl. Buchta, Wilfried, Schiiten, S. 27. Dieser religiöse Verhaltenskodex, der „taqqiya“ genannt wird, geht auf den 12. Imam Mahdi zurück, der sich im Verborgenen befindet. Taqqiya oder Vorsicht übte der 12. Imam Mahdi aus, weil er im 9. Jh. sein Leben vor Feinden schützen wollte, die ihn nicht als den legitimen Führer der religiösen Gemeinde anerkennen wollten. Gegenwärtig dürfen Schiiten diese Vorsicht walten lassen, wenn sie als Schiiten bedroht sind. Diese Vorsichtsmaßnahme zum Schutz des Lebens reicht bis zur Leugnung der Zugehörigkeit zur schiitischen Konfession.

[324] Vgl. Baraki, Matin, Afghanistan nach den Taliban, S. 29.

[325] Ebd., S. 28.

[326] Vgl. Ebd.

[327] Bonin, Gordon, Afghan Refugees in Iran, S. 25.

benötigt eine stabile politische Macht, die aus mehreren Institutionen besteht. Derzeit ist, außer der Hauptstadt Kabul im Osten, Mazar im Norden und Herat im Westen des Landes, das Land nur gering fähig, sich um Angelegenheiten von Flüchtlingen zu kümmern. Vielmehr wird versucht, sich auf die Belange der autochthonen Bevölkerung zu konzentrieren.
Um wieder die Situation von Afghanen im Iran zu fokussieren: Eine umfassende Neuorientierung in Fragen der Integration von Flüchtlingen ist unabdingbar. Ein Ansatz wäre, dass man Afghanen als Ethnie aufnehmen könnte, was im nächsten Abschnitt diskutiert wird.

8.3. Aufnahme als Ethnie - Beseitigung des Status als Fremde?

Der Gedanke, dass Afghanen im Iran als Ethnie aufgenommen werden sollten, ist nicht unrealistisch. Schon einmal waren Afghanen, wie oben dargelegt, im Iran als Ethnie aufgenommen worden. Durch die Aufnahme als Ethnie soll ihnen ein Rechtsstatus verliehen werden, welche deren Schutz besser gewähren würde als den Rechtsstatus eines Flüchtlings.
Der Übergang vom Fremden, der zum Feind wird, ist fließend. Die Aufhebung des Fremdstatus ist Ziel für eine bessere Gleichstellung von Afghanen im Iran. Der Fremde, also der Afghane, sollte im Idealfall zum Vertrauten werden. Die Beantwortung der Frage, welchen Sinn es hätte, Afghanen als Ethnie aufzunehmen, wurde bereits am Beispiel der Stadt Maschhad oder bei der Thematisierung der Rückführung nach Afghanistan indirekt impliziert. Nicht wenige Afghanen sehen den Iran bereits als ihre Heimat:

„I left Afghanistan as a little girl, knowing nothing. Now I am a mother and I have an education. How can I ever go back to the 'old' Afghanistan even if peace comes?"[328]

Hinter dieser Aussage verbirgt sich die Stimme einer einzigen Frau. Sie ist gewiss nicht repräsentativ für alle Afghanen im Iran. Bedenkt man einmal die Situation von Afghanen, die eine Ehe mit Iranern eingegangen sind, verschiebt sich das Paradigma in Richtung langfristige Aufenthaltsberichtigung im Iran. Ähnlich sieht die Situation bei afghanischen Kindern oder Jugendlichen aus, welche im Iran geboren und sozialisiert sind. Sie kennen nichts anderes als den Iran.

Seit der ersten Stunde der islamischen Revolution war ein schiitischer Afghane in den Prozess des politischen und revolutionären Geschehens involviert: Dschalaleddin Farsi, ein Weggefährte und Schüler Khomeinis.[329] Er sollte sich bei der Etablierung des islamischen Staates im Jahr 1980 als Kandidat für das Amt des Staatspräsidenten aufstellen lassen. Seine Kandidatur scheiterte jedoch an seiner Herkunft, da Farsi afghanischer Staatsbürger war. Trotz einer Reihe elementarer Gemeinsamkeiten zwischen dem Iran und Afghanistan in Sprache, Kultur, Religion und Geschichte wurde nicht zugelassen, dass ein schiitischer Afghane aus der Ethnie der Tadschiken[330] sich als Kandidat für die Präsidentschaftswahlen im Iran

---

[328] Bonin, Gordon, Afghan Refugees in Iran, S. 25 f.

[329] Vgl. Taheri, Amir, Chomeini und die Islamische Revolution, S. 336 f. Nach dem Scheitern der Kandidatur von Farsi wurde Bani-Sadr am 4. Februar 1980 zum ersten Staatspräsidenten der Islamischen Republik Iran gewählt. Dschalaleddin Farsi war auch Khomeinis Sonderbotschafter bei der PLO (vgl. ebd., S. 275). Er gab als Schüler Khomeinis eine Zeitschrift mit dem Titel „Islamische Regierung" heraus (vgl. ebd., S. 244).

[330] Die Tadschiken (Perser) sind ein iranisches Volks. Dabei ist zu unterscheiden zwischen dem Staat Tadschikistan und der tadschikischen Bevölkerung Afghanistans. Der Begriff Tadschike, so wird angenommen, ist eine Fremdbezeichnung der Türken für die persisch sprechende Bevölkerung Zentralasiens. Tadschike ist eine Fremdbezeichnung der Perser in Zentral-, Ost- und Südostasien. Sie gibt es auch

aufstellen ließ. Kritisch betrachtet lässt diese Erfahrung aus den ersten Stunden der islamischen Revolution wenig Positives für den Vorschlag der Aufnahme von Afghanen als Ethnie erhoffen. Der Unterschied zwischen Staatsbürgern und Ausländern wird somit aufrechterhalten:

„Die Trennung von Staatsbürgern und Ausländern und die Unterwerfung von Migranten unter spezifische, nur für sie geltende Rechtsvorschriften können als struktureller Zwang begriffen werden, der den sozialen Akteuren in unterschiedlichem Maße den Zugriff auf Ressourcen verwehrt."[331]

An dieser Stelle sei an die ethnischen Minderheiten im Iran erinnert. Sie haben u.a. eine genealogische Affinität zu den nördlichen und westlichen Nachbarstaaten des Iran, sind sie doch mit den Nachbarstaaten durch gemeinsame Geschichte, Herkunft, Kultur oder Sprache verbunden. Objektiv betrachtet kommt der Iran mit dem Status quo der religiösen und ethnischen Minderheiten nicht zurecht, was lediglich an der Politikausrichtung dieses Staates liegt. Die ethnische Minderheit der Kurden oder die religiöse Minderheit der Bahai, deren Rechte ihnen verwehrt werden, sind ein Beispiel für die Willkür der Islamischen Republik Iran. An der östlichen Grenze zu Afghanistan, die immer noch porös ist, ist seit der Flüchtlingswelle von Afghanen in den Iran ein Phänomen entstanden, das rational überwunden werden kann.

Generell findet die Beziehung zwischen Menschen in einem Staat auf drei Ebenen statt, die abgegrenzt wird durch Freunde und Fremde.[332] Die *erste* Ebene bilden persönliche Motive, wonach die Bürger eines Staates als rational gelten und Fremde als irrational. Auf der *zweiten* Ebene der sozialen Beziehungen sind Bürger mit dem Attribut der Ehrlichkeit gekenn-

---

in Ländern wie Usbekistan, Turkmenistan, Kasachstan, Kirgisistan, Pakistan und China.

[331] Mackert, Jürgen, Kampf um Zugehörigkeit, S. 202.

[332] Vgl. Ebd., S. 116.

zeichnet, wobei man Fremden mit Misstrauen gegenüber steht. Auf der *dritten* Ebene kommen schließlich persönliche Motive und soziale Beziehungen voll zur Geltung, da ein Bürger aufbauend auf diese beiden Kriterien sich an der Gesellschaft beteiligen und ein hohes Maß an Anerkennung genießen kann. Einem Fremden, der kein Staatsbürger ist, werden jegliche Kompetenzen zur Partizipation in der Gesellschaft entzogen. Eine Zusammenfassung dieser drei Handlungskriterien in der Zivilgesellschaft besagt:

„Das Zusammenwirken dieser drei Dimensionen (...) stellt die Grundlage bereit, auf der Gemeinschaften ihr alltägliches, unhinterfragtes politisches Alltagsleben organisieren.“[333]

Afghanen im Iran sind seit der islamischen Revolution dem Makel des Fremden ausgesetzt. Bei Afghanen stehen die ersten beiden Ebenen in Negation, d.h. sie gelten als irrational und man begegnet ihnen mit Misstrauen, weshalb sie gering am gesellschaftlichen Leben teilnehmen können. Benachteiligt sind Afghanen als eine Minderheit mit geringem rechtlichem Status gegenüber der iranischen Mehrheitsgesellschaft. Hier handelt der Iran nach einem „konstruierten“ Prinzip:

„Mittels Indoktrination und Gewalt konstruiert der Nationalstaat Solidarität innerhalb der 'imaginären Gemeinschaft' der Nation. Der interne Zusammenhang zwischen Nationalismus und Staat führt dazu, dass Nationalstaaten 'Nativismus' fördern und ihre Einheimischen vor den Einwanderern bevorzugen.“[334]

Beispiele zur Anwendung von Nativismus gibt es im iranischen Kontext viele. Ein Vorfall aus der zentralen iranischen Provinz Yazd sorgte im Jahr 2016 in den sozialen Medien für Schlagzeilen. Dort haben Einheimische Plakate und beschriftete Fahnen an die Wände ihrer Häuser mit einer deut-

---

[333] Ebd.
[334] Ebd., S. 117 f.

lichen Aufforderung angebracht. Sie äußerten sich gegen die Anwesenheit und das Vermieten von Wohnungen an Afghanen und andere Ausländer. Ebenso wurden vereinzelt Flyer verteilt. Darin wird in wenigen Sätzen von den „unerwünschten Fremden", die stehlen, mit Drogen handeln und sich unkultiviert benehmen, gefordert, das Land zu verlassen.[335] Offizielle staatliche Organe haben nach dem Bekanntwerden der Aktion der Einheimischen, die insbesondere gegen Afghanen gerichtet war, durch nationale und internationale Medien die „verborgenen Kräfte" zu Sanftmut aufgefordert.

Allein das Gesetz kann Afghanen aus ihrem Dilemma im Iran heraushelfen. Ihre Aufnahme als Ethnie kann Wogen glätten und ihre Außenseiterrolle, die immer festere Strukturen annimmt, sei es durch wirtschaftliche Miseren oder das Aufkommen von Drogen als sozialem Problem, vielleicht aufheben. Vor dem Hintergrund der religiösen und politischen Staatsausrichtung des Iran gestaltet sich die Aufnahme von Afghanen als Ethnie schwierig. Die iranische Ideologie ist derart monoton, dass sie zu Beginn der Revolution einen schiitischen Muslim nicht zur Kandidatur für die iranischen Präsidentschaftswahlen zuließ, ausschließlich aufgrund seiner afghanischen Staatsbürgerschaft. Die afghanische Staatsangehörigkeit ist gleichbedeutend mit der Herkunft aus Afghanistan.

Die Aufnahme von Afghanen als Ethnie sollte, falls dieser Gedanke irgendwann in die Tat umgesetzt wird, afghanische Vertreter in den iranischen Provinzen vorsehen, die die Interessen aller Afghanen vertreten. Diese afghanischen Provinzsprecher, welche sich für die Interessen der Afghanen einsetzen sollten, könnten dann einen Hauptvertreter für das iranische Parlament wählen. Wie andere Minderheiten im Iran, welche das

335 http://www.bbc.com/persian/iran/2016/06/06/160613_157_zarach_yazd.

Recht haben, einen Repräsentanten ins Parlament zu senden, erlangen dann auch die Afghanen substanzielle Rechte.

Der Vorschlag zur Aufnahme von Afghanen als Ethnie ist nicht nur für Afghanen von Interesse, sondern auch für den Iran. Durch die Aufnahme als Ethnie könnte der Iran Afghanen an das Gesetz binden, wodurch auch ein potenzielles Nationalbewusstsein für den Iran erzielt werden könnte. Neuankömmlinge aus Afghanistan könnten dann unter die Aufsicht der afghanischen Vertreter in den Provinzen gestellt werden, anstatt dass man sie, wie heute, lange in der Illegalität verharren lässt, bis sie irgendeinen minderen Status zugewiesen bekommen.

Der Iran hätte also einen Nutzen von der Aufnahme der Afghanen als Ethnie. Verbessert werden könnte auch die Reputation der Afghanen in der iranischen Gesellschaft, die, wie oben erläutert, tief gesunken ist. Afghanen könnten durch die Aufnahme als Ethnie in der iranischen Gesellschaft aufgewertet werden, da sie als eine iranische Minderheit muslimischen Glaubens durch das Gesetz gleichgestellt wären.

8.4. Afghanistan anders betrachtet

Das Leben von Minderheiten zu untersuchen, ist eine interessante, aber sicherlich keine leichte Aufgabe. Als ethnische, soziale, politische, religiöse und sprachliche Minderheit kann sich jeder Mensch oder eine Gruppe für die Gewährung zustehender Rechte einsetzen und dafür kämpfen. Ob diese Rechte gewährt werden, ist eine andere Frage und somit Sachgegenstand.

In dieser Untersuchung wurde angestrebt über die Lage von Afghanen im Iran aus verschiedenen Perspektiven zu berichten. Afghanistan gilt bis heute (2016) als ein instabiles Land, in der es schwer ist zu leben und zu arbeiten. Afghanistan kann durchaus *anders* betrachtet werden. Es teilt sich geographisch in drei Himmelsrichtungen innerhalb Asiens auf:

Der westliche Teil des Landes (Herat, Farah, Nimruz, Ghor, Badghis) gehört geographisch zu Westasien, bzw. dem Nahen-Osten aus der Sicht Europas und der westlichen Welt;

Der Norden des Landes (Badakhshan, Balkh, Baghlan, Faryab, Jowzjan, Kunar, Kunduz, Nuristan, Samangan, Sar-e Pol, Takhar, Panjshir) befindet sich geographisch in Zentralasien;

Die östlichen (Laghman, Nangarhar, Kabul) und südlichen/südöstlichen (Zabul, Paktika, Paktia, Khost, Kandahar, Daykundi) Gebiete Afghanistans sind eher zu Südostasien einzuordnen;

Ebenso liegen zentrale Städte Afghanistans (Urozgan, Parwan, Maidan Wardak, Logar, Kapisa, Kabul, Bamyan) je nach geographischer Neigung entweder zu West-, Zentral- und Südostasien.

Alleine aus dieser geographischen Sichtwiese obliegt es einem Betrachter darüber zu entscheiden wie man Afghanistan in Asien einordnet. Der Mythos „Das Herz Asien“ zu sein, kann mit dieser unternommenen Aufteilung in Frage gestellt (negativ) und vielleicht sogar bestätigt werden (positiv).

Vielen Beobachtern, Experten und Kennern des Landes fällt es immer schwerer für das Land eine nationale Identität auszumachen, wogegen die paschtunische politische Elite das Land als ihr eigenes „Eigentum“ ansieht. Aus diesem Grund werden andere Ethnien - Tadschiken, Usbeken, Turkmenen, Hazara, etc. - als Fremde, manchmal auch als Eindringlinge und somit als Gäste gebrandmarkt.

In dieser Hinsicht gab die sozialwissenschaftliche und historische Forschung bekannt, dass Afghanistan ein Land ohne eine homogene Nation ist. Aus dieser Kenntnis heraus, kann man die Disparität der Menschen in Afghanistan verstehen und immer noch einen Zusammenhang zwischen Gründen, Ursachen und Ziele ihrer Migration bzw. Flucht aus dem Land erkennen.

Ein Beispiel dazu ist das Projekt „TUTAP“.[336] Dabei soll durch fünf Länder - Turkmenistan, Usbekistan, Tajikistan, Afghanistan und Pakistan - Afghanistan an das regionale Elektrizitätsnetz angeschlossen werden.[337] Derzeit verfügt Afghanistan landesweit über nur 30% Stromversorgung. Große Teile der Ethnie der Hazara haben sowohl in Kabul als auch in anderen Städten und Provinzen Afghanistans protestiert als der amtierende Präsident Ashraf Ghani ankündigte das millionenschwere Projekt sollte geographisch nicht durch ihre Provinz (Bamiyan) verlaufen, sondern durch

---

[336] Jeder Buchstabe von der Abkürzung TUTAP bildet den Anfangsbuchstaben für die fünf Staaten Turkmenistan, Usbekistan, Tajikistan, Afghanistan und Pakistan.

[337] http://www.ibtimes.co.uk/afghanistan-protesters-demand-government-changes-tutap-route-benefit-hazara-populations-1560338 .

ein anderes Gebiet (Salang Tunnel). Die ersten wesentlichen Verhandlungsgespräche zu diesem Stromprojekt fanden in der Regierungszeit von Hamed Karzai statt. Tatsächlich waren das Projekt und damit verbundene Einzelheiten nur innerhalb afghanischer Regierungskreise bekannt bis es beinahe zufällig nach außen vorstieß. Durch die allgemein verschuldete Bekanntmachung des Stromprojektes kam es erstmals, von großen Teilen der Hazara ausgelöst, zu landesweiten Protesten.

Ghani argumentierte, dass es zu lange dauern würde, wenn die Stromlinie und -förderung durch Bamiyan verlaufen sollte. Einige Tage später wurde er bei einer Ansprache im Londoner „Royal United Services Institute" (RUSI) von Protestlern, die der Ethnie Hazara angehörten, unterbrochen und als Rassist und Lügner beschimpft.[338]

Festzustellen ist, dass die Zivilgesellschaft in Afghanistan auf Verordnungen von politischen Entscheidungsträgern reagiert. Das ist der Beweis, dass ein Bewusstsein für ihr Dasein als Bürger des Landes entstanden ist. Am Beispiel von TUTAP kann man ableiten, dass die Bürger von Afghanistan bei wichtigen Entscheidungen ein Mitspracherecht fordern. Bei der Nichtbeteiligung von zivilgesellschaftlichen Akteuren durch Politiker geht man - mit der jahrzehntelangen Marginalisierung - unmittelbar so um, dass eine Angelegenheit zunächst auf der Straße als Protest ausgetragen wird und anschließend medialen, sozialen und politischen Bekanntheitsgrad erlangt. Dadurch erhoffen sich die vielen politisch motivierten Menschen in Afghanistan mehr Gehör.

Die Beschimpfung Ghanis in London durch zivilgesellschaftliche Akteure der Hazara deutet auf die Ethnisierung der Realitäten in Afghanistan hin. Die ethnische Zugehörigkeit Ghanis als Paschtune bildete für die Protestler aus Teilen der Ethnie der Tadschiken und der der Hazara den Hauptgrund

[338] https://www.afghanistan-analysts.org/power-to-the-people-2-the-tutap-protests/.

ihres Urteils, um wieder einmal auf Diskriminierungen und Benachteiligungen aufmerksam zu machen. Jedoch haben sich auch einige paschtunische Parlamentarier mit den Protestlern, die mehrheitlich ethnische Hazara waren, solidarisiert.

Die Ethnisierung der Politik, des soziales Lebens und dergleichen hält in Afghanistan weiter an. Im Jahr 2006 wurde eine Volkszählung in Auftrag gegeben, die bis heute (2016) nicht erschien. Dazu äußert sich die staatliche Behörde „Central Statistics Organization" auf ihrer Homepage wie folgt:

„*Due to existence of more than three decades of war and conflict in the country, it has not been possible to conduct the second population census, after the population census 1979 so far. The settled population of the country, by civil divisions, urban, rural and sex is estimated which covers 34 provinces (364 districts and 34 provincial center). It may also be noted that 66 cities of the country are included in the total of 398 administrative units. The total population of the country in 1394 (2015 -16) is estimated to be about 28.6 million persons. Around 14.7 million persons of the said figure are men and 13.9 million persons women. The settled population of the country (excluding nomads) is estimated at 27.1 million persons, of which, 13.2 million persons (49 %) are females and 13.9 million persons (51 %) males. Similarly, out of 27.1 million persons settled population, 20.4 million persons (75.3 %) live in rural areas and 6.7 million persons (24.7 %) in urban areas.*"[339]

Es scheint, wie im statistischen Bericht angegeben, nicht möglich die gesamte Bevölkerung zu zählen. Die einzigen Zahlen, soweit sie wissenschaftlich zuverlässig sind, stammen nach Angaben der nationalen afghanischen Zensusbehörde aus dem Jahr 1979, die nicht auf statistische Be-

[339] http://cso.gov.af/en/page/demography-and-socile-statistics/demograph-statistics/3897111.

funde, sondern auf Einschätzungen beruhen. Daher ist es fraglich, welche Ethnie genau in Afghanistan die Mehrheit bildet und sich dazu berechtigt sieht jegliche Bereiche des Staates - Politik, Wirtschaft, Kultur, Militär und weitere - zu dominieren. An dieser Stelle sollte erwähnt werden, dass in Afghanistan bei maßgebenden Entscheidungen in Staat und Gesellschaft selten quantitative und qualitative Datenerhebungen herangezogen werden, da sie schwer zu erschließen sind.

Das unausgewogene Verhältnis zwischen Qualität und Quantität zeigt sich auch am Beispiel von elektronischen Personalausweisen, was wiederum ein erneuter Beweis für einen Staat ohne eine Nation ist. Zu hitzigen Debatten hat es geführt als in den neuen elektronischen Ausweisen (Persisch in Afghanistan: Tazkira/Shenas-nameh; Persisch in Iran: Shenas-nameh) nur die Nationalität „Afghan" eingetragen werden sollte:

„Holders are all identified as "Afghan". The intended meaning is "Afghanistan nationals", but for some the term implies a reference to ethnic Pashtuns, first and foremost, and hence fails to give proper recognition to Tajiks, Uzbeks, Hazaras and others."[340]

Mit diesen neuen elektronischen Ausweisen soll die Kriminalitätsrate sinken. Konkret bedeutet dies, dass es in Afghanistan Gang und Gäbe war und ist, dass Menschen ohne aufzufallen sich einen Personalausweis mit einer beliebigen Identität fälschten. Im Frühjahr des Jahres 2016 hat die afghanische Presse gemeldet, dass nicht nur die Nationalität, sondern auch die ethnische Zugehörigkeit eingetragen wird.

Neben ethnischen Differenzen, nationalistischen Bestrebungen seitens paschtunischer politischer Eliten und dem religiösem Neoextremismus der Taliban ist die Sprachpolitik in Afghanistan eines der weiteren Themen,

[340] https://iwpr.net/global-voices/ethnic-component-afghan-id-cards-still.

die das Land nicht zur Ruhe bringt.[341] Dabei entschied Zahir Schah im Jahr 1964 dem Land eine neue Verfassung zu geben, um seine Monarchie konstitutionell zu verfestigen. Diese Verfassung und ebenso darauffolgende Verfassungen sollten dazu dienen das Land für alle Zeiten zu vereinen und jeden Bewohner des Landes als Afghane zu bezeichnen. Mit dieser nationalen Homogenisierungspolitik wurde nicht nur über parlamentarische, gesetzliche und gerichtliche Beschlüsse neu entschieden und geordnet, sondern auch ein neuer Identitätsparameter eröffnet und gleichzeitig verordnet.

Eines der Schlüsselorgane sollte die Sprachpolitik sein. Somit wurde die als zuvor allseits bekannte Nationalsprache „Farsi“ (Persisch) einfach zu „Dari“ umbenannt. Durch diesen Akt sollte sich die städtische und persischsprachige Bevölkerung Afghanistans in Herat, Balch, Bamiyan oder Kabul wahrscheinlich neu (Nation) und anders (Homogen) orientieren. Diese Neuorientierung bezweckte eine kurz- bis mittelfristige Trennung der Tadschiken (Persern) aus Afghanistan von Iran, Tadschikistan und anderen persischsprachigen Ethnien Zentral- und Südostasiens.

Diese Namensveränderung der persischen Sprache von Farsi ins Dari war politisch motiviert und hatte keinerlei wissenschaftlichen Hintergrund. Dabei wurde *niemals* die historische Entwicklung der Persischen Sprache (1. Khorasan-i; 2. Iraq-i und 3. Hend-i), das Varietätskonzept des Persischen, die Regionalität der persischen Sprache in z.B. West-, Zentral- und Südasien (polyzentrisch), die hybriden und multiethnischen und -lingualen Identitäten von Menschen mit Persisch als Mutter- und Kultursprache und andere wichtige Elemente in Betracht gezogen.[342]

---

[341] Vgl. Nawid, Senzil, Language Policy in Afghanistan: Linguistic Diversity and National Unity, S. 39 ff.

[342] Siehe dazu Fragner, Bert, Die „Persophonie“: Regionalität, Identität und Sprachkontakt in der Geschichte Asiens.

Im afghanischen Volksmund werden insbesondere die persischsprachigen Menschen in Westafghanistan als „Farsi-wan“ genannt. Das Selbst- und Fremdbild sollte sich seit der Verfassung von 1964 zugunsten eines mono-identitären Ideals und entgegen einer multi-identitären Realität afghanischer Gesellschaft verändern. Dabei sollte das konstruierte Selbstverständnis die neue Nation bilden (Afghane).

8.5. Film und Ethnien im Iran

Im Allgemeinen scheinen gesellschaftliche Themen und Realitäten immer mehr ins Bewusstsein von Filmemachern im Iran gerückt zu sein. Im Besonderen fand der Autor dieser Untersuchung bei seiner Dissertation heraus, dass im dritten Jahrzehnt (2000-2010) die Lage und die Lebenswelt von Afghanen im Iran eine wichtige Rolle spielte.[343]

In diesem Jahrzehnt waren ethnische Minderheiten im iranischen Film im Vergleich zum ersten (1980-1990) und zweiten Jahrzehnt (1990-2000), in der der Fokus auf ethnische Minderheiten und Migranten gelegt wurde, von zunehmender Bedeutung. Ab dem dritten Jahrzehnt (2000-2010) - seit dem Bestehen der Islamischen Republik Iran - wurden zusätzlich zu den beschriebenen Schwerpunkten weitere Aspekte für den iranischen Film entscheidend. So rückte unter anderem das Nachbarland Afghanistan in den Fokus der iranischen Regisseure. Nach den Anschlägen auf die Zwillingstürme in den USA (11. September 2001) erlangte Afghanistan durch

---

[343] Vgl. Alam, Homayun, Ethnische Minderheiten im iranischen Film von 1980 bis 2010, S. 24 ff.

iranische Regisseure in diversen Filmen nach einer langen Abwesenheit auf der internationalen Weltbühne Priorität.[344]

Die Anschläge auf die Zwillingstürme waren u.a. der ausschlaggebende Grund, dass Afghanistan und die Afghanen aus der internationalen Vergessenheit herauskommen konnten.

Auf der einen Seite, waren der starke Flüchtlingsstrom von Afghanen in den Iran ein weiterer Grund für die iranischen Regisseure, Afghanen durch das Medium Film zu thematisieren. Die iranische Gesellschaft sollte von dem Leid dieser geflohenen Menschen erfahren.

Auf der anderen Seite, produzieren Filmemacher aus Afghanistan, die selbst einen persönlichen Bezug zum Iran haben, Filme und Fernsehserien über Afghanen im Iran. Diese kritisieren inhaltlich meistens die Lebenssituation von Afghanen und den alltäglichen gesellschaftlichen Umgang mit ihnen im Nachbarland.

Afghanistan, welches von dem iranischen Regisseur Makhmalbaf als ein „vergessenes Land" bezeichnet wurde, konnte nun bei internationalen Filmfestspielen durch das iranische Kino an kultureller Bedeutung gewinnen. Makhmalbaf und seine Familie lebten selbst in Afghanistan und kennen das Land aus nächster Nähe.

Afghanistan erlebte seit dem Jahr 1979 eine durchmischte politische, kulturelle und ökonomische Wandlung. Sie ist durch Krieg, Konflikte, Korruption, Armut, Analphabetisierung, Tribalismus, Gewalt und stetiger Fluchtmigration gekennzeichnet. Zudem ist Afghanistan ein Land voller kultureller Schätze verschiedener Zivilisationen, die bei seinen Nachbarn,

---

344 Diese Filme zeigen das Land Afghanistan und porträtieren im Iran lebende Afghanen. Dabei sind gesellschaftliche Akteure bzw. Einzelschicksale das zentrale Thema. Zu diesen Filmen gehören u. a. „Baran" (2001), „Qandahar" (2001), „Ḥeyran" (2009), „Mohakeme" (2005), „Buddha Collapsed Out of Shame" (2008), „Afghan Alphabet" (2002), „Ayene-ye Afghan" (wahrscheinlich 2008) oder eine satirische Serie mit dem Titel „Tschahar-khune" (2007).

der Region und vor der Weltöffentlichkeit unbeachtet geblieben sind. Als die fundamentalistischen Taliban im März 2001 die Buddha Statuen in der afghanischen Provinz Bamiyan zerstörten, da diese ihnen zufolge Götzen darstellten und mit dem Islam unvereinbar seien, äußerte sich Makhmalbaf dazu in einem Brief an die UNO wie folgt:

„*The statue of Buddha was not demolished by anybody; it collapsed out of shame. Out of shame for the world's* ignorance *towards Afghanistan. It collapsed knowing its greatness was to no avail.*"[345]

In diesem Kontext ergriff Makhmalbaf als iranischer Regisseur und Intellektueller für die Afghanen Partei. Nicht nur er, sondern auch andere iranische Regisseure problematisierten die Diskriminierung und die Verbannung der Frau aus der afghanischen Gesellschaft. Darüber hinaus versuchten sie die Lebenswelt von afghanischen Kindern in ihren Filmen dem iranischen und internationalen Zuschauer näher zu bringen.[346] Zu diesen iranischen Filmemachern gehören u. a. Samira Makhmalbaf, die Tochter Mohsen Makhmalbafs, Majid Majidi, Shalizeh Arefpour oder Abbas Kiarostami.

Eigenartig an diesen Filmen ist der Einsatz von bestimmten Charakteren. Darunter gehört das auffällige Merkmal, dass häufig viele Rollen und Hauptrollen mit Kindern besetzt werden. Dadurch sollte sich der iranische Zuschauer unmittelbar sein Urteil über die Lebensbedingungen von unschuldigen und heranwachsenden Menschen aus dem Nachbarland bilden können. Denn in ihrer Sozialisations- und Lernphase sind Kinder nicht nur aufnahmefähiger für einen gesellschaftlichen Wertekanon, sondern auch durch soziale Benachteiligen anfälliger und verletzlicher als bereits erwachsene Mitglieder der Gesellschaft. Die iranischen Intellektuellen set-

---

345 Sadr, Hamid Reza, Iranian Cinema: A Political History, S. 272.
346 Vgl., Ebd., S. 271 ff.

zen sich zunehmend für die in Iran geborenen und aufgewachsenen afghanischen Kinder ein.

Trotz den staatlichen Barrieren für Schriftsteller, Künstler und Filmemacher ist im Iran ein Großteil der Kinokultur oder der Gegenwartsliteratur den politischen Herrschern seit der Revolution kritisch eingestellt, was in ihren Büchern oder in ihren Filmen deutlich wird.[347] Die Literatur-, Kino- oder Kunstszene im Iran bildet zwar keine offizielle politische Opposition. Dennoch ist die staatliche verordnete Zensur ein Hindernis für die freie Meinungsäußerung, Darstellung und Publikation.

8.6. Medienauftritte von Afghanen im iranischen Fernsehen

Seit der starken Zunahme von sogenannten „sozialen Medien“ beteiligen sich auch mehr heterogene Akteure am Diskurs „Afghanische Flüchtlinge in Iran“. Dabei werden über Facebook, Twitter, Homepages, Instagram und vielen anderen Foren/Plattformen in der virtuellen Welt auf die Lage, und die Misere afghanischer Flüchtlinge im Iran aufmerksam gemacht.

Nicht nur Afghanen selbst, sondern viele iranische Bürger solidarisieren sich mit ihnen, wenn staatliche Verbote, wie z.B. das Betreten von Parkanlagen oder die Einschränkung von Studienfächern, ausgesprochen werden. Aus vielen Gründen kann man feststellen, wieso gerade jüngere Iraner sich für Afghanen einsetzen. Zu einem, liegt es darin, dass Afghanen seit vier Jahrzehnten zur tatsächlichen gesellschaftlichen Realität Irans gehören. Zum anderen, sind Afghanen im sozialen Leben als Nachbarn, Schulkameraden und Spielgefährten wahrnehmbar, hörbar und sichtbar.

347 Vgl., Ebd., S. 258.

Dadurch wachsen trotz aller Illegalität, seitens der Politik, Judikative, Exekutive und Legislative, junge iranische Generationen in ihrem Sozialisationskontext mit ihren afghanischen Freunden in den Stadtteilen von z.B. Teheran, Isfahan, Maschhad, Kerman oder Zahedan zusammen auf. Was ein Iraner im Alltag erlebt, ob es das Wetter, die Jahreszeiten oder die Arbeitslosigkeitsrate ist, entgeht also keinem jungen Afghanen, der in Iran geboren und aufgewachsen ist. Letzterer kennt, im Gegensatz zu seiner Elterngeneration, nur den Iran als seine erlebte Lebenswelt.

Presse, Fernseh- und Rundfunk im Iran sind auf die erhebliche Veränderung durch den Gebrauch von sozialen Medien aufmerksam geworden. Der tägliche und schnelle Austausch sowohl zwischen Iranern und Afghanen im Iran als auch über die Landesgrenzen hinaus ist den offiziellen staatlichen Medienverantwortlichen ein Dorn im Auge. Sie bieten eine Gegennarrative und erzeugen somit eine Gegenöffentlichkeit, indem sie ausgesuchte Akteure und Vertreter aus der afghanischen Gemeinschaft in den Medien einladen.

Dazu gehört sicherlich der ethnische Perser Mohammad Kazem Kazemi, der aus Herat in Westafghanistan stammt und in Maschhad lebt.[348] Er ist Dichter, Literaturkritiker und Intellektueller. Als Aushängeschild wird er oft in den iranischen Medien eingeladen. Er wird oft zu der Lebenssituation von Afghanen befragt, manchmal trägt er auch vor dem Führer Khamenei einige seiner neuesten Gedichte vor und erregt durch seine starke lyrische und klagende Sprache die Gemüter der Anwesenden im Saal. Kazemi schreibt Bücher, Artikel und Gedichte, deren Inhalte von einem (Un-)Verständnis und Koexistenz zwischen den beiden Vielvölkerstaaten Iran und Afghanistan Zeugnis ablegen.

---

348 https://www.youtube.com/watch?v=xJcbQA3J8IA.

Im selben Kontext, wie schon oben erwähnt, laden iranische Fernsehsender iranische Filmemacher und Journalisten ein, die über ihre Arbeit mit Afghanen berichten sollen. Dabei fällt auf, dass durch das Medium Fernsehen und anderen visuellen Trägern für ein nie da gewesenes Verständnis und eine dadurch inszenierte Solidarität für die beinahe im vierten Jahrzehnt in Iran lebenden Afghanen scheinbar geworben wird.
Ein iranischer Dokumentarfilmemacher erklärte in der Sendung „Raz“ (dt.: Geheimnis), dass er in einem Filmprojekt mit Afghanen nur positive Erfahrungen gemacht habe.[349] So ist ihm aufgefallen, dass Afghanen berechtigt waren durch ihre sprachlichen (Persisch), inter- und intrakulturellen, geschichtlichen, religiösen und der geographischen Nähe (Nachbarland) nach Iran zu migrieren. Stets, so der Filmemacher weiter, dachten Afghanen im Iran das Haus ihrer Brüder und Schwestern betreten zu haben und nicht das von Fremden. Er empfahl den Zuschauern mit Afghanen besser umzugehen, da die äußeren und ausländischen Feinde sich freuen, wenn man im Iran soziale Probleme, die nationale Angelegenheiten sind, nicht lösen kann.

8.7. Von der Kollektivität zur Individualität

Die iranische Gesellschaft ist eine dynamische und durchaus mutige, die sich für ihre Freiheit stark macht, was die Proteste im Jahr 2009 unter Beweis gestellt haben. Bei Kritik am politischen System und der absoluten Führung gerät man im Iran auf schnellem Weg ins Gefängnis. Die soziale Lage und das soziale Leben haben sich geringfügig verändert, so dass z.B.

[349] https://www.youtube.com/watch?v=Y5dIlywM7rk.

Drogenabhängigkeit, Arbeitslosigkeit und Slumbildungen ernst zu nehmende Probleme darstellen.

Nach offiziellen Angaben soll es gegenwärtig im Iran über 200.000 Gefängnisinsassen geben, wobei jährlich 600.000 Menschen inhaftiert werden.[350] Die Proteste von 2009 zeigten, dass sich große Teile der iranischen Gesellschaft von kollektiven Normen und Werten zu individuellen Entscheidungsmustern bewegt hatten.

Nicht nur Iraner, sondern auch Afghanen in der dritten Generation im Iran - und weitere afghanische Flüchtlinge, die Afghanistan zu Hunderten und Tausenden verlassen und das Nachbarland betreten - müssen dem grauen Alltag im Iran ins Auge blicken. Dabei meldeten Zeitungen und soziale Medien, dass im Syrienkrieg (2011-dato) auch Afghanen aus dem Iran eingesetzt werden.[351] Diesen zum Syrienkrieg angestifteten Afghanen werden z.B. bei Kriegsteilnahme ein Gehalt und die iranische Staatsangehörigkeit für sie und ihre Familienangehörigen versprochen. Dazu heißt es im Bericht der BBC näher:

„The men, who are mainly ethnic Hazaras, are recruited from impoverished and vulnerable migrant communities in Iran, and sent to join a

---

[350] http://www.bbc.com/persian/iran/2016/06/160606_l57_iran_parliament_social_issues. Es handelt sich um einen aktualisierten Bericht des iranischen Innenministers Abdolreza Rahmani Fazli für das Parlament (Juni 2016). Er sprach über verschiedene soziale Unannehmlichkeiten für den Iran. Darunter gehören Drogenabhängigkeit (1,5 Mio. Drogenabhängige, 50% der Ehen der Drogenabhängigen enden in Scheidungen; von 1,5 Mio. Drogenabhängige sind 60% Gefängnisinsassen), Arbeitslosigkeit (3,5 Mio. Arbeitslose, bei einer ungleichmäßigen landesweiten Verteilung) und Slumbildungen (11 Mio. Slums landesweit, davon sind 2700 Stadtviertel betroffen, alleine drei Mio. von 11 Mio. in der Umgebung von Teheran, Maschhad und Ahwaz). Des Weiteren gibt es 2,5 Mio. Haushalte, die von einer Frau versorgt und finanziert werden, so dass 36% der Ehen in Scheidungen enden, da die finanzielle Last zu einseitig verteilt ist. Der Iran befindet sich bei der Behandlung sozialer Probleme nach Meinung des Führers Khamenei, der vom Innenminister zitiert wurde, 20 Jahre im Verzug.

[351] http://www.bbc.com/news/world-middle-east-36035095.

multi-national Shia Muslim militia - in effect a "Foreign Legion" - that Iran has mobilized to support Syrian President Bashar al-Assad. "[352]

Im April 2016 hat das iranische Parlament einen Gesetzesantrag zur „Ausführung einiger Gesetzesvorhaben zur Entwicklung des Landes" vorgeschlagen.[353] Darin wird vermerkt, dass die Familienangehörigen, Kinder und Eltern von einem für den Iran kämpfenden Ausländer und bereits gefallenen „ausländischen Märtyrer" in Syrien die iranische Staatsbürgerschaft verliehen werden soll. Damit sind konkret afghanische Flüchtlinge gemeint. Auch die Hinterbliebenen solcher Afghanen und Afghanischen Iraner, die im Irak-Iran-Krieg auf iranischer Seite kämpften, haben nun die Aussicht auf den Antrag der iranischen Staatsbürgerschaft. Für die Entwicklung des Landes, wie es heißt, sollen auch die Kinder von iranischen Frauen, die mit einem ausländischen Mann verheiratet sind, die iranische Staatsbürgerschaft beantragen können. Damit dürfen sich afghanische Flüchtlinge, Afghanen und Afghanische Iraner, die seit fast vierzig Jahren im Iran leben, für die Dienste, die ihre Angehörigen für die „Islamische Revolution" geleistet haben, den nötigen Lohn in Form der staatlichen Anerkennung bzw. Staatsbürgerschaft erhalten.

Gerade die Ethnie der Hazara, wie in den vorherigen Kapiteln näher beschrieben, fällt durch ihren ostasiatischen Phänotyp auf.[354] In den letzten Jahren wurden Angehörige der Ethnie der Hazara durch paschtunische Nomaden aus ihren lokalen und nativen Gebieten in Afghanistan vertrieben. Dieser gewalttätige Vorgang ging so weit, dass den Hazara teilweise Ohren und Nasen abgeschnitten wurden.

---

[352] Ebd.

[353] http://www.bbc.com/persian/iran/2016/05/160502_l10_majlis_nationality.

[354] Siehe näher dazu: Mousavi, Sayed Askar, The Hazaras of Afghanistan: An Historical, Cultural, Economic and Political Study.

Von der Kollektivität zur Individualität ist ein sich langsam ereignender Prozess, der sich von alten Normen, Hierarchien und Entscheidungsträgern teilweise löst. Vielleicht kann man es deutlich an sich ehemaligen orientierten kollektiven Individuen und neuen individuellen Persönlichkeiten beobachten. Dabei spielt Kollektivität und Individualität im iranischen nationalen Kontext in Bezug auf Afghanen eine immanente Rolle. Es geht, wie in jeder anderen Gesellschaft, um Anerkennung, Identität, Toleranz, Akzeptanz und Alltagsleben. Medienwirksame Menschen, die täglich und jahrelang im Fokus der Gesellschaft stehen, spielen meistens eine vordergründige Rolle.

Der ehemalige iranische Fußballnationalspieler und derzeitige sportliche Berater von „Payam Maschhad“ Khodadad Azizi verdeutlicht kein seltenes Phänomen in der gegenwärtigen iranischen Gesellschaft.[355] Er gehört wahrscheinlich den Mitgliedern der Ethnie der „Khawari“ an, die 1937 von Reza Schah als Iraner eingebürgert worden sind. Diese öffentliche Person sorgt sowohl bei Iranern als auch Afghanen für Verwirrung. Sowohl seine Geburtsstadt in Maschhad (bzw. Fariman) als auch sein Phänotyp werden von iranischen Medien und großen Teilen der iranischen Gesellschaft als Anhaltspunkte dafür genommen, dass er nicht nur heute Iraner ist, sondern seine Vorfahren aus der afghanischen Ethnie der Hazara bzw. der neu anerkannten Iraner Khawari sein müssten.

Es scheint als käme ein gesellschaftlicher und sozialer Wandel in Iran herbei- wenn es auch nach keiner blitzschnellen Wendung aussehen mag. Diese Tendenz ist mehr oder minder mit dem Kollektiv verbunden, aber neigt und bewegt sich schrittweise zu individuellen Handlungsmustern hin. Die Familie, die ethnische Zugehörigkeit und weitere kollektive Identitäten sind zwar nicht unwichtig, aber es zählt heutzutage ebenso der Einzelne an

[355] Vgl. Adelkhah, Fariba/Olszewska, Zuzanna, “The Iranian Afghans”, S. 153.

sich im Iran. Trotzdem kann die Frage nach der kollektiven Herkunft im Iran über künftiges Ansehen in der Gesellschaft entscheidend sein.

Im selben Maße wurde der iranische Abgeordnete Ali Motahari Anfang des Jahres 2016 in einer iranischen Sendung „Did dar Schab“ (dt.: Der Blick in der Nacht) befragt, ob sein Vater Morteza Motahari (1919-1979), ein ehemaliger Philosoph und Geistlicher, nicht aus dem westafghanischen Herat stammt.[356] Daraufhin hat Ali Motahari die Frage des Moderators verneint und als seinen familiären Ursprung die östliche iranische Grenzstadt Zabol angegeben. Motahari erläuterte, dass die Einwohner von Zabol seinen Vater Morteza Motahari, der das Ansehen eines Helden beim iranischen Regime genießt, als den Sohn ihrer Stadt betrachten.

Falls Ali Motahari zugegeben hätte, dass seine Wurzeln im heutigen Herat in Westafghanistan an der iranischen Grenze liegen, wenn dem wirklich so sei, hätte er als ein einflussreicher Politiker über jene, wie die Iranistin Fariba Adelkhah sie nennt „Afghanischen Iraner“, nicht nur ein positives Licht geworfen, sondern auch für eine einzigartige und soziale Sensation gesorgt.

Wenn mittlerweile einzelne Individuen und deren Lebensgeschichten in Iran verfilmt werden, wie es der Film „A Few Cubic Meters of Love“ (2014) veranschaulicht, kann der Weg für weitere tiefgründige Schritte eine rechtliche und soziale Anerkennung zu erhalten, bestritten werden.[357] Das gleichnamige Lied zu diesem Film wurde von einem bekannten iranischen Popsänger, Benyamin Bahadori, gesungen. Allein der Film und der Sänger haben, wie bereits die Rezeption zeigen konnte, für eine, wenn auch nicht anhaltende, aber kurzfristig wechselnde Stimmung in der Wahrnehmung von Afghanen bei der iranischen Mehrheitsgesellschaft bewirken können.

---

[356] https://www.youtube.com/watch?v=W-jvSSjPwnU.

[357] http://www.imdb.com/title/tt3516158/fullcredits?ref_=tt_cl_sm#cast.

8.8. Die Unkenntnis über den Nachbarn

Afghanistan ist zwar territorial das Nachbarland Irans. Jedoch erfolgt nicht genug kultureller oder wissenschaftlicher Austausch. Viele Intellektuelle Menschen aus Afghanistan sehen sich alleine gelassen, wenn Teile der Paschtunischen politischen Elite in ihrer Kultur- und Sprachpolitik ohne Konsultation über die gesamte Ethnie der Tadschiken (Perser), Usbeken und Hazara Entscheidungen treffen. Zu den Intellektuellen Tadschiken gehören u.a. Wassef Bakhtari, Mohammad Hossein Yamin, Sami Hamed, Rahnaward Zaryab und Partaw Naderi, die eine andere bzw. *emische* Sicht zu ihrer Sprache (Persisch) und Kultur haben.

Wassef Bakhtari äußert sich zur persischen Sprachbezeichnung Farsi, Tadschiki und Dari wie folgt:

„Wenn wir heute noch in unseren alten persischen Texten blättern, so kann es niemals derart sein, dass der Begriff und die Sprachbezeichnung Farsi mit der heutigen iranischen südwestlichen Provinz Fars gleichgesetzt werden. Das ist ein offensichtlich falsches und politisch aufgeladenes Verständnis. Heute sind sich zahlreiche Sprachwissenschaftler darüber einig, dass die persische Sprache „Parth-i" heißt. Der Begriff Parth selbst ist eines der alten Namen für das historische Gebiet von Khorasan. Interessant ist auch die Tatsache, dass der Begriff „Dari" in den Werken von Schriftstellern und Dichtern, die mehr aus dem modernen Hoheitsgebiet Iran stammen, gebraucht wurde. Weniger oder kaum wurde diese erwähnte Bezeichnung (Dari; d. Verf.) von Schriftstellern und Dichtern aus Herat, Balkh und Ghazni benutzt. (...) Das Beste iranische Beispiel dazu ist das Schahnameh Ferdowsi, worin der Begriff Dari als Sprachbezeichnung

verwendet wird, aber auch die klassischen Dichter Hafez und Saadi bezeichneten die persische Sprache als Dari und weniger Farsi.“[358]

Das Eigenbild der Tadschiken in Afghanistan über ihr Sprach- und Kulturverständnis gelangt nicht voll und ganz in den Iran durch. In Iran nehmen Teile der aktiven politischen und kulturellen Elite an, dass Afghanistan ein durch und durch homogenes Land ist. Da sowohl im Iran als auch in Afghanistan Persisch Landessprache ist und man auf eine lange glorreiche dichterische, mystische und literarische Vergangenheit zurückblickt, ist Persisch als Sprache nicht nur identitätsstiftend, sondern kann auch als ein Mittel für Prozesse der nachbarschaftlichen In- und Exklusion und weltweiten Anerkennung dienen.

Viele Ungereimtheiten, eine brachliegende Agrarwirtschaft, eine hohe Analphabetisierungsquote, eine größtenteils ländliche von den Möglichkeiten der Stadt abgeschnitten Bevölkerung, ein patriarchalischer Habitus, die Abwesenheit von Rechtsprechung und viele ähnliche tatsächliche Sachverhalte bewegen einen Menschen aus Afghanistan die Fluchtmigration in alle möglichen Richtungen zu ergreifen. In erster Linie, gehören dazu die Nachbarstaaten und dann die viel weiter gelegenen Länder des westlichen Europas.

Was jedoch auch auffällt, trotz dieser Entbehrungen in Afghanistan, dass nicht wenige Iranische Intellektuelle notgedrungenes Interesse für das Nachbarland zeigen:

„As might be known for many, publications of Iranian writers in Persian, which aren't allowed to see light in Iran, are currently published without censorship in Afghanistan, which is not much difficult to understand.“[359]

[358] https://www.youtube.com/watch?v=XLnMtaKgvl0.

[359] http://mpc-journal.org/blog/2016/01/26/cultural-bridge-has-not-been-destroyed-in-afghanistan/.

Viele Migranten aus Afghanistan, die im Iran lebten, sind enttäuscht, wenn man sie in Interviews und dergleichen über den Iran befragt.[360] Insbesondere spielt hierbei die ethnische, inter- und intrakulturelle, sprachliche und religiöse Zugehörigkeit eine entscheidende Rolle. Das bedeutet, ein Tadschike (Perser) aus einer afghanischen Grenzstadt, wie z.B. Herat, fühlt sich dem Iran durch den Empfang von Medien, wie z.B. Radio oder Fernsehen, nicht nur sprachlich und kulturell, sondern auch tatsächlich geographisch näher und gewissermaßen vertrauter.[361]

Auch andere Mitglieder afghanischer Ethnien, die lange im Iran lebten und dort geboren sind, werden sicherlich nicht von dem einen Tag auf den Anderen ihre Verbindung zum Iran, ihre langjährigen Freunde und ihre erlebten Alltagserinnerungen vergessen können und aus ihrem Gedächtnis einfach löschen. Dies nimmt man besonders wahr, wenn in afghanischen Sendungen für junge talentierte Sänger (Afghan Star) ein Wandel des Musikgeschmackes im Vergleich zur Elterngeneration festzustellen ist. Diese dominierende Entwicklung zeigt sich nicht mehr wie in früheren Jahrzehnten als indisch und südasiatisch, sondern besitzt gegenwärtig starke iranische, zentralasiatisch tadschikische und westasiatische mediterrane Züge, was die Melodie, die Instrumente und den Akzent im Gesang anbetrifft.

Zunehmend ist die Musikbühne in Afghanistan nicht nur zu einer Plattform zum Geld verdienen geworden, sondern auch eine, auf der junge Menschen protestieren:

---

[360] Siehe dazu die beiden Interviews mit einem afghanischen Flüchtling (2006) und die mit einem Afghanischen Iraner (2016) im Anhang dieser Untersuchung.

[361] Der lokale Herati Sender „Asr TV“ drehte eine Serie mit dem Titel „Facebook“ (2015). Einige Fakten, die auffällig waren, werden hier kurz angesprochen. Dabei ist die gesprochene Sprache (Persisch), der Dialekt (Herati-Khorasani), die Witze (iranisch), die Weisheiten, Werte und Normen, die Worthülsen und die Musik sind Anhaltspunkte, welche lokale Traditionen von Herat in Verbindung mit seinen benachbarten Provinzen, das gesamte Westafghanistan und insbesondere dem Anrainerland mit der Stadt Maschhad dem Zuschauer und Zuhörer unter Beweis stellten.

„She sang about the stoning of a woman in Afghanistan in 2015 - Farkhoondeh. Ms Ariyan described how madmen chased Farkhoondeh in the streets of Kabul to inflict pain on her. At the end Farkhoondeh was killed dead and burnt on sight.“[362]

An dieser Stelle, sollte klar sein, dass die Unkenntnis über den Nachbarn wahrscheinlich einseitiger ist als man denkt. Nichtsdestotrotz kann man davon ausgehen, dass in Afghanistan die Kunst- und Kulturszene lebendiger als je zuvor ist und man künftig wichtige Impulse von ihr erwarten kann.

8.9. Die Anti-Persische politische Elite in Afghanistan

Afghanistan folgt wie viele andere Länder der Erde einigen Mythen, um ein Zusammengehörigkeitsgefühl unter seinen Mitbürgern zu erzeugen. Es ist jedoch feststellbar, dass es seit seiner Existenz als Nationalstaat nach seiner nationalen Identität sucht.

Die politische Elite der Paschtunen geht bis heute wenig bzw. keine grundlegenden Kompromisse ein, wenn es um Machtaufteilung und das Staatswesen geht.[363] Mit mühsamen Schritten wurde nach dem 11. September 2001 ein wirkungsmächtiger ethnischer Paschtune als Präsident ausgesucht. Hamid Karzai gibt auch nach seiner langen Amtszeit als Staatspräsident (2001-2014) in seinen Fernsehinterviews zu verstehen als sei er der

---

362 http://mpc-journal.org/blog/2016/02/02/art-on-behalf-of-humanity/.

363 https://www.youtube.com/watch?v=tigCJLIFwMM. In einem Interview des afghanischen Fernsehsenders „MITRA TV“ mit Prof. Sayed Askar Mousavi über das Thema nationale Identität.
Die Bezeichnung „Paschtunische politische Elite” geht auf das Interview des afghanischen Fernsehsenders „MITRA TV“ mit Prof. Sayed Askar Mousavi über das Thema nationale Identität zurück.

rechtmäßige Erbe der politischen Macht und Inhaber von Afghanistan. Dabei redet er in einem patriarchalischen Ton und bekundet, dass weder die Streitkräfte der US-Amerikaner noch die gesamte westliche Welt *sein* Land verlassen möchten, da sie gekommen seien, um zu bleiben.[364]

Sein Nachfolger Ashraf Ghani (2014-dato) sah sich gezwungen seine politische Macht mit dem Tadschiken Abdullah Abdullah zu teilen. Abermals hat Ghani - zusammen mit deutschen Politikern und diplomatischen Vertretern - nach den schlagartigen Flüchtlingsströmen seiner Landsleute gen Europa sie aufgefordert zurückzukehren und das Land nicht mehr zu verlassen. Gerade seit Angela Merkel als deutsche Kanzlerin ab Ende des Jahres 2014 sowie ab Anfang bis Ende des Jahres 2015 mehr als eine Million Flüchtlinge in Deutschland aufgenommen hat, begann Ghani sich buchstäblich über die wellenartige Flucht von Afghanen zu wundern. Er äußerte sich in nationalen und internationalen Medien und zeigte kein Verständnis für diese Fluchtmigration:

---

[364] In den persischsprachigen Medien in Afghanistan wird oftmals nach der Amtszeit Hamid Karzais über seine Erfolge und Misserfolge diskutiert. Dabei wird vermerkt, dass er sein Augenmerk vielmehr auf Personen (Stammesführer, Dorfältester, etc.) als auf Institutionen gelegt habe. Auch wird ihm ein nationalistischer Ton und Tenor zugesprochen. Er habe erst politische Entscheidungsträger viel Gestaltungsraum eigenräumt und schritt erst selbst ein als er Handlungsbedarf sah. Karzai genieße auch viel Vertrauen und Zuspruch von den paschtunischen Provinzen im Osten und Süden des Landes. Als nicht gelungen, betrachten Kritiker seine Manier die Taliban als Freunde und Landsleute zu bezeichnen. Bis heute debattiert er offen über die einstige Durand-Linie (1893) und möchte die Paschtunen auf pakistanischem Hoheitsgebiet ins afghanische Territorium einverleiben. Kritisch betrachtet, beansprucht keine andere Ethnie ähnliche Ansprüche, nämlich die Vereinigung der Balutschen mit anderen Balutschen aus dem Iran und Pakistan, die Zusammenkunft von Persern aus Westafghanistan mit Persern aus dem Iran, die Wiedervereinigung von Tadschiken aus Afghanistan mit denjenigen aus dem Staat Tadschikistan und die Aufhebung der Grenze zwischen Turkmenen aus dem Iran mit den Turkmenen aus dem Staat Turkmenistan. Historisch gesehen, wurde weder die Durand-Linie noch eine andere Grenze Afghanistans mit der Ab- und Zustimmung (Referendum) der lokal betroffenen Menschen gezogen.

„We are in war, but not in a civil war. (...) They are paying 10,000 to 30,000 Dollars. They are impoverishing their families in order to make their journey because that journey was made on false assumptions.“[365]

In Afghanistan gibt es, wie im Iran, komplexe gesellschaftliche Probleme, die nicht so einfach gelöst werden können. In Afghanistan wenden sich bis heute noch bei wichtigen Verhandlungen und Entscheidungsfindungen große Teile der Ethnie der Paschtunen in ihren Stammesgebieten dem Paschtunwali zu.[366] Man bedenke dabei, dass die Paschtunische politische Elite seine östliche Grenze zu Pakistan (Durand-Linie) nicht anerkennt.

Die erwähnte Paschtunische politische Elite, die sich ihre Macht unmittelbar durch ihre tribale Zugehörigkeit legitimiert und nicht durch demokratische Wahlverfahren, handelt somit gegen die Interessen aller Bewohner Afghanistans. Hamid Karzai vertritt auch die Ansicht, dass die ethnischen Paschtunen auf Pakistanischem Territorium eher zu Afghanistan gehören sollten. Er sieht die mit Paschtunen bewohnten pakistanischen Grenzgebiete als paschtunische Provinzen an, die grundsätzlich Teil des eigenen afghanischen Staatsterritoriums seien.[367] Karzai empfindet die westliche militärische Präsenz als zu einseitig. Daher vermisst er in diesem Machtgefüge als Gegenpol den quasi Nachbarn und einstigen Invasoren Russland. Der idealisierte Weg des Paschtunwali scheint bei einem urbanisierten Paschtunen aus Kabul oder anderen Großstädten Afghanistans nicht mehr die zentrale Bedeutung zu besitzen. Durch die jahrzehntelangen andauernden ethnischen und religiösen Konflikte kann man davon ausgehen, dass selbst bei den Taliban, die mehrheitlich Paschtunen sind, bestimmte tradi-

---

[365] https://www.youtube.com/watch?v=0sw80rsHe3w. In einem Interview mit BBC in englischer Sprache.

[366] Vgl., Rzehak, Lutz, Doing Pashto, S. 17.

[367] https://www.youtube.com/watch?v=737qnlhNuuI. In einem Interview in persischer Sprache mit BBC Persian.

tionelle Werte, die sich aus ihrer ethnischen Zugehörigkeit speisen, verloren gegangen sind.[368]

Vor der Invasion der Sowjets in Afghanistan bestand seitens der Paschtunischen politischen Elite Druck das ganze Land mit ihrem Ideal des Paschtunwali zu homogenisieren. Mit der neuen Verfassung von 1964 hießen alle Bewohner des Landes Afghanen (Nationalität) und die Persische Sprache, die bis dahin Farsi hieß, wurde zu Dari umbenannt. Der Homogenisierungsprozess kannte nur einen Weg und verstand nicht, dass das historische Gebiet Khorasan, das größtenteils auf dem Territorium des modernen Afghanistan sich befindet, seit Jahrtausenden multiethnisch, -konfessionell und -lingual gewesen ist.

Bei diesem institutionellen, sozialen, ethnischen und politischen Druck mussten sich Mitglieder nicht paschtunischer Ethnien, wie z.B. Babrak Karmal (1929-1996), der dem politischen Flügel der Parscham angehörte, eine Paschtunische Identität konstruieren.[369] Karmal heiß eigentlich Sultan Hossein.

In dieser Hinsicht - Ethnische Einfalt vs. Ethnische Vielfalt und Sprachpolitik - ist auch eine Entwicklung zu verzeichnen. Heutzutage stellen Menschen, wie z.B. der Wissenschaftler und der Leiter des „Afghan Institute for Strategic Studies“ Dr. Davood Moradian ein realistischeres, anderes und differentes Afghanistan vor.[370] Dabei wurden in den vielen Konferenzen, die Moradian in Kabul, Mazar und Herat veranstaltete, stets auf Frieden und die Verurteilung alter Mythen, Ethnonationalismus und die dominante Stellung von Warlords debattiert.

Nach jahrzehntelangem Stillstand konnte erstmals unter der Leitung von Moradian die politische, religiöse, soziale, sprachliche, geostrategische,

---

[368] Vgl. Rzehak, Lutz, Doing Pashto, S. 21.

[369] https://www.youtube.com/watch?v=tigCJLIFwMM.

[370] http://www.aiss.af/focus-areas/.

wissenschaftliche und wirtschaftliche Lage mit den Nachbarländern und führenden europäischen und asiatischen Staaten diskursiv behandelt werden.
Hier stellt sich die Frage, inwiefern Teile der iranischen Intellektuellen, der Politik, der Medien und der Gesellschaft über die inneren geschichtlichen und gegenwärtigen Ereignisse von einem geflüchteten Individuum aus Afghanistan in den Iran etwas erfahren können.

9. Die Bildung von Afghanischen Iranern heute

Afghanische Kinder profitierten anfangs - d.h. in den 1980ern und das nicht in jeder Provinz, Stadt und Schule - vom iranischen Schulsystem. Bereits vor dem Beginn des Krieges in Afghanistan 1979 lag die Analphabetisierungsrate dort bei etwa 90 - 95% unter Männern und bei etwa 99 % unter Frauen.
Von den 14 Mio. Afghanen besuchten bloß 900.000 Kinder eine öffentliche Schule.[371] Durch Zerstörung und den anhaltenden Krieg hat sich die Lage geringfügig geändert bzw. verbessert. Die autoritären Erziehungsmethoden der Lehrer und ihre mangelnde Bildung werden als Kritikpunkte von Experten geäußert.
In einer iranischen Schule können sich wenige afghanische Schüler weiter bilden, was nicht bis heute reibungslos vonstattengeht. Dabei sind Schüler ausländischer Herkunft Hänseleien und stetigen Diskriminierungen durch Teile von iranischen Lehrern und Schülern ausgesetzt. Daraus erfolgt eine gewisse „Afghanophobie", die viele Migranten afghanischer Herkunft beklagen. In der Schule sieht die Lage für afghanische Schüler nicht

---

[371] Vgl. Adelkhah, Fariba/Olszewska, Zuzanna, "The Iranian Afghans", S. 145.

human aus:

„Afghan students are being subjected to physical punishment and discrimination in Iranian schools, according to media reports in Iran that the government has tried to suppress."[372]

Im selben Maß versuchen Teile der iranischen Zivilgesellschaft proaktiv gegen Diskriminierungen, die Minderheiten erfahren, vorzugehen. Auf der Frankfurter Buchmesse versuchten oftmals NROs aus dem Iran auf die Alltagsrealität von afghanischen und auch iranischen Schülern aufmerksam zu machen. Daraus kann man schließen, dass nicht wenige iranische Bürger entgegen der allgemeinen starren Haltung gegenüber „Afghanischen Iranern" sich für ihre afghanischen Nachbarn, Freunde, Schüler, Mitschüler und Ehepartner einsetzen.

Laut einem UN-Report wurden 1998 rund 137.000 Kinder afghanischer Eltern an iranischen Schulen eingeschrieben, wovon knapp die Hälfte von ihnen Mädchen waren. Des Weiteren wurden ca. 300.000 Erwachsenen und mindestens 18.000 Kindern afghanischer Herkunft grundlegende Kenntnisse des Schreibens und Lesens beigebracht. Die Alphabetisierungsrate von Afghanen stieg sogar an. Dabei konnten im Jahr 2005 ca. 53% der 15 – 29 Jährigen einen Abschluss vorweisen.

Afghanische Iraner konnten z.B. durch das iranische Schulsystem den Grad ihrer Bildungsabschlüsse steigern. Anders verhält es sich bei Kindern ohne gültige Papiere und einer Aufenthaltsgenehmigung. Diese Kinder werden als illegal eingestuft und vom Schulbesuch ausgeschlossen.

Die Barriere von Schulgeld von 150 US-Dollar jährlich ist für viele afghanische Familien beinahe unüberwindbar. Im Jahr 2004 wurde Kindern afghanischer Herkunft der Besuch einer öffentlichen Schule verwehrt. Nicht wenige Familien sahen keinen Ausweg als ihre Kinder

---

372 https://www.iranhumanrights.org/2016/02/afghan-student-in-iran/.

zum Arbeiten auf die Straße als Tagelöhner als zur Schule zu schicken. Die Zahl der Schüler, die keine Schule aus finanziellen Gründen besuchen konnte, belief sich im Jahr 2004 auf ca. 100.000 Schüler.[373]
Aus dieser Lage heraus musste eine Notlösung für die unzähligen Schüler her. Afghanen entwarfen ein Konzept, in der Afghanische Iraner durch selbst regulierte und unabhängige afghanische Schulen unterrichtet wurden.
Diese Schulen werden derzeit von afghanischen Gemeinschaften selbst finanziert, organisiert und strukturiert. Anfangs wurden diese aus der Not geborenen Schulen seitens der iranischen Politik für illegal erklärt. Der Grund liegt nahe, denn durch solche Schulen werden Afghanische Iraner dazu bewogen alphabetisiert zu werden, was sie dazu veranlassen könnte für immer im Iran zu bleiben. Der beste Zugang und endgültige Eintritt zur iranischen Mehrheitsgesellschaft könnte sich durch Bildung abspielen, was jedoch nicht die absolute Wahrheit, gemessen an der Alltagsrealität, darstellt.
Die Aufnahmebedingungen solcher Schulen von Afghanen waren großzügig, denn nicht nur junge, sondern auch ältere Afghanische Iraner wurden aufgenommen, die seit ihrer Geburt im Iran keinen besseren Status als die einer illegalen Person bzw. non grata besaßen. Die Schulgebühren belaufen sich monatlich auf einen Dollar, was für jede Familie afghanischer Herkunft zu bewerkstelligen ist.[374] Der Lehrplan dieser Schulen ist dem von iranischen Schulen angepasst, da die meisten Afghanischen Iraner als Muttersprache Persisch haben und eine sprachliche Barriere nicht vorhanden ist. In einigen Unterrichtsfächern, wie z.B. in Geographie und Geschichte, werden beim afghanischen Lehrplan Bezüge zu Afghanistan angeboten.

---

[373] Vgl. Adelkhah, Fariba/Olszewska, Zuzanna, “The Iranian Afghans”, S. 146.
[374] Vgl. Ebd.

Auf der einen Seite, werden diese Schulen als nicht gesetzlich aus offizieller staatlicher Stelle erklärt. Auf der anderen Seite, erkennen iranische Arbeitgeber die Schulabschlüsse afghanischer Schulen an. Der Arbeitsmarkt verfährt somit nicht politisch, sondern orientiert sich am Pragmatismus von Angebot und Nachfrage der Wirtschaft.

Damit ist das Problem der Bildung Afghanischer Iraner nicht vollkommen gelöst. Durch die private Finanzierung, die ein Dilemma darstellt, stehen die meisten afghanischen Schulen mit ihrem entsprechenden Personal und den ansteigenden Kosten vor der Existenzbedrohung.

Aus einer kritischen Perspektive gesehen, birgt eine afghanische Schule, die aus der Not geboren wurde, nicht nur Vorteile und ist besonders bei iranischen zivilgesellschaftlichen Akteuren und Intellektuellen anerkannt, sondern hat das Potenzial und das Risiko einer Abschottung gegenüber der iranischen Gesellschaft. Dadurch können sowohl die Lehrer als auch die Schüler (Afghanische Iranischer) sich radikalisieren und dem Prozess der Exklusion aus der iranischen Gesellschaft erst recht genug Freiraum bieten.

Trotz der desolaten Lage gibt es auch Entwicklungen, die positiv sind. In der Legislaturperiode von Hassan Fereydoon Rohani (2013-dato) wurde veranlasst, dass Afghanische Iraner iranische Schulen besuchen dürfen. Dabei sollten sie lediglich die Schulgebühr bezahlen, wobei finanziell schwache Familien sogar vom Schulgeld befreit werden können. Der Führer des Regimes Khamenei legte bei einem Treffen mit dem afghanischen Minister für Flüchtlinge und Repatriierung Seyed Hussain Alemi Balkhi im Jahr 2015 ihm nahe, dass kein *einziges* afghanisches Kind zu befürchten habe im laufenden Schuljahr, ob mit und ohne offiziellen Aufenthaltsstatus, der Schule fern zu bleiben.[375]

Seit der Amtszeit von Rohani haben sich der Ton und die politische Gangart auf nationaler und internationaler Bühne stark verändert. Auf verschiedenen Konferenzen und Begegnungen versicherten Rohani und seine Diplomaten ihren afghanischen Amtskollegen, dass sie die Lebenssituation von afghanischen Flüchtlingen, Afghanen und Afghanischen Iranern verbessern wollen.

Ein Afghanischer Iraner, wenn er aus dem Iran in Richtung Deutschland flieht und hier auch ankommt, wird die rechtliche Möglichkeit in Aussicht gestellt, falls das Asylverfahren erfolgreich verläuft, nach acht Jahren die deutsche Staatsbürgerschaft zu beantragen. Deutschland oder andere westliche Staaten liegen geographisch, von Iran betrachtet, weit weg. Aber das politische System in Deutschland lässt Migranten, Expats oder Asylbewerbern den nötigen und möglichen Freiraum, um sich für die Staatsbürgerschaft zu qualifizieren.

Gesetzliche Maßnahmen und Regelungen für eine Staatsbürgerschaft erleichtern in Demokratien (Deutschland) statt in Autokratien (Iran) den Zugang zu Institutionen und zur Gesellschaft. Jeder Bedürftige, Asylbewerber, Flüchtling und traumatisierte Mensch erhält die gleiche Chance.

In Deutschland sind Menschen iranischer Herkunft in vielen Gesellschaftsschichten als Arbeitgeber, Arbeitnehmer, Politiker, Wissenschaftler, Ärzte, Unternehmer, Künstler, Musiker und Ingenieure zu finden. Deutschland ist geographisch kein Nachbarland des Iran. Man teilt keine jahrtausendalte gemeinsame Geschichte, Sprache, Kultur, Klima und Religion. Jedoch kann sich jeder bei entsprechendem Interesse, Neigung und Qualifikation in die deutsche Gesellschaft einfügen.

---

375 http://www.tasnimnews.com/en/news/2015/05/26/752080/minister-no-afghan-kid-deprived-of-schooling-in-iran.

Dagegen teilen der Iran und Afghanistan mehr Gemeinsamkeiten als Unterschiede. In den letzten Jahren suchten gar iranische Staatsbürger in Westafghanistan Arbeit oder andere, die aus politischen und religiösen Gründen nicht in den bleiben konnten, wanderten nach Afghanistan aus.

9.1. Zum Begriff Afghanische Iraner

Begriffe, Bezeichnungen, Etiketten, Namen und Namensgebungen können den Blick auf eine stigmatisierte soziale Gruppe durchaus verändern. Die Wissenschaftlerin Fariba Adelkhah hat sich für die Denomination *Afghanischer Iraner* entschieden und eingesetzt. Sie ist der Ansicht, dass der Zusatz „Iraner" bei der Benennung von Afghanen, die mittlerweile seit mehreren Generationen im Iran leben sie vom Stigma langsam lösen könnte.[376]

Dieselbe Frage stellt sich für jede Migrantengruppe, die in einem anderen Land lebt: Kann also durch eine Umbenennung die gesellschaftliche Reputation verbessert werden? Sicherlich beabsichtigt Adelkhah durch das Nebeneinanderstellen der beiden Nationalitäten eine ähnliche realistische Tatsache, welche schon in vielen westlichen Staaten bereits existiert. Es ist Gang und Gäbe, dass sich ein Bürger als Franko-Algerier, Deutsch-Türke oder Britisch-Indisch (Selbstzuschreibung) betrachtet.

Mit zunehmender Zeit, einer dazugehörigen wissenschaftlichen Begleitung, der Entstehung eines politischen und medialen Diskurses und schließlich der gesellschaftlichen Aufmerksamkeit über multiple Identitäten von Minderheiten kann wahrscheinlich jede Aufnahmegesellschaft ihre Mentalität gegenüber Neuankömmlingen

---

[376] In einem Interview mit Frau Dr. Fariba Adelkhah am 25. März 2016 in Paris. Sie ist Iranistin und Anthropologin.

ändern. Im Besten Falle kann eine benachteiligte soziale Gruppe als Teil der Mehrheitsgesellschaft aufgenommen werden.

Afghanen - immer und immer wieder - als Flüchtlinge, unwillkommene Gäste und dergleichen zu bezeichnen, ob nun medial, politisch oder sozial, wird dem Iran längerfristig nicht nur schaden, sondern auch seine regionale und internationale Reputation verschlechtern.

Gerade mit dem erfolgreichen Atomabkommen vom Sommer 2015 gilt der Iran international als ein wirtschaftlich noch zu erschließender Markt. Sicherlich werden zivilgesellschaftliche Akteure westlicher Herkunft, die mit der Menschenrechtssituation Irans vertraut sind, sich seit 2015 noch mehr als zuvor um den Status quo von Flüchtlingen, Afghanischen Iranern, Frauen, politischen Gefangenen, ethnischen und religiösen Minderheiten und Studenten befassen. Indes arbeiten zivilgesellschaftliche Akteure aus westlichen Staaten mit Teilen der iranischen Diaspora, die sich als Opposition des iranischen Regimes begreifen und äußern, gegen das Aufheben des Wirtschaftsembargos.

Es ist eine Frage der Zeit wann der Iran seine rigiden und dem Mann zugeneigten Gesetze den gesellschaftlichen Anforderungen und Realitäten zuschneidet. Das *Dilemma* besteht immer noch darin, dass der Iran anstatt auf bürgerliche und freiheitliche Rechte zu setzen, innere gesellschaftliche Missstände durch Sicherheitsmaßnahmen zu lösen versucht. Der Einsatz von Sicherheitsmaßnahmen zur Kontrolle der Gesellschaft ist, wie aus dem Werk von Michel Foucault bekannt, mit ziviler Überwachung und Gehorsam verbunden.[377]

Der an der Universität Teheran lehrende Professor für Politikwissenschaft Sadegh Zibakalm bekundet in seinen Artikeln und Vorträgen unzählige Briefe an den Führer Khamenei, dass Afghanen im Iran kein Phänomen

---

[377] Siehe dazu Foucault, Michel, Geschichte der Gouvernementalität: Sicherheit, Territorium, Bevölkerung.

mehr bilden. Er argumentiert stets, dass Afghanen nun zur iranischen Alltagsrealität gehören und die Politik sich dieser Thematik aus allen erdenklichen Richtungen anzunehmen habe. Der im iranischen Sprach- und Kulturraum und auch im Westen bekannte iranische Dichter Ahmad Shamloo (1925-2000) schrieb in der Fürsprache von Afghanen im Iran Gedichte. Filmemacher, Journalisten und viele andere Teile der iranischen gesellschaftlichen Elite solidarisieren sich oftmals mit afghanischen Flüchtlingen, Afghanen und Afghanischen Iranern.

Man kann die Liste von Iranern, die sich für die seit mittlerweile vier Jahrzehnten in Iran lebenden Afghanen einsetzen, forstsetzen. Es bedarf jedoch politischer, sozialer und vor allem rechtlicher Veränderung, damit das Feindbild „Afghane“ als Stigma an Wirkungskraft verliert.

Der Begriff Afghanische Iraner kann eventuell ein Tropfen auf den heißen Stein sein, aber dieser wird sicherlich den Blick von vielen betroffenen (aktiv) und nicht betroffenen (passiv) Menschen einwenig ändern.

10. Resümee – neue Entwicklungen und alte Probleme

Die neuesten Entwicklungen für Afghanen mit einem Flüchtlingsstatus im Iran sind Beobachtungen, Beschreibungen und Analysen aus der Ferne (Iran und Afghanistan) und aus der unmittelbaren Nähe (Deutschland und Europa). In den letzten Jahren scheint das Thema jedoch zunehmend ins Bewusstsein vieler Teile der gesamten iranischen Gesellschaft gerückt zu sein. Vielleicht haben nicht wenige Vorfälle, Miseren und Einzelschicksale Teile der Iraner im Iran und auch die der Diaspora zum Nachdenken bewegen können.[378]

Es ist nicht nur wichtig aus einer anderen Perspektive über Minderheiten und Flüchtlinge im Iran selbst zu diskutieren. Vielmehr sollte das Herkunftsland dieser sozialen Gruppe *anders* betrachtet werden. Im Iran kommen, wie schon erläutert, Afghanen durch die iranische geistige Elite durch Kunst, Kultur und Film in den iranischen Alltag auf dem Bildschirm, in Zeitschriften oder in Büchern vor. Der iranische zeitgenössische Film und auch Serien legen seit der Präsenz von Afghanen davon Zeugnis ab. In Medienauftritten von Afghanen wird der Versucht angestrebt ihnen eine Stimme zu geben und gleichzeitig ausländische Kritik von der Hand zu weisen.

Sowohl national als auch international ist das Thema Afghanen im Iran unter vielen Sozialwissenschaftlern der Iranistik mittlerweile ins Bewusstsein gerückt. Dennoch ist der wissenschaftliche Diskurs immer noch nicht stark genug.[379]

Auch im Iran kann man einen kulturellen und sozialen Wandel feststellen. In diesem Sinne haben sich jüngere Afghanische Iraner im Iran nicht mehr, wie in der ersten Generation, einem Kollektiv der Gemeinschaft und Fami-

---

378 http://www.al-monitor.com/pulse/originals/2016/04/setayesh-murder-iran-afghans-varamin-social-media.html#. Im April 2016 wurde der Tod eines Kindes mit einem afghanischen Hintergrund durch persischsprachige Medien gemeldet. Sie wurde als sechsjähriges Kind von ihrem Nachbarn vergewaltigt und anschließend umgebracht. Einige bekannte iranische Intellektuelle, wie z. B. Yaghma Golrouee, haben sich mit der Familie des Opfers und der Situation von Afghanen insgesamt durch ihre Bekundungen solidarisiert. Auf Facebook wurden viele Seiten von Iranern und Afghanen ins Leben gerufen, die an Setayesh Ghoreishi erinnern. Darunter befindet sich die Seite „I am Setayesh". Auf diesen Seiten diskutieren afghanische und iranische Teilnehmer über die Lage von Afghanen im Iran. So werden Themen wie Rassismus, Ungleichheit und Mitgefühl besprochen.
Dieses vorliegende Buch ist zwei Menschen gewidmet. Die erste Person ist Setayesh Ghoreishi (2010-2016). Die zweite Person ist der Ethnologe Dr. Bernt Glatzer (1942-2009).

379 In der englisch-, persisch- und französischsprachigen wissenschaftlichen Forschung gibt es derzeit einige Arbeiten, wobei sich die deutschsprachigen Untersuchungen in einem Anfangsstadium befinden.

lie verschrieben. Die jüngeren Generationen tendieren eher dazu individuelle Entscheidungen für sich zu treffen und sich eigene Narrativen für ihre Lebensgestaltung auszudenken. Demnach ist eine *Identitätsdiffusion* bei den in Iran geborenen und sozialisierten Afghanischen Iranern feststellbar. Afghanistan ist ein armes Land, obwohl es reich an Erdschätzen ist. Die finanzielle Armut und die Analphabetisierung sind weit verbreitet. Gewalt, Korruption, religiöser Fanatismus und das Diktat des Patriarchats spielen im Alltag eine sichtbare Rolle.

Man könnte behaupten, dass eine andere, somit gewünschte und auch tatsächlich vorhandene soziale, wirtschaftliche und politische Selbstorganisation beinahe zum Scheitern verurteilt sei. Von diesen Entwicklungen erfährt das Nachbarland Iran und seine Gesellschaft kaum etwas. Die Unkenntnis über den östlichen Nachbarn mit dem man historische, inter- und intrakulturelle, sprachliche und religiöse Gemeinsamkeiten teilt, ist zwar nicht absolut. In Relation gesetzt, haben sich die Lage und das Interesse zum Nachbarland Afghanistan einwenig verbessert und vielleicht geringfügig erholt.

Zu den Eigenheiten Afghanistans - als es Mitte des 18. Jh. durch die damalige englische Supermacht vom Herrschaftsbereich der Safawiden getrennt wurde - gehört es bis heute, einen anti-persischen Diskurs zu pflegen. Dieser Habitus wird von einer paschtunischen politischen Elite aufrechterhalten. Der Ausdruck dessen zeigt sich in der Verfassung Afghanistans (1964) - angefangen von der Umbenennung der persischen Sprachbezeichnung von Farsi ins Dari bis zur Vergabe wichtiger staatlicher Ämter, in der der Vorzug Paschtunen gewährt wurde.

Dazu zählt auch seit dem Sturz der Taliban und den neuzeitlichen Entwicklungen bis 2016 die Vergabe von elektronischen Personalausweisen mit der Erwähnung der Nationalität „Afghane“, womit große Teile der Tadschiken (Perser), der Hazara und der Usbeken sich unzufrieden erklärten. Die Benennung und die Aufschriften von Institutionen in ausschließlich paschtunischer Sprache - Universitäten, staatliche Institutionen, Stadtnamen - sorgt ebenso für viel Unverständnis bei den Bewohnern und lokalen Entscheidungsträgern von Städten wie z.B. Kabul, Balkh, Bamiyan und Herat. Sowohl Hamid Karzai als auch sein Nachfolger Ashraf Ghani trugen nicht dazu bei, einen kulturellen und sprachlichen Relativismus an den Tag zu legen.

Durch diese nachgezeichneten Bilder, die in Afghanistan den Alltag prägen, flüchten zahlreiche Mitglieder aller Ethnien in Afghanistan immer noch in den Iran. In Fernsehinterviews geben Tadschiken, Usbeken, Hazara, Turkmenen und Paschtunen an, trotz den ungünstigen Verhältnissen in den Iran flüchten zu wollen, da das Leben in Afghanistan unerträglich sei. Im Iran sind die Lebensbedingungen sicherlich schwer für Afghanen. So haben Afghanen aus der Not eine Tugend gemacht, wenn es um die Beseitigung und die Überwindung von der Analphabetisierung geht. Durch die staatliche Verweigerung Afghanische Iraner - jene in zweiter und dritter Generation - im iranischen Bildungssystem aufzunehmen, wurden eigene afghanische Schulen gegründet. Der Bildungsrad ist zwar nicht schlechter als in iranischen Schulen, jedoch besteht die Gefahr einer Abschottung aus der Gesamtgesellschaft der Iraner und das Verfallen in einem Opferdiskurs. Seit der Regierungszeit von Hassan Fereydoon Rohani (2013-dato) dürfen Kinder afghanischer Eltern reguläre iranische Schulen besuchen.

Inwieweit ein Umdenken zu den stigmatisierten afghanischen Flüchtlingen durch die iranische Gesellschaft und die Politik erfolgen könnte, ist eine schwierige Fragestellung. Dessen ungeachtet, könnte eine Umbenennung dieser sozialen Gruppe zu Afghanischen Iranern, die kulturell, ethnisch, sprachlich und konfessionell nicht homogen ist, eventuell diese mittelfristig vom Stigma der letzten Jahrzehnte befreien.

Kurzfristig haben die Medienauftritte und die sozialen Medien ihren Dienst und ihren Beitrag dazu geleistet, dass die *verzerrte* Wahrnehmung durch die Bildung von Klischees und Stereotypen zu Afghanen, afghanischen Flüchtlingen und Afghanischen Iranern sich leicht zum Positiven geändert hat. Langfristig sind, wie in den Kapiteln zuvor angesprochen, eine rechtliche bzw. gesetzliche Lösung für die Veränderung des unwillkommenen, unliebsamen und zum Fremden verurteilten Afghanen vonnöten.

V. Ausblick

11. Ausblick

Die islamische Revolution von 1979 ist beinahe vier Jahrzehnte alt. Gerade nach den relativ erfolgreichen Atomverhandlungen im Jahr 2015 und der damit verbundenen partiellen Aufhebung der Sanktionen gegen den Iran unter der Führung der Regierung von Hassan Fereydoon Rohani und seinem Außenminister und Unterhändler Javad Zarif hat die politische Elite den praktischen Dialog mit der Weltgemeinschaft sich auf die Fahnen geschrieben.

Nach seinem Selbstverständnis ist der Iran ein religiöser und politischer Staat schiitischer Prägung, in dem die Stellung der Religion in der Verfassung fest verankert und somit unumstößlich ist. Gepaart mit dem Irak-Iran-Krieg hatte die Revolution in ihren Anfängen einige Hindernisse zu bewältigen. Khomeinis Idee vom Export der islamischen Revolution blieb eine Vision. Die Islamische Republik Iran nimmt keine Vorreiterrolle ein, wenn es um die Menschen- und oder Flüchtlingsrechten geht.

Die Menschenrechte im Iran sind zu einem brisanten Thema geworden, seit die Menschenrechtsverteidigerin Schirin Ebadi im Jahr 2003 den Nobelpreis für Frieden erhalten hat.[380] Die internationale Gemeinschaft wollte damit die Aufmerksamkeit der Öffentlichkeit auf eine Iranerin lenken, die sich für die Sache der Menschenrechte einsetzt:

„Ebadi setzt sich für alle die Forderungen ein, deren Erfüllung die Konservativen dem iranischen Volk vorenthalten wollen wie Demokratie, Menschenrechte und die Gleichberichtigung der Frau. Jetzt ist sie zur Hoff-

---

[380] Vgl. Jahrbuch Menschenrechte 2005, S. 378.

nungsträgerin geworden in diesem Kampf der Reformer gegen die Konservativen.“[381]

Nach den Wahlen im Jahr 2009 befindet sich Shirin Ebadi im Exil. Sie verlangt in ihrer Ansprachen, Interviews und Schriften nichts anderes als die Einhaltung der Gesetze, die die Iranische Verfassung vorschreibt. Sie ist vehement gegen die angewendete Willkür, welche die Politikgestaltung des Landes bestimmt.

Das autoritäre Regime degradierte jedoch den Preis und die Anstrengungen von Frau Ebadi. Der damalige Staatspräsident Chatami und andere hohe geistliche Würdenträger argumentierten, dass Frau Ebadi mit dieser Auszeichnung nicht die Welt der Wissenschaft vorangebracht habe:

„Wenn ein wissenschaftlicher Preis einem Menschen wegen seiner Dienste an der Menschheit zukommt, ist es lobenswert, wenn aber ein Preis dazu dienen sollte, den Interessen des Kolonialismus und der verdorbenen Welt zu dienen, ist es ein Zeichen der Schande. Es ist natürlich, dass der Friedensnobelpreis an eine Frau vergeben wird, die sich Reformerin nennt und von Powell, Bush und den Führern der Weltarroganz unterstützt wird.“[382]

Im gleichen Jahr, als Frau Ebadi jenen renommierten Preis erhielt, sorgte der Todesfall der iranischstämmigen kanadischen Journalisten Zahra Kazemi für weltweites Aufsehen.[383] Sie wurde beim Fotografieren der Außenfassade eines Gefängnisses in Teheran durch Schläge auf den Hinterkopf schwer verletzt. Später erlag sie ihren Verletzungen.

Die Rhetorik und die Handlungen des autoritären Regimes sind eindeutig. Sie würdigen die Menschenrechte nicht und zollen dem Einsatz für diese

---

[381] Amirpur, Katajun, Gibt es in Iran noch einen Reformprozess?, S. 24.

[382] Ebd.

[383] Vgl. Jahrbuch Menschenrechrechte 2005, S. 373. Die Ermittlungen zum Todesfall Kazemi führte der Teheraner Chefankläger Schahrudi, der selber einer der Hauptverdächtigen ist.

keine Anerkennung. In der gleichen Weise werden Menschen behandelt, die im Iran Zuflucht suchten.

Seit 1979 sind auch afghanische Flüchtlinge ein fester Bestandteil der iranischen Innenpolitik geworden. Man begegnete ihnen in den 1980er Jahren mit einem islamischen und somit brüderlichen Mitgefühl. In den Folgejahren wurden afghanische Flüchtlinge dann zum Störfaktor im Iran hochstilisiert. Sie wurden für die Politik der Regierung instrumentalisiert. Wirtschaftliche Miseren oder soziale Missstände lastete man afghanischen Flüchtlingen an. Diese haben durch ihren minderen Status keine Rechte, um sich für die Verbesserung ihrer Lebenssituation einzusetzen. Sogar internationale Normen in Gestalt von Menschen- und Flüchtlingsrechten halfen ihnen nicht. Diese Einstellung des Iran sollte vom Ausgangspunkt her verbessert werden, d.h. dass die Bildung von Normen und Änderung von Verhalten ein sich bedingender Prozess ist. Die Rückführung von Afghanen nach Afghanistan war und ist heute noch ein stetiger und täglicher Begleiter ihres Aufenthaltes im Iran.

Afghanen sind heute eine inoffizielle Minderheit im Iran. Der Iran hofft offen auf ihre vollständige Rückkehr nach Afghanistan. Afghanen haben sich mit der iranischen Bevölkerung bereits arrangiert, was man an den vielen iranisch-afghanischen Ehen sehen kann. Diese sind jedoch aufgrund geschichtlicher und gegenwärtiger Ereignisse in der iranischen Gesellschaft nicht gerne gesehen. Die iranische Regierung wirkt stark in dieser Richtung, um für bestimmte Probleme im Lande über einen sichtbaren „Verantwortlichen" in Gestalt eines Störenfriedes zu verfügen, welcher in der Erscheinung afghanischer Flüchtlinge am besten zur Geltung kommt. Die iranische Bevölkerung hat sich seit der Revolution von 1979 mehr als verdoppelt. Mit dieser Bevölkerungsexplosion geht auch eine anhaltende Arbeitslosigkeit einher. Daraus resultieren unter anderem Probleme wie

Fremdenfeindlichkeit in der iranischen Gesellschaft, die man am Umgang mit Afghanen feststellen kann: „Othering".
Was kann die Lösung für die Zukunft sein, um eine reibungslose Koexistenz von Afghanen und Iranern zu ermöglichen?
Die Antwort ist nicht schwer. Afghanen sollten die ihnen zustehenden Rechte erhalten, welche z.B. in der Allgemeinen Erklärung der Menschenrechte und den Genfer Flüchtlingskonventionen kodifiziert sind. Darüber hinaus sollte der Iran bei der Rückführung von Afghanen in ihr Herkunftsland u.a. die politische, wirtschaftliche, kulturpolitische, religiöse, ethnische und soziale Situation in Afghanistan bedenken. Dieser Maßstab sollte dann eine *individuelle* Anwendung erfahren, in der die religiöse, ethnische, geographische und sprachliche Zugehörigkeit eines Afghanen Berücksichtigung bei seiner Rückführung finden sollte.
Afghanistan ist ein Staat, der sich auch im Jahr 2016 in einer desolaten Lage befindet. Die Flüchtlingswelle von 2015 zeigte, dass nicht nur der Bürgerkrieg in Syrien, die politische instabile Lage in Irak, sondern auch die nicht positive Lebenswelt in Afghanistan und auch die von Afghanen in Iran viele von ihnen dazu veranlasst die Bürde einer Fluchtmigration auf sich zu nehmen. Afghanen aus dem Iran - sowohl Familien als auch unbegleitete jugendliche Flüchtlinge - dominieren neben Syrern u.a. das Bild der Flüchtlinge in Deutschland.
Dort herrscht zwar seit dem Fall der Taliban eine als formal säkular zu bezeichnende Regierung, doch das Land hat schwache staatliche Strukturen. In Afghanistan finden Gesetze, die aus der Feder des Staates dem gemeinen Volk verkündet werden, nur geringe Anerkennung. Diese Tatsache hat zwei Gründe: Zum einen ist Afghanistan immer noch ein Staat, der sich in den Strukturen der Vorstaatlichkeit befindet; Afghanistan weist eine Gesellschaft auf, in der das Sozial- und Bezugssystem durch einen männlichen Vorsteher bestimmt ist, der einen Stamm oder eine Sippe ver-

tritt, insbesondere Frauen nehmen bei essenziellen Entscheidungen keine Rolle ein, da man sie auf ihr Geschlecht reduziert. Zum anderen ist Afghanistans Hauptschwachstelle die hohe Analphabetisierung seiner Bevölkerung. Gerade gebildete Menschen verlassen zunehmend das Land.

Die Analphabetisierung erweist sich mitunter als der gravierendste Faktor in der Unterentwicklung des Landes. Allgemeine Normen, die das alltägliche Leben in Afghanistan betreffen, werden von religiösen Instanzen diktiert. Ein gewöhnlicher Afghane, der des Lesens und Schreibens nicht kundig ist, ist dem Unterricht eines religiösen Mannes unterworfen, der meist denselben Bildungsgrad wie seine Schüler aufweist. Diese Gefolgschaft, die sich in der Monopolstellung des vermeintlichen Wissens gründet, ist die Ursache dafür, dass Angehörige anderer Konfessionen in Afghanistan der Xenophobie ausgesetzt sind. Das heißt, dass z.B. Schiiten von Sunniten in eine Außenseiterrolle gedrängt werden. Hinzu kommt die ethnische oder sprachliche Zugehörigkeit, die ausreichender Anlass für eine Lebensbedrohung sein kann. Die zahlreichen Landminen in Afghanistan sind auch ein erheblicher Faktor, weshalb Afghanen eine Rückführung fürchten:

„Even in a post Tailban Afghanistan landmines act as a major hindrance to the repatriation and rehabilitation of refugees who are reluctant to return for the fear of landmines.“[384]

Eine andere Lösungsvariante wäre, wie oben besprochen, dass Afghanen durch die Aufnahme als Ethnie eine dauerhafte Existenzberechtigung im Iran erfahren. Diese Existenzberechtigung als Ethnie würde Barrieren beseitigen, denn sie würde eine eigene Dynamik ausüben.

Der Iran sollte diese Aspekte bei der Behandlung von Afghanen bedenken, wenn er ihre Rückführung erwägt. Die Politik Irans sollte die realen Ver-

---

[384] www.afgha.com/?af=article&sid=51274.

hältnisse in Afghanistan in Betracht ziehen, damit aus seiner Sicht die Rückkehr von Afghanen gelingen kann.

Literaturverzeichnis

Alam, Homayun (2014): Ethnische Minderheiten im iranischen Film von 1980 bis 2010, Nordhausen.

Ansari, Ali M. (2010): Crisis of Authority. Iran's 2009 Presidential Election, London.

Benhabib, Seyla (1999): Kulturelle Vielfalt und Demokratische Gleichheit. Politische Partizipation im Zeitalter der Globalisierung, Frankfurt am Main.

Bielefeldt, Heiner (1999): Universale Menschenrechte angesichts der Pluralität der Kulturen, In: Hans-Richard Reuter (Hrsg.): Ethik der Menschenrechte. Zum Streit um die Universalität einer Idee, Tübingen.

Brandl, Monika (2002): Kommentar. In: Hailbronner/Klein (Hrsg.): Flüchtlinge – Menschenrechte - Staatsangehörigkeit. Menschenrechte und Migration, Heidelberg.

Brieskorn, Norbert (1997): Menschenrechte. Eine philosophisch-historische Grundlegung, Stuttgart.

Buchta, Wilfried (2004): Schiiten, München.

Dahmer, Kerstin (1998): Parlamentarische Kontrolle der auswärtigen Gewaltanwendung. Eine Studie zu Entstehung und Wirkung des amerikanischen Kriegsvollmachtengesetzes von 1973 - 1996 mit besonderer Berücksichtigung des Irak-Iran-Krieges, Frankfurt am Main.

Deile, Volkmar (1993): Vorwort. In: Amnesty international. Menschenrechte vor der Jahrtausendwende. Hrsg.: Bielefeldt, Heiner/Deile, Volkmar/Thomsen, Bernd, Frankfurt am Main.

Dupree, Louis (1980): Afghanistan. In: Princeton University Press, Princeton.

Engels, Friedrich (1979): Afghanistan. In: MEW, Band 14, Berlin.

Forst, Rainer (1994): Kontexte der Gerechtigkeit. Politische Philosophie jenseits von Liberalismus und Kommunitarismus, Frankfurt am Main.

Forstner, Martin (1991): Inhalt und Begründung der Allgemeinen Islamischen Menschenrechtserklärung. In: Johannes Hoffmann (Hrsg.): Begründung von Menschenrechten aus der Sicht unterschiedlicher Kulturen. Das eine Menschenrecht für alle und die vielen Lebensformen, Frankfurt am Main.

Foucault, Michel (2006): Geschichte der Gouvernementalität I: Sicherheit, Territorium, Bevölkerung. Sennelart, Michel (Hrsg.), Frankfurt am Main.

Fragner, Bert (2015): Die „Persophonie“: Regionalität, Identität und Sprachkontakt in der Geschichte Asiens, Homayun Alam (Hrsg.), Nordhausen.

Freiwillige Flüchtlinge gibt es nicht (1997): Flüchtlinge schützen. Menschenrechte kennen keine Grenzen. Sektion amnesty international der Bundesrepublik Deutschland, Bonn.

Frevel, Bernhard (2004): Demokratie. Entwicklung, Gestaltung, Problematisierung, Wiesbaden.

Fritzsche, K. Peter (2004): Menschenrechte. Eine Einführung mit Dokumenten, Paderborn.

Gareis, Sven Bernhard/Varwick, Johannes (2003): Die Vereinten Nationen. Aufgaben, Instrumente und Reformen, 3., aktualisierte und erweiterte Auflage, Bonn.

Geller, S. Daniel/Singer, J. David (1998): Nations at War. A scientific Study of International Conflict, Cambridge.

Gronke, Monika (2003): Geschichte Irans. Von der Islamisierung bis zur Gegenwart, München.

Habermas, Jürgen (1984): Vorstudien und Ergänzungen zur Theorie des kommunikativen Handelns, Frankfurt am Main.

Hailbronner, Kay (2002): Kommentar: Die Genfer Flüchtlingskonvention vor den Herausforderungen des 21. Jahrhundert, In: Hailbronner/Klein (Hrsg.): Flüchtlinge - Menschenrechte - Staatsangehörigkeit. Menschenrechte und Migration, Heidelberg.

Halm, Heinz (1988): Die Schia, Darmstadt.

Hamm, Brigitte (2003): Menschenrechte. Ein Grundlagenbuch, Opladen.

Han, Byung-Chul (2005): Was ist Macht? Stuttgart.

Handke, Peter (2003): Rund um das Große Tribunal, Frankfurt.

Heins, Volker (2002): Weltbürger und Lokalpatrioten. Eine Einführung in das Thema Nichtregierungsorganisationen, Opladen.

Heidelmeyer, Wolfgang (1997): Die Menschenrechte. Erklärungen, Verfassungsartikel, Internationale Abkommen. 4., erneuerte und erweiterte Auflage, Paderborn.

Ignatieff, Michael (2002): Die Politik der Menschenrechte, Hamburg.

Jahrbuch Menschenrechte (2005): Jahrbuch Menschenrechte 2005. Themenschwerpunkt: Durchsetzung der Menschenrechte von Frauen. Herausgegeben vom Deutschen Institut für Menschenrechte und von Volkmar Deile, Franz-Josef Hutter, Sabine Kurtenbach und Carsten Tessmer in Verbindung mit deutsche Sektion von amnesty international, Ludwig Boltzmann Institut für Menschenrechte (Wien), Institut für Entwicklung und Frieden (Duisburg), Frankfurt am Main.

Kant, Immanuel (1795): Zum ewigen Frieden. Ein philosophischer Entwurf. Gesammelte Schriften. Herausgegeben von der Königlich Preußischen Akademie der Wissenschaften. Erste Abteilung: Werke. Achter Band; Abhandlungen nach 1781. Berlin 1912. Rudolf Malter (Hrsg.), Stuttgart 1984.

Kaufmann, Matthias (1999): Philosophie der Menschenrechte. In: Methodologie, Geschichte, Kultureller Kontexte, Thomas Göller (Hrsg.), Göttingen.

Kessler, Stefan (2001): Verfolgte haben Rechte auf Schutz. Zum fünfzigsten >>Geburtstag<< der Genfer Flüchtlingskonvention. In: Jahrbuch Menschenrechte 2002, von Arnim, Gabriele/ Volkmar, Deile/Hutter, Franz-Josef/Tessmer, Carsten (Hrsg.), in Verbindung mit deutsche Sektion von amnesty international (ai), Ludwig Boltzmann Institut für Menschenrechte (BIM), Wien, Institut für Entwicklung und Frieden (INEF), Duisburg. Frankfurt am Main.

Khalilzad, Zalmay (2016): The Envoy: From Kabul to the White House, My Journey Through a Turbulent World, New York.

Kidron, Michael/Segal, Ronald (1981): Hunger und Waffen. Ein politischer Weltatlas zu den Krisen der 80er Jahre, Hamburg.

Kimminich, Otto (1997): Einführung in das Völkerrecht, 6., überarbeitete und erweiterte Auflage, Tübingen.

Klein, Eckart (2002): Die Bedeutung der Menschenrechte für die Regelung der Staatsangehörigkeit. In: Hailbronner/Klein (Hrsg.): Flüchtlinge - Menschenrechte -Staatsangehörigkeit. Menschenrechte und Migration, Heidelberg.

Klimburg, Max (1966): Afghanistan. Das Land im historischen Spannungsfeld Mittelasiens, Wien.

Krämer, Gudrun (2005): Geschichte des Islam. In: Bundeszentrale für Politische Bildung (Hrsg.), Bonn.

Kreuzner, Christine (2002): Kommentar. Die Bedeutung der Menschenrechte für die Regelung der Staatsangehörigkeit. In: Hailbronner/Klein (Hrsg.): Flüchtlinge – Menschenrechte - Staatsangehörigkeit. Menschenrechte und Migration, Heidelberg.

Langenfeld, Christine (2002): Rechte vorübergehend aufgenommener und geduldeter Flüchtlinge. In: Hailbronner/Klein (Hrsg.): Flüchtlinge - Menschenrechte - Staatsangehörigkeit. Menschenrechte und Migration, Heidelberg.

Layadi, Abdelmajid (2004): Entwicklung als Freiheit. Funktionsfähige Institutionen, Demokratie und Menschenrechte als Chancen für die Entwicklungsländer, Hamburg.

Lizzio, Kenneth P. (2014): Embattled Saints: My Year with the Sufis of Afghanistan, Illinois.

Ludwig, Ralph (2002): Mohammed. Der Prophet und seine Lehre, München.

Mackert, Jürgen (1999): Kampf um Zugehörigkeit. Nationale Staatsbürgerschaft als Modus sozialer Schließung, Opladen/Wiesbaden.

Mann, Bernhard (1983): Politische Flüchtlinge - Sozialbetreuung in Sammelunterkünften und Fragen zur gesellschaftlichen Integration. Mit einem

Vorwort eines Vertreters des Hohen Flüchtlingskommissars der Vereinten Nationen, Frankfurt am Main.

Maus, Ingeborg (1999): Menschenrechte als Ermächtigungsnormen internationaler Politik oder der zerstörte Zusammenhang von Menschenrechten und Demokratie. In: Hauke Brunkhorst u.a. (Hrsg.): Recht auf Menschenrechte. Menschenrecht, Demokratie und internationale Politik, Frankfurt am Main.

Menschenrechte - ihr internationaler Schutz (1998): Menschenrechtspakte der Vereinten Nationen; Europäische Menschenrechtskonvention; Europäische Sozialcharta; Amerikanische Menschenrechtskonvention; Afrikanische Menschenrechtskonvention; Arabische Charta der Menschenrechte; Übereinkommen gegen Frauen- und Rassendiskriminierung, über Minderheitenschutz, gegen Folter und Todesstrafe, über die Rechte des Kindes, Sklaverei und Zwangsarbeit, die Rechtsstellung der Flüchtlinge und Staatenlosen; Erklärung des Europäischen Parlaments über Grundrechte und Grundfreiheiten; Gemeinschaftscharta der sozialen Grundrechte; EG-Gleichbehandlungsrichtlinie; Europäische Datenschutzkonvention; KSZE-Schlussakte und Schlussdokumente der Folgetreffen; Statuten der Strafgerichte für Jugoslawien und Ruanda; Verfahrensordnungen; Textausgabe mit ausführlichem Sachverzeichnis und einer Einführung. In: Bruno Simma (Hrsg.): Sonderausgabe, 4., neu bearbeitete Auflage, Stand: 1. Juli 1998, München.

Menschenrechte (2004): Dokumente und Deklarationen. In: Bundeszentrale für politische Bildung (Hrsg.), Bonn.

Meier, Hans (2004): Demokratie braucht politische Bildung. In: Bundeszentrale für politische Bildung, Demokratie braucht politische Bildung, Gotthart Breit/Siegfried Schiele (Hrsg.), Bonn.

Mousavi, Sayed Askar (1997): The Hazaras of Afghanistan: An Historical, Cultural, Economic and Political Study, London.

Möller, Harald (1995): Der Krieg Irak-Iran, 1980 - 1988. Der Krieg zwischen dem Irak und Iran: Endogene und exogene Bestimmungsfaktoren - ein Beitrag zur Kriegsursachendiskussion, Berlin.

Mubtakir, Ghulam Nabi (2002): Afghan True & Unique History, Kabul.

Nawid, Senzil (2012): Language Policy in Afghanistan: Linguistic Diversity and National Unity. In: Harold F. Schiffman (Hrsg.), Language policy and language conflict in Afghanistan and its neighbors. The changing politics of language choice.

Nölle-Karimi, Christine (2002): Afghanistan - A Country without a State, Frankfurt am Main.

Nuscheler, Franz (2005): Entwicklungspolitik. In: Bundeszentrale für Politische Bildung (Hrsg.), Bonn.

Piotrowicz, Ryszard (2002): The third States and Safe States of Origin in UK and Australian Practice: Exercises in Pragmatism. In: Hailbronner/Klein (Hrsg.): Flüchtlinge - Menschenrechte - Staatsangehörigkeit. Menschenrechte und Migration, Heidelberg.

Pohly, Michael (1992): Krieg und Widerstand in Afghanistan: Ursachen, Verlauf und Folgen seit 1978, Berlin.

Pohly/Duran (2002): Nach den Taliban. Afghanistan zwischen internationalen Machtinteressen und demokratischer Erneuerung, München.

Priester, Karin (1997): Rassismus und Kulturelle Differenz, Münster.

Rashid, Amhed (2001): Taliban. Afghanistans Gotteskrieger und der Dschihad, München.

Reermann, Olaf (2002): Kommentar: Vorübergehende Schutzgewährung und Verfahren. In: Hailbronner/Klein (Hrsg.): Flüchtlinge - Menschenrechte - Staatsangehörigkeit. Menschenrechte und Migration, Heidelberg.

Religiöse Grundaussagen und –begriffe (2002): In: Islam. Politische Bildung und interreligiöses Lernen. Glaubensrichtungen im Islam, Bonn.

Risse, Thomas/Jetschke, Anja/Schmitz, Hans Peter (2002): Die Macht der Menschenrechte. Internationale Normen, kommunikatives Handeln und politischer Wandel in den Ländern des Südens, Baden-Baden.

Roy, Olivier (2015): L'échec de l'islam politique, Paris.

Roy, Olivier (1986): Islam and Resistance in Afghanistan, Cambridge.

Sadr, Hamid Reza (2006): Iranian Cinema: A Political History, London.

Schabas, William A. (2003): An Introduction to the Criminal Court, Cambridge.

Schetter, Conrad (2003): Ethnizität und ethnische Konflikte in Afghanistan, Berlin.

Schetter, Conrad (2004): Kleine Geschichte Afghanistans, München.

Schubert, Klaus/Klein, Martina (2001): Politiklexikon, Bonn.

Snoy, Peter (1990): Das Land und seine Menschen. In: Afghanistan. Eine große Vergangenheit...und die Zukunft? Kunst und Kultur aus Afghanistan von den frühesten Zeiten bis in die Gegenwart, Trier.

Spanta, Rangin Dadfar (1993): Afghanistan. Entstehung der Unterentwicklung. Krieg und Frieden, Frankfurt am Main.

Stiglitz, Joseph (2002): Die Schatten der Globalisierung, Bonn.

Stuby, Gerhard (2001): Internationale Menschenrechte, ihre Universalität und Probleme ihrer Durchsetzung. In: Raul Fornet-Betancourt/Hans Jörg Sandkühler (Hrsg.): Begründungen und Wirkungen von Menschenrechten im Kontext der Globalisierung. Dokumentation des VIII. Internationalen Seminars des Dialogprogramms Nord-Süd, Frankfurt am Main.

Taheri, Amir (1985): Chomeini und die Islamische Revolution, Hamburg.

Tibi, Bassam (2012): Islam and Islamism, New Haven.

Tinaye-Tehrani, Ali (1995): Zur Möglichkeit einer Einflussnahme der Bundesrepublik Deutschland auf die Außenpolitik Irans während des Krieges sowie eine Untersuchung der Darstellung des Krieges in der bundesrepublikanischen Presse, Marburg (Universitäts-Dissertation).

Tomuschat, Christian (2002): Fünfzig Jahre Genfer Flüchtlingskonvention. In: Hailbronner/Klein (Hrsg.): Flüchtlinge – Menschenrechte - Staatsangehörigkeit. Menschenrechte und Migration, Heidelberg.

Trautner, Bernhard J. (1997): Konstruktive Konfliktbearbeitung im Vorderen und Mittleren Orient. Ansätze der Deeskalation und Beilegung nationaler und internationaler Konflikte 1945 - 1995. In: Frank R. Pfetsch (Hrsg.) Heidelberger Studien zur internationale Politik, Münster.

Tretter, Hartmut (2001): Der Einfluss von Menschenrechten auf Vertreibung, Flucht und Migration. In: Jahrbuch Menschenrechte 2002, von Arnim, Gabriele/Deile, Volkmar/Hutter, Franz-Josef/Tessmer, Carsten (Hrsg.), in Verbindung mit deutsche Sektion von amnesty international (ai), Ludwig Boltzmann Institut für Menschenrechte (BIM), Wien, Institut für Entwicklung und Frieden (INEF), Duisburg, Frankfurt am Main.

Vorländer, Hans (2003): Demokratie. Geschichte – Formen - Theorien. In: Bundeszentrale für Politische Bildung (Hrsg.), Bonn.

Zepf, Bernhard (1986): Asylrecht ohne „Asylanten“?. Flüchtlingshilfe im Spannungsfeld von Weltflüchtlingsproblem und Abschreckungspolitik, Frankfurt am Main.

Zittelmann, Thomas (2011): Ethnologie im Krieg: Das Human Terrain System und die Darstellung der paschtunischen „Stammesgesellschaft“. In: Der Taliban-Komplex: Zwischen Aufstandsbewegung und Militäreinsatz, Schetter, Conrad / Klußmann, Jörgen (Hrsg.), Frankfurt am Main.

Zeitschriften / Zeitungen

Adelkhah, Fariba / Olszewska, Zuzanna (2007): "The Iranian Afghans". In: Iranian Studies, 40:2, 137-165.

Abdul-Wakil (1991): Iran's relations with Afghanistan after the Islamic revolution. In: Orient. Opladen.

Alamdari, Kazem (2005): The Power Structure of the Islamic Republic of Iran: Transition from Populism to Clientelism, and Militarization of the Government. In: Third World Quarterly, Vol. 26, No. 8, pp. 1285-1301, Abingdon.

Azari, Ehsan (1991): Afghan refugees: A tragedy created by communism. In: WUFA, Peshawar.

Amineh, Mehdi Parvizi (2004): Demokratisierung und ihre Feinde im Iran. In: Aus Politik und Zeitgeschichte B9/2004, S. 25 - 28, Bundeszentrale für Politische Bildung (Hrsg.), Bonn.

Amirpur, Katajun (2004): Gibt es in Iran noch einen Reformprozess? In: Aus Politik und Zeitgeschichte B9/2004, S. 18 - 24, Bundeszentrale für Politische Bildung (Hrsg.), Bonn.

Billard, Annick (1988): Die Aussichten für die Rückführung afghanischer Flüchtlinge. In: Flüchtlinge. Genf.

Baraki, Matin (2002): Islamismus und Großmachtpolitik in Afghanistan. In: Aus Politik und Zeitgeschichte B8/2002, S. 32 - 38, Bundeszentrale für politische Bildung (Hrsg.), Bonn.

Baraki, Matin (2004): Afghanistan nach den Taliban. In: Aus Politik und Zeitgeschichte. B48/2004, S. 24 - 30, Bundeszentrale für politische Bildung (Hrsg.), Bonn.

Bayat-Philipp, Mangol (2004): Die Beziehungen zwischen den USA und Iran. In: Aus Politik und Zeitgeschichte B9/2004, S. 29 - 38. Bundeszentrale für Politische Bildung (Hrsg.), Bonn.

Boesen, Inger W. (1988): Ten years of war and civil war in Afghanistan: An educational catastrophe for an entire generation. In: WUFA. Peshawar.

Böckenförde, Ernst-Wolfgang (1996): Das Unwahrscheinliche wollen. Demokratie, notwendige Forderung der Menschenrechte. In: FAZ, 02. Mai 1996.

Buchta, Wilfried (2004): Ein Vierteljahrhundert Islamische Republik Iran. In: Aus Politik und Zeitgeschichte B9/2004, S. 16 - 17, Bundeszentrale für Politische Bildung (Hrsg.), Bonn.

Centlivres-Demont, Micheline (2000): Die afghanische Diaspora in Europa. In: Afghanen im Exil. Identität und politische Verantwortung. Tagung der Evangelischen Akademie Iserlohn im Institut für Kirche und Gesellschaft der EKvW 15. - 17. Dezember 2000, Iserlohn.

Ghanea-Hercock, Nazila (2004): Ethnic and religious Groups in the Islamic Republic of Iran. Policy suggestions for the integration of minorities through participation in public life. In: University of London, Institute of Commonwealth Studies. United Nations Office of the High Commissioner for Human Rights. Sub-regional Seminar Minority Rights: Cultural Diversity and Development in Central Asia. London.

Gordon, Bonin (2003): Afghan Refugees in Iran: Employment and Iran's baby Boom. In: Journal of Iranian Research and Anaylsis, Volume 19, No. 2.

Hanifi, Jamil M. (2000): Anthropology and the Representations of Recent Migrations from Afghanistan. Gozdziak, M. Elizabeth/Shandy, M. Dianna (Hrsg.). In: Rethinking Refugee and Displacement. Selected Papers on Refugees and Immigrants, Volume VIII. American Anthropological Association, Arlington.

Kazemi, Farhad/Reynolds Wolfe, Lisa (1997): Urbanization, migration, and politics of protest in Iran. In: Population, poverty, and politics in Middle East cities. Florida (University press of Florida).

Pstrusinska, Jadwiga/Krasnowolska, Anna/Maciuszak, Kinga (1993): Afghanica. The Afghanistan Studies Newsletter. A Visit to Afghan refugees in Mashhad. In: Institue of Oriental Philology, Jagellonian University, Krakow.

Rajaee, Bahram (2000): The politics of refugee policy in post-revolutionary Iran. In: The Middle East Journal, Washington D. C.

Rzehak, Lutz (2011): Doing Pashto. Pashtunwali as the ideal of honorable behavior and tribal life among the Pashtuns. In: Afghanistan Analysts Network.

Ruiz, Hiram A. (1992): Assist Refugees in Iran. The West has ignored the plight of Afghan refuees in Iran, but providing needed aid could help build a bridge to Tehran. In: Christian Science Monitor, Washington.

Quellen aus dem Internet

1) www.UNHCR.de/pdf/45.pdf (abgerufen am 07.07.2005; 15:35Uhr)

2) http://www.unhchr.ch/udhr/lang/ger.pdf (abgerufen am 18.07.2005; 22:48Uhr)

3) www.bglatzer.de/aga/files (abgerufen am 13.08.2005; 17:45Uhr)

4)http://www.unodc.org/pdf/afg/afg_intl_counter_narcotics_conf_2004.pdf (abgerufen am18.08.2005; 16:14Uhr)

5) http://news.bbc.co.uk/1/hi/world/middle_east/4107270.stm (abgerufen am 04.09.2005; 17:44Uhr)

6) www.areu.org.af, Case Study Series: Returning to Afghanistan?A Study of Afghans Living in Zahedan, the Islamic Republic of Iran (abgerufen am 28.10.2005; 21:31 Uhr)

7) www.biphome.spray.se/radio hambastegi/mosahebe_10.html (abgerufen am 02.09.2005; 22:21Uhr)

8) http://www.fmreview.org/text/FMR/03/05.htm (abgerufen am 06.10.2005; 19:34 Uhr)

9) http://www.netiran.com/?fn=artd(389) (abgerufen am 29.09.2005;13:37 Uhr)

10) www.netiran.com/?fn=artd(2938) (abgerufen am 29.09.2005; 13:48 Uhr)

11) www.boell.de/downloads/presse2005/iran-report0105.pdf, (abgerufen am 31.01.2006; 15:07 Uhr)

12) www.cia.gov/cia/publications/factbook/geos/ir.html (abgerufen am 01.02.2006; 12:10 Uhr)

13) http://www2.amnesty.de/internet/deall.nsf/windexde/PR2006001 (abgerufen am 06.02.2006; 19:40 Uhr)

14) http://files.institut-fuer menschenrechte.de / 488/d46_v1_file_439440eff2089_CERD%20Handbuch%202005-12-05.pdf (abgerufen am 11.02.2006; 16:47 Uhr)

15) www.cia.gov/cia/publications/factbook/geos/af.html (abgerufen am 15.02.2006; 14:59 Uhr)

16)www.areu.org.af/publications/Afghans%20Living%20in%20Mashhad.pdf (abgerufen am 19.02.2006; 14:24 Uhr)

17) http://www.afgha.com/?af=article&sid=51274 (abgerufen am 07.03.2006; 20:27 Uhr)

18) www.un.org.pk/UNHCR/Afstats-stat.htm / Repartition of Afghans from Iran to Afghanistan UNHCR Pakistan (abgerufen am 06.03.2006; 11:29 Uhr)

19)http://www.unic-ir.org/inst/index.htm (abgerufen am 30.03.2006; 09:18 Uhr)

20)http://cso.gov.af/en/page/demography-and-socile-statistics/demograph-statistics/3897111 (abgerufen am 19.04.2016; 19:28 Uhr)

21)https://iwpr.net/global-voices/ethnic-component-afghan-id-cards-still (abgerufen am 19.04.2016; 19:57)

22) http://www.bbc.com/news/world-middle-east-36035095 (abgerufen am 26.04.2016; 14:59 Uhr)

23)http://www.imdb.com/title/tt3516158/fullcredits?ref_=tt_cl_sm#cast (abgerufen am 26.04.2016; 16:16 Uhr)

24)http://mpc-journal.org/blog/2016/01/26/cultural-bridge-has-not-been-destroyed-in-afghanistan/ (abgerufen am 26.04.2016; 17:03 Uhr)

25)http://mpc-journal.org/blog/2016/02/02/art-on-behalf-of-humanity/ (abgerufen am 26.04.2016; 17:27 Uhr)

26) http://www.aiss.af/focus-areas/ (abgerufen am 26.04.2016; 19:24 Uhr)

27)https://www.iranhumanrights.org/2016/02/afghan-student-in-iran/ (abgerufen am 27.04.2016.2016; 19:32 Uhr)

28)http://www.bbc.com/persian/afghanistan/2016/04/160425_zs_khalilzad_book_review (abgerufen am 02.05.2016; 16:57 Uhr)

29) http://www.theguardian.com/world/2015/jul/29/taliban-leader-mullah-omar-dead-claims (abgerufen am 02.015.2016; 17:20 Uhr)

30)http://www.bbc.com/persian/iran/2016/05/160502_l10_majlis_nationality (abgerufen am 02.015.2016; 19:11 Uhr)

31) http://fpc.state.gov/documents/organization/121930.pdf (abgerufen am 04.05.2016; 18:43 Uhr)

32)https://www.youtube.com/watch?v=tigCJLIFwMM (abgerufen am 04.05.2016; 10:32 Uhr)

33) https://www.youtube.com/watch?v=Iyk4YEWQ3oY (abgerufen am 06.05.2016; 16:53 Uhr)

34) http://www.al-monitor.com/pulse/originals/2016/04/setayesh-murder-iran-afghans-varamin-social-media.html# (abgerufen am 10.05.2016; 17:43 Uhr)

35) http://iranprimer.usip.org/blog/all/Mehrzad%20Boroujerdi (abgerufen am 17.05.2016; 12:25 Uhr)

36)http://www.ibtimes.co.uk/afghanistan-protesters-demand-government-changes-tutap-route-benefit-hazara-populations-1560338 (abgerufen am 17.05.2016; 14:36 Uhr)

37)https://www.afghanistan-analysts.org/power-to-the-people-2-the-tutap-protests/ (abgerufen am 17.05.2016; 14:39 Uhr)

38) http://www.bbc.com/news/world-asia-34405035 (abgerufen am 24.05.2016; 16:16 Uhr)

39) https://www.youtube.com/watch?v=xJcbQA3J8IA (abgerufen am 24.05.2016; 19:07 Uhr)

40) https://www.youtube.com/watch?v=Y5dIlywM7rk (abgerufen am 24.05.2016; 18:43Uhr)

41)http://www.sueddeutsche.de/politik/Al-Kaida-wieso-der-tod-von-osama-bin-laden-raetselhaft-bleibt-1.2695011 (abgerufen am 25.05.2016; 15:32 Uhr)

42) https://www.youtube.com/watch?v=0sw80rsHe3w (abgerufen am 27.05.2016; 17:45 Uhr)

43) https://www.youtube.com/watch?v=737qnlhNuuI (abgerufen am 27.05.2106; 17:54 Uhr)

44) https://www.youtube.com/watch?v=XLnMtaKgvl0 (abgerufen am 27.05.2015; 18:48 Uhr)

45)http://www.tasnimnews.com/en/news/2015/05/26/752080/minister-no-afghan-kid-deprived-of-schooling-in-iran (abgerufen am 27.05.2015; 19:42 Uhr)

46)http://www.areu.org.af/Uploads/EditionPdfs/1601E%20The%20Other%20Side%20of%20Gender%20Inequality-

%20Men%20and%20Masculinities%20in%20Afghanistan.pdf (abgerufen am 27.05.2016; 20:33 Uhr)

47) https://www.youtube.com/watch?v=W-jvSSjPwnU (abgerufen am 02.06.2016; 20:22 Uhr)

48)https://www.cia.gov/library/publications/resources/the-world-factbook/geos/af.html (abgerufen am 03.06.2016; 20:21 Uhr)

49)https://www.bicc.de/uploads/tx_bicctools/BICC_Policy_Brief_1_2016.pdf (abgerufen am 03.06.2016; 20:39 Uhr)

50)https://www.bicc.de/publications/publicationpage/publication/why-afghanistan-is-no-safe-country-of-origin-634/ (abgerufen am 03.06.2016; 21:44 Uhr)

51)http://www.bbc.com/news/world-asia-36352559 (abgerufen am 06.06.2016; 15:04 Uhr)

52)http://www.bbc.com/news/world-asia-36353933 (abgerufen am 06.06.2016; 15:15 Uhr)

53)https://www.globalwitness.org/en-gb/campaigns/afghanistan/war-treasury-people-afghanistan-lapis-lazuli-and-battle-mineral-wealth/ (abgerufen am 06.06.2016; 15:33 Uhr)

54)http://www.bbc.com/persian/iran/2016/06/160606_l57_iran_parliament_social_issues (abgerufen am 06.06.2016; 16:27 Uhr)

55)http://www.dw.com/en/appropriation-of-sufi-poet-rumi-sparks-outrage-in-afghanistan/a-19319390 (abgerufen am 10.06.2016; 16:57 Uhr)

56) https://www.youtube.com/watch?v=9ov7VT3nF1Y (abgerufen am 15.06.2016; 16:08 Uhr)

57)http://www.bbc.com/persian/iran/2016/06/06/160613_157_zarach_yazd (abgerufen am 17.06.2016; 21:19 Uhr)

Interview (2006)

Interview mit einem afghanischen Flüchtling am 16.03.2006.

Spätere Begegnungen bis 2016

Nach diesem Interview im Jahr 2006 habe ich den Interviewten einige Male zufällig getroffen. Er und seine Kinder arbeiten. Einige seiner Söhne haben erfolgreich ein Studium absolviert. Er wirkte bei den Begegnungen, in der wir kurz miteinander sprachen, nicht mehr enttäuscht und verbittert, sondern war froh, dass seine Kinder erwachsen geworden sind und auf ihren eigenen Beinen stehen.

Interview (2016)

Interview mit einem Afghanischen Iraner am 09.04.2016.

VI. Anhang

Interview (2006)

Interview mit einem afghanischen Flüchtling am 16.03.2006.

Interview mit einem afghanischen Flüchtling

Geschlecht: Männlich
Geburtsort: Herat (Westafghanistan)
Religion: Islamisch
Berufsausbildung: Schneider
Art der Tätigkeit zur Zeit des Interviews: Arbeitslos
Interviewzeit: 2 ½ Stunden

Das Interview soll die Situation eines afghanischen Flüchtlings relativ realitätsnah schildern. Der Interviewte, dessen Identität anonym bleibt, ist der deutschen Sprache nicht mächtig. Ich habe die Fragen ins Persische übersetzt. Den Befragten habe ich durch einen Zufall kennen gelernt.

1. Wie lange lebten Sie im Iran?

Von 1979 bis 1997.

2. Was waren Ihre Beweggründe im Iran zu leben?

In erster Linie die Revolution der Heratis gegen die Kommunisten Ende der 1970er Jahre. Damals gab es in Herat eine Parole: „Ensan-e bi Taraf bi scharaf“. Das heißt, wenn ein Mensch sich keiner Gesinnung anschließt, besitzt dieser Mensch keinen moralischen Wert. Ich war nicht begeistert von den Kommunisten und enthielt mich.

3. Mit wie viel Personen kamen Sie in den Iran und mit welchen Verkehrsmitteln?

Wir waren sechs Personen an der Zahl. Wir kamen zu Fuß.

4. War die Auswahl Ihres Zufluchtortes bewusst, d.h. Region, Provinz und Stadt?

Ich lebte in der Provinz Khorassan und dort in der Stadt Maschhad. Ich hatte bereits Familie in Maschhad. Sie waren der Grund, weshalb ich mich entschied nach Maschhad zu gehen.

4.1. Welche Stellung nahm der Schrein des Imam Reza ein als Sie flüchteten?

Ich bin mit dem Herzen bei ihm. Aber der Schrein des Imam Reza war nicht mein primärer Beweggrund nach Maschhad zu flüchten.

5. Hatten Sie Erwartungen im Iran?

In den Anfängen der Revolutionsjahre wurden im Iran Parolen skandiert wie „Im Islam gibt es keine Grenzen“. Die Lage in Afghanistan verschlimmerte sich immer mehr seit dem Aufkommen der Kommunisten. Ich hielt diese Parole als ein wichtiges Motiv in den Iran zu flüchten.

6. Was für eine ethnische und religiöse Zugehörigkeit haben Sie?

Ich bin schiitischer Muslim und Fars (Perser).

7. Was für einen familiären Status haben Sie?

Bin verheiratet. Ich habe fünf Kinder. Vier Söhne und eine Tochter.

8. Was für eine Staatsangehörigkeit hatten Sie im Iran?

Afghanisch.

9. Besaßen Sie gültige Papiere im Iran? Durften Sie sich frei bewegen?

Wie gesagt besaß ich die afghanische Staatsangehörigkeit im Iran. Im Jahr 1980 erhielt ich jene Identitätskarte für afghanische Flüchtlinge, welche für vier bis fünf Jahre galt. Sie sprechen Freiheit an, welche im Iran undenkbar ist. Nicht einmal mit einer iranischen Staatsangehörigkeit konnte man sich frei bewegen, reden oder reisen. Heute noch. Diese Identitätskarte war nichts wert und nur ein statistisches Mittel, damit man die afghanischen Flüchtlinge zählen konnte.

10. Berichten Sie über Ihren Alltag im Iran.

Mein Alltag war durch meinen Beruf bestimmt. Ich ging um 10 Uhr morgens zur Arbeit und kam um 22 Uhr oder 24 Uhr nach Hause.

11. Wie verdienten Sie Ihren Lebensunterhalt im Iran?

Ich war Schneider. Hatte einen Meistertitel. Hatte auch drei bis vier Angestellte.

12. Bekamen Sie Hilfe für Ihren Lebensunterhalt? Zum Beispiel von die UNHCR?

Im ersten Jahr im Iran war ich arbeitslos. Ich finanzierte mein Leben durch private Ersparnisse. Dann nahm ich die Arbeit als Schneider auf. Hilfe oder eine sonstige finanzielle Unterstützung erhielt ich von nirgends und niemanden.

13. Wie lebten Ihre Kinder im Iran?

Meine Kinder sind alle im Iran zur Welt gekommen. Sie gingen dort zur Schule. Ich war mit dem Lehrkörper der Schule meiner Kinder einigermaßen befreundet und engagierte mich stark für meine Kinder. Meine Kinder durften von Beginn des Schuljahres die Schule besuchen. Andere afghanische Flüchtlingskinder durften nicht von Beginn des Schuljahres in die Schule. Sie mussten warten bis Plätze, die kein iranischer Schüler belegen konnte, frei wurden. Afghanische Flüchtlingskinder begannen mit Verspätung das Schuljahr. Sie hatten viel nachzuholen. Das ereignete sich Jahr für Jahr.

14. Wurden Sie im Iran über Ihre Rechte als Flüchtling in Kenntnis gesetzt?

Ich kannte meine Rechte ohne jegliche Auskünfte. Wir hatten in diesem Sinne keinen Ansprechpartner, der sich für uns einsetzte oder geschweige denn interessierte.

15. Waren Sie im Iran politisch, kulturell oder sonst wie tätig?

Meine einzige Tätigkeit war es, meine Kinder so zu erziehen, dass sie ihre kulturelle Identität erhalten können. Das war meine einzige Tätigkeit. Das Wort Politik ist in meinen Ohren ein Grauen.

16. Sind Ihr Leben und Ihre Lage repräsentativ für andere afghanische Flüchtlinge im Iran?

Mein Leben im Iran war bis zu 99% repräsentativ für afghanische Flüchtlinge. Zumal es mir im Verhältnis zu anderen afghanischen Flüchtlingen gut ging, da ich eine Arbeit hatte. Mit Iranern kam ich auch recht gut klar. Mein soziales Umfeld war angenehm.

17. Wie kamen Sie nach Deutschland?

Ich möchte dieser Frage nicht ausweichen. Aber ich habe wirklich kein großes Interesse diese Frage zu beantworten.

18. Mit welchem Status leben Sie hier in Deutschland?

Bin Asylant.

19. Ist Ihr jetziger Status in Deutschland zufriedenstellend?

Hab auch hier Probleme. Meine Kinder haben keine gesicherte Zukunft. Wir haben keine deutsche Staatsangehörigkeit. Ich kann meinen Beruf nicht ausüben. Ich bin ein Toter, der noch lebt. In Deutschland habe ich keinen Meistertitel bzw. dieser wird nicht anerkannt. Wenn ich die deutsche Staatsangehörigkeit haben könnte, würde die Sache anders aussehen. Befinde mich in einem Teufelskreis. Wir sind nur befristet geduldet in Deutschland.

20. Verbinden Sie mit Iranern in Deutschland Ihre Lage im Iran? Erwähnen Sie dies bei einem Gespräch?

Hab durchaus Kontakt zu Iranern. Ich unterscheide zwischen dem iranischem Regime und der iranischen Bevölkerung. Ich erwähne manchmal meine Lebenssituation im Iran, wenn es sich im Kontext des Gespräches einordnen kann.

21. Was würden Sie einem Deutschen über den Iran erzählen wollen?

Die Wahrheit über die Behandlung von afghanischen Flüchtlingen dort.

22. Was würden Sie einem Afghanen in Deutschland über den Iran erzählen wollen?

Ich erzähle ihm die Wahrheit über unsere Landsleute im Iran.

23. Was ist Ihrer Meinung nach an der iranischen Flüchtlingspolitik falsch oder richtig gelaufen?

Richtig ist nichts an der iranischen Flüchtlingspolitik. Lassen Sie mich die Negation dessen erzählen. Vielleicht wird dann das Falsche sichtbar. Im Iran gab es Identitätskarten für afghanische Flüchtlinge. Diese hatten einen Stempel vom iranischen Außenministerium. Bei einer polizeilichen Kontrolle kam es vor, dass ein gewöhnlicher Verkehrspolizist die Identitätskarte mit einer Schere durchschnitt.

Das sollte sich verheerend für einen afghanischen Flüchtling auswirken. Bei der nächsten polizeilichen Kontrolle sah ein anderer Verkehrspolizist, dass man eine beschädigte Identitätskarte als afghanischer Flüchtling besaß. Das war dann die Ursache für eine Verhaftung. Man galt ohne Papiere als vogelfrei. In der Arbeitswelt sah die Sache ähnlich aus. Wenn ein Ar-

beitgeber einem afghanischen Flüchtling seinen Lohn nicht zahlte, dann war ein Afghane gezwungen vor Gericht sein Recht einzuklagen. Beim Gericht beginnt schon die unaufhörliche Problematik.
Das Gericht wollte nur rechtliche Schritte gegen einen Arbeitgeber einleiten, wenn der Ankläger eine iranische Staatsangehörigkeit besaß. Wie gesagt, man hatte als Afghane nur eine Identitätskarte. Wenn überhaupt.
In Maschhad war dieser Richter übrigens ein Afghane gewesen. Er war iranischer Staatsbürger und richtete gegen seine armen Landsleute, die ihrer Rechte beraubt worden waren. Verkehrte Welt. Bei einer Verurteilung des Richters musste man für drei Monate ins Gefängnis, anschließend wurde man für drei Monate ins afghanische Flüchtlingslager verbannt und zuletzt folgte die Abschiebung nach Afghanistan.
Dort wurde man als Verbrecher den afghanischen Behörden übergeben. Die Prozedur ging weiter. In Afghanistan kontrollierten die afghanischen Behörden, ob man seinen Sold abgeleistet habe. Bei Ableistung des Soldes war man in der angenehmen Lage einen Antrag auf Visa für den Iran zu stellen. Das war ein schmutziges Spiel.
Verstehen Sie, was ich mit falscher Flüchtlingspolitik im Iran meine?

24. Was sollte bei der Rückführung afghanischer Flüchtlinge in ihr Herkunftsland Beachtung finden?

Prinzipiell sollte der Iran bedenken, dass die Lage in Afghanistan sehr schlecht ist. Es gibt kein fließendes Wasser. Keinen Strom. Keine Arbeit. Keine Schulen. Und keine Sicherheit.

25. Haben Sie Ihre Identität, die Sie in Herat hatten, im Iran pflegen können?

Der Iran hat uns so behandelt, dass wir in den Jahren unseres Aufenthaltes dort unsere Identität vergaßen. Von Identität kann schwer die Rede sein.

26. Wie verhalten sich im Iran Iraner gegenüber Afghanen? Gab es eher Unterschiede oder eher eine Ableitung der iranischen Bevölkerung aus der Politik?

Die iranische Bevölkerung war oftmals traurig über diese Flüchtlingspolitik uns gegenüber. Iranische Lehrer beklagten, dass ihre afghanischen Schüler unwürdig behandelt wurden und durch Zwang nach Afghanistan zurückgeführt werden mussten. Ich kenne einige solcher Fälle. Sehr traurig.

27. Wenn Sie die Wahl hätten zwischen Iran und Afghanistan, in welchem Land würden sie eine relativ sichere Zukunft in Betracht ziehen?

Wenn Afghanistan sein eigener Herr wäre, wäre es für mich das beste Land. Afghanistan für Afghanen. Keine Fremdbestimmung durch andere Mächte. Das müssen Sie so sehen, wenn ein Kind an der Brust seiner Mutter saugt und die Brust keine Milch hergibt, dann kann das Kind wenig Vertrauen zu seiner Mutter für die Zukunft entwickeln.

In Zeiten, wo das Kind Hunger hat, sehnt das Kind sich nach der Brust seiner Mutter. Die Mutter ist bekanntlich einem Menschen das teuerste.

Übertragen auf Afghanistan ist unser Staat die Mutter. Unsere Mutter hat keine Milch mehr und ist vollkommen ausgetrocknet für sein Volk. Kein Vertrauen und keine Zukunft.

28. Was würden Sie einem Afghanen an der Grenze zu Iran auf dem Weg berichten wollen, wenn dieser in den Iran flüchten möchte? Ratschläge? Warnungen?

Ich rate jedem afghanischen Flüchtling davon ab, sich den Iran als Zufluchtsland auszusuchen.

29. Was empfinden Sie, wenn der Iran das gleiche Schicksal erfahren sollte wie der Irak oder Afghanistan?

Ich würde Trauer empfinden. Ich wünsche dem Iran keine militärische Intervention wie in Afghanistan und im Irak. Der Iran ist ohnehin schon besetzt.

30. Würden Sie im Iran bleiben, wenn Sie kein Flüchtling wären? Gibt es Gründe dafür?

Ja, wenn ich kein Flüchtling wäre. Der Grund, weshalb ich im Iran bleiben würde ist der, dass ich einfach einen sehr guten Beruf hatte. War zufrieden.

31. Welche Identität haben Afghanen im Iran? Eine ethnische, religiöse oder nationale Identität?

Die Kriegsjahre haben die Menschen stark geprägt. Es kommt zwischen Afghanen in Maschhad schnell zu ethnischen, religiösen oder anderen Diskussionen, die emotionalen Charakter haben.

Es ist schwer von Identität zu reden.

Ich würde sagen, im Iran ist die Identität bei Afghanen individuell. Je nach Ethnie und Konfessionsangehörigkeit tritt man einem Landsmann gegenüber anders auf.

32. Empfinden die Afghanen sich als eine Schicksalsgemeinschaft im Iran?

Sie empfinden alle dasselbe. Schließlich sind sie alle aus einem ähnlichen Motiv im Iran. Es gibt auch einige Ausnahmen. Aber es kommt darauf an, ob jemand einen guten Beruf mit ausreichend Verdienstmöglichkeiten hat. Sehen Sie, ein afghanischer Arzt genießt mehr Ansehen als ein afghanischer Arbeiter ohne Rechte.

33. Sind Sie persönlich ein Mohajer, Panahandeh oder wie würden Sie sich nach Ihrem Selbstverständnis selber definieren?

Man sollte natürliche Hindernisse im Leben überwinden. Mir wurden in meinem Leben viele überflüssige Hindernisse in den Weg gelegt. Ich bin jemand, der stets versucht hatte Hindernisse für mich und meiner Familie aus dem Weg zu räumen. Das ist etwa meine Definition.

34. Sagen Sie spontan in einem kurzen Satz, was Ihnen zum Begriff Flüchtling einfällt.

Die Frage ist zu schwer. Dazu kann man ein Buch schreiben.

35. Gibt es Unterschiede in der Kultur, Tradition, Geschichte oder Lebensart von Afghanen und Iranern oder sind es Konstrukte, die spalten wollen?

Die Kulturen der beiden Staaten unterscheiden sich kaum. Gerade zwischen Westafghanistan und Iran. Vielmehr gibt es Binnenunterschiede in Afghanistan und Iran, die viel gravierender sind.

36. Würden Sie, wenn Sie die Wahl hätten, wieder in den Iran reisen?

Ich würde den Iran nicht einmal als Urlaubsziel auswählen wollen.

37. Ist Ihr Leben im Iran eher ein Schicksal gewesen?

Würde ich nicht so bezeichnen. Ich musste arbeiten, um zu überleben. Anfangs wollte ich studieren. Mich bilden. Das ließ der Iran nicht zu. Sie sagten, dass wir Afghanen nicht eingeladen wurden zum Studieren. Von diesem Zeitpunkt an, als mir die Möglichkeiten für Bildung und Studium verwehrt wurden, hieß es für mich nur noch einer Arbeit nachzugehen.

38. Wie sehen Sie den Iran jetzt, so aus der Ferne?

Ich denke an meine Familie, die dort lebt.

39. Haben Sie Lösungsvorschläge zur Verbesserung der Lebenssituation von afghanischen Flüchtlingen im Iran?

In den 18 Jahren meines Aufenthalts im Iran sagten mir Afghanen immer, dass sie nichts geschenkt haben möchten vom Iran.

Nichts.

Weder von der iranischen Regierung noch von anderen Organisationen. Die einzige und letzte Lösung ist es, Afghanen als Menschen zu behandeln. Bitte, nur als Mensch akzeptieren. Dieser Ansicht sind alle Afghanen, soweit ich das beurteilen kann.

Ende des Interviews.

Ich bedanke mich bei Ihnen für Ihre Zeit und Ihr Interesse.

Interview (2016)

Interview mit einem Afghanischen Iraner am 09.04.2016.

Interview mit einem Afghanischen Iraner

Geschlecht: Männlich

Geburtsort: Teheran (Iran)

Religion: Islamisch

Berufsausbildung: Schüler (Iranische Schule)

Art der Tätigkeit zur Zeit des Interviews: Schüler

Interviewzeit: 3 ½ Stunden

Das Interview soll die Situation eines Afghanischen Iraners relativ realitätsnah schildern. Der Interviewte, dessen Identität anonym bleibt, ist der deutschen Sprache nicht mächtig. Ich habe die Fragen ins Persische übersetzt. Den Befragten habe ich durch einen Zufall kennen gelernt.

1. Wie war das Leben in Teheran gewesen?

Ich konnte in eine iranische Schule gehen. Mein Vater engagierte sich sozial und unsere Familie ist relativ religiös (schiitisch). Damit hatte ich es gegenüber anderen Afghanen in Teheran leichter gehabt, was aber gar kein Grund ist im Iran weiter zu kommen.

Als Schiite und Persischer Muttersprachler kann der Iran einem Spaß machen.

Fremdheitsgefühle kriegt man im Iran nicht, sie werden aber leider künstlich und ohne Grund erzeugt. Wissen Sie, ich mag den Iran, die iranische Küche, die iranische Nationalmannschaft und insbesondere Teheran. Viele Menschen im Iran verstehen das nicht. Nicht die Iraner, wie z.B. meine Nachbarn und Schulkameraden, waren gegen mich, sondern andere und mir Fremde. Ich falle u.a. durch mein Aussehen auf, was mich täglich im Iran als nicht richtiger Iraner verraten hat. Rechtliche und finanzielle Sicherheit besaß ich auch nicht.

Es waren immer die Politiker, die mir und meinesgleichen jede mögliche Aussicht auf Erfolg erschwerten, damit wir uns nicht entwickeln sollten.

2. Wie verbrachtest Du deinen Alltag?

Mein Alltag war nicht aufregender oder uninteressanter als die eines Iraners in meinem Alter. Ich habe mich in der Schule bemüht. Habe meinen Alltag mit meinen drei Geschwistern verbracht. Musste oft Einkaufen gehen. Als ältester Sohn musste ich vorbildlich sein.

3. Wie waren die Lehrer zu Dir?

Die Lehrer waren meistens fair gewesen. Sie hatten Verständnis und Mitleid mit mir und anderen Flüchtlingskindern. Ich habe mich eigentlich nie als Flüchtling oder Afghane betrachtet. Mir und meiner Familie sagten die Lehrer, dass wir genauso wichtig seien wie alle anderen Familien und Schüler.

Es gab aber auch die afghanischen Schulen, die aus der Not geboren wurden, da afghanische Kinder die iranischen Schulen nicht besuchen durften.

Ich durfte eine iranische Schule besuchen.

4. Was war deine beste und schönste Erfahrung in Teheran?

Meine beste und schönste Erfahrung in Teheran war es als ich wusste, dass ich zur Schule gehen kann.

Meine Eltern sind keine Nationalisten. Sie sind auf gar nichts stolz. Sie brachten mir bei, dass Afghanistan ihr Geburtsland sei und der Iran das von mir. Ich sollte irgendwie, trotz vielen Widrigkeiten, mich als Iraner fühlen können. Sie sagten zu mir immer der Iran sei meine Heimat. Ich empfand es auch so.

Aber Hänseleien von manchen Menschen und der Druck von den Behörden in Teheran sollten mir zu verstehen geben, dass ich für sie immer der Afghane bleiben sollte.

5. Was war dein schlimmstes und traurigstes Erlebnis in deiner Geburtsstadt?

Ich bin nur traurig, wenn man mich danach fragt, denn ich liebe den Iran, aber der Iran verabscheut mich.

Es ist einfach so.

Ich habe seit meiner Kindheit Gedichte geliebt. Die Muttersprache meiner Eltern ist auch Persisch. Für uns war es also nicht schwer Persisch zu lernen und es zu schätzen. Meine Eltern sprachen sogar zu Hause einen iranischen Akzent und zwar derjenige aus Teheran.

Eines Tages las ich auf der Straße, da war ich ca. 14 Jahre alt, ein Gedicht auf Persisch und freute mich es ohne Verständnishindernisse verstanden zu haben. Plötzlich kam ein älterer Herr und fragte mich aus dem Nichts was ich tue. Ich grüßte ihn höfflich, da er ein älterer Mensch war. Er erwiderte meinen Gruß nicht, sondern fing an mich dafür zu beschimpfen, was mir, einem kleinen Flüchtlingsjungen, einfallen würde, so frech zu antworten und dazu auch noch die heilige persische Dichtung zu lesen.

Meine Nachbarn und Schulkameraden lasen auch Gedichte. Sie konnten es ganz gut. Sie wurden jedoch niemals rassistisch angegriffen. In meiner Nachbarschaft gab es aus allen iranischen Völkern, Sprachen und so weiter viele Menschen.

Heute weiß ich, dass es purer Rassismus gewesen ist, was mir leider zu oft widerfahren ist. Es ist leider Alltag im Iran, wenn man aus so aussieht wie ich und sich wider Willen schnell verrät.

6. Wie bist du nach Deutschland gekommen?

Ich habe mich mehrere Monate lang über eine Flucht aus dem Iran befasst. Erwähnt habe ich ja vorhin, dass ich den Iran, mein Geburtsland, liebe, sie aber mich nicht. Ich musste also handeln.

Aus mir wäre dort Nichts geworden.

Ich las, wie gesagt, Gedichte und auch andere interessante Bücher. Ich studierte die täglichen Nachrichten im iranischen Fernsehen und Internet für mich. Das waren meine ersten Eindrücke.

Eines Tages sagten die Nachbarn, dass ihr Verwandter in Deutschland sei. Dort in Deutschland sei das Leben besser und einfacher.

Ich wollte dann mehr über Deutschland wissen. Dabei googelte ich jeden Tag mehrere Stunden den Begriff Deutschland, Flucht, Migration und Flüchtlinge. Gleichzeitig fand ich mehrere Facebook-Freunde, die in meinem Alter waren und alleine nach Deutschland aufbrachen.

Ich wusste, dass meine Eltern gegen meine Fluchtmigration sein würden. Ich überzeugte sie von meiner Idee. Auch wenn ich jung und unerfahren war. Ich sagte zu meinem Vater, dass ich ein erwachsener Mann bin, auch wenn ich damals keine 16 Jahre alt war. Ich versicherte meiner Mutter mich auf die Reise vorzubereiten und nicht zu sterben. Sie weinte. Wir weinten alle.

7. Wie verlief schließlich deine Flucht?

Lassen Sie mich noch ihnen eine Sache mitteilen. Ich dachte, dass die Flucht mein Tod bedeuten würde.

Ich begab mich auf den Weg. Es war ein früher Sommernachmittag in Teheran. Ich konnte nicht mehr Weinen, da ich die ganze Nacht weinte. Ich verlass nicht nur meine Eltern und meine Geschwister, sondern auch meine Heimat, die mich nicht ausstehen und auch leiden konnte.

Ich ging zum Busbahnhof in Teheran. Von dort aus konnte ich bis an die Iranisch-Türkische Grenze reisen. An der Grenze sah ich viele, die mir vom Aussehen ähnelten- unter ihnen waren junge und alte Menschen dabei. Ich schloss mich Ihnen an. Wir überquerten irgendwie nachts die nicht ungefährliche Grenze. Manchmal hörte man Schüsse.

Ich wusste, dass ich sogar für das Sterben bereit war.

In der Türkei angekommen, schlief ich sofort unter einem Baum ein. Ich hatte mein Sack und Pack während ich schlief natürlich versteckt. In der Türkei verbrachte ich einige Wochen, vielleicht waren es Monate. Ich nahm verschiedene Tätigkeiten als Tagelöhner an. Die Türken sind zu mir nett gewesen. Sie hatten Mitleid und Verständnis für meine Lage. Einige Male weinte ich vor lauter Einsamkeit.

Aber mit der Zeit war ich stark genug, um mich auf die weitere Reise nach Europa vorzubereiten.

8. Was hattest du auf deine Reise mitgenommen?

Ich habe bei meiner Reise drei Bücher, einwenig Kleidung und mein Handy mitgenommen. Alles passte in einen Rucksack hinein.

9. Was waren es für Bücher gewesen, die zu deinen Begleitern wurden?

Ich liebe Bücher. Daher wusste ich, dass sie mich retten würden und ich weniger einsam wäre. Ich nahm das berühmte Diwan von Hafez, ein Gedichtband von Ahmad Shamloo und eines von Akhavan Sales mit. Diese habe ich immer noch bei mir.

Wissen Sie, ich wusste, dass ich vielleicht sterben werde.

Aber diese starken und dem Leben geneigten Worte von Hafez, Shamloo und Akhavan waren bei und in mir. Sie erfüllten mich. Meine Eltern unterstützen mich bei meinem Interesse für die Dichtung, da sie selbst eine Leidenschaft dafür hatten.

10. Wie ging es weiter?

Ich hörte in Van in der Osttürkei, in Kayseri in der Zentraltürkei und in Istanbul in der Westtürkei viele Menschen Persisch aus Afghanistan oder das des Irans sprechen.

Wiederum beobachtete ich unterwegs viele Menschen, die Natur und bereitete mich auf meine große Reise vor. Einige iranische und afghanische Jugendliche befreundeten sich mit mir und ich nahm dankbar an. Sie redeten jeden Tag von einem langen Fußmarsch von der Türkei aus über den Balkan führend, um letztendlich das wirkliche und schöne Europa zu erreichen.

Eines Nachts brachen wir schließlich auf.

Wir waren vielleicht insgesamt zehn Jugendliche gewesen. Teilweise trugen wir, ich jedoch nicht, kleine Messer mit uns.

11. Wie erging es euch dann anschließend?

Ich muss mich zusammen reißen, um hier nicht vor Wut und gleichzeitiger Trauer zu schreien. Es tut mir Leid mit Ihnen so zu sprechen. Die Reise war nicht leicht.

Wir liefen die erste Nach durch. Ohne Pause. Einer von uns, ein sehr kleiner und dünner Junge aus dem Iranischen Hamedan, wollte aus gesundheitlichen Gründen aufgeben. Wir trugen ihn zeitweise auf unseren Rücken. Er war glücklicherweise nach zwei Tagen wieder bei Kräften.

Bei unserer Ankunft in Bulgarien trafen wir am ersten Tag wieder auf Afghanen, Iraner, Iraker, Kurden und Syrer ein.

Eines hatten wir alle gemeinsam. Wir stammten alle aus Kriegsländern. Im Iran gibt es keinen Krieg oder die Taliban oder Daesh (IS).

Im Iran ist ein Mensch - und selbst ein Iraner - leider weniger Wert.

12. Wo ist der Mensch nach deiner Meinung etwas wert?

Ich hätte mir gehofft und gewünscht, dass es im Iran so wäre wie hier in Deutschland.

In Deutschland ist der Mensch frei.

Menschen sind hier so vielfältig. Alle Kulturen, Sprachen und Nationen der Welt erlebe ich hier. Für mich ist der Mensch eindeutig hier etwas wert.

13. Zurück zu Deiner Reise.

Ja. Die Reise. Es war eher eine Odyssee. Wenn jemand wissen möchte, wie die Hölle sich anfühlt, dann empfehle ich eine Fluchtreise aus Teheran bis nach München.

14. Fluchtreise. Das ist ein guter Stichpunkt.

Um es kurz zu machen und ihnen die Wahrheit zu sagen, kann ich nur ausdrücken, dass die Fluchtreise anstrengend und nicht ungefährlich gewesen ist. Wir schliefen mit der Gruppe in Wäldern von Bulgarien, Serbien, Bosnien, Kroatien und Österreich. Wir fuhren manchmal in billigen Zügen mit, aber riskierten es nicht ganz durchzufahren, da die Polizei uns jeder Zeit verhaften könnte.

Wiederum liefen wir tage- und nächtelang zu Fuß.

Es war die Qual der Wahl. Entweder nahmen wir alle das Risiko für ein neues Leben in Kauf oder wir gingen zurück und erlebten wieder den Alltagsrassismus und Schikanen im Iran. Das Risiko war es wert.

In Wien bemerkte ich, dass ich im wirklichen Europa angekommen bin. Dieses Gefühl war unbeschreiblich.

15. Interessante Ansichten hast Du. Was ist das wirkliche Europa für Dich?

Ich habe leider weniger über die Geschichte von Europa gelesen. Mir leuchtet jedoch ein, dass Länder wie Österreich, Deutschland, Holland,

Frankreich und Großbritannien mehr Freiheit für Flüchtlinge und Asylbewerber bieten.

Sehen Sie im Iran hatte ich niemals die Aussicht auf eine iranische Staatsangehörigkeit.

In Deutschland z.B. wird man nach einiger Zeit und nach dem Gesetz der Deutschen Staatsbürger des Landes. Auch wenn ich mit Deutschen keine gemeinsame Geschichte, Kultur, Sprache und Religion teile, solidarisieren sie sich jetzt schon mit mir.

16. Wie verhielten sich Deine Eltern während deiner Fluchtreise zu Dir?

Meine armen Eltern. Meine armen Geschwister. Selbst meine iranischen Freunde vermisse ich. Ich vermisse mein Viertel in Teheran. Ich blieb mit meinen Eltern jeden Tag in Kontakt.

An einem Tag im Wald griffen uns Jugendliche an, da wir iranische Musik hörten. Ich telefonierte mit meinen Eltern und war im Begriff ihnen über meine Gesundheit und Ernährung nur Gutes zu berichten, um ihnen keine Kopfschmerzen und Sorgen zu bereiten.

Wir aßen wirklich in unserer Gruppe wenig, tranken viel Wasser und Cola.

17. Iranische Musik kann der Grund für einen Angriff sein?

Ohje! Sie denken im Wald auf dem Balkanweg ist es ruhig und gemütlich. Unsere Gruppe bestand, wie ich erwähnte, aus zehn Mann. Wir waren, wenn Sie so wollen, alle Iraner.

Meine Eltern sind selbst als Kinder in den Iran eingewandert.

Einigen gefiel es im Wald in Serbien nicht, dass Wir so iranisch waren oder so wie Iraner sprachen. Ich kann mich daran erinnern, dass der Angriff damit begann, dass ein Jugendlicher, der schlecht Persisch sprach, anfing uns zu beschimpfen. Er meinte, wir hätten keine afghanische Ehre, da wir so iranisch seien. Wir verteidigten uns zunächst mit Worten. Manche der Jugendlichen, die uns angriffen, waren angetrunken oder standen unter sonstiger Drogeneinwirkung. Der Wortführer der anderen Gruppe, die uns ihren Hass zeigten, war auch leicht angetrunken.

18. Konntet Ihr feststellen aus welcher Ethnie, welchem Land und welcher Nation diese aggressiven Jugendlichen gewesen sind?

Es waren eindeutig Paschtunen gewesen. Ich verstehe es selbst nicht, wieso sie uns wegen einem Lied in persischer Sprache angegriffen haben.

Meinen Eltern erzählte ich von dem Vorfall nicht viel. Später in Deutschland sprach ich es via Skype an. Sie meinten, dass sie sich nicht wundern, da meine Familie und ich durch unser Aussehen immer als Hazara auffallen.
In Afghanistan, in Iran, im Wald auf dem Balkan, nirgendswo sind wir als Hazara geschützt.

19. Irgendwann habt Ihr schließlich Deutschland erreicht.

Gewiss. Wir haben nach den vielen anstrengenden Wochen und Monaten - es waren bestimmt insgesamt drei Monate - unser Traumland Deutschland erreicht.

Die Erleichterung war groß als wir deutschen Boden betraten. Einige aus meiner Gruppe fingen an vor lauter Freude, Angst und Ungeduld zu weinen.
In Deutschland gingen wir in zweier Gruppen zur Polizei. Wir konnten kein gutes Englisch sprechen. Deutsch erst recht nicht. Aber irgendwie verständigten wir uns. Viel hatte keiner von uns zu sagen.

20. Flüchtlingsstatus.

Jawohl. Endlich. Wir meldeten uns an und wollten endlich anerkannt werden.

Anerkannt als Menschen, die hungrig, durstig und müde sind nach Freiheit. Menschenwürde.

Als unbegleitete jugendliche Flüchtlinge erhielten wir alle denselben Status. Das erste Mal unter deutschem Himmel zu schlafen, war für mich großartig.

21. Was verbringst Du derzeit deinen Alltag in Deutschland?

Ich lerne fleißig deutsch und gehe zur Schule. Ich bin bald achtzehn Jahre alt. Seit beinahe zwei Jahren bin ich schon in Deutschland. Ich möchte meine Familie dienen, ihnen behilflich sein und vielleicht sie einzeln nachholen.

Aus mir sollte etwas werden.

Ich bin nicht unterwegs gestorben. Zum Glück. Es kann nur noch aufwärts gehen. Daran glaube ich fest.

22. Ich habe Dich einige Male Afghanischer Iraner genannt. Wie stehst Du zu so einer Aussage?

In Deutschland habe ich so viele Sprachen, Religionen, Kulturen und Hautfarben erlebt. Sie sind immer irgendwie Deutsch-Türke, Deutsch-Grieche, Deutsch-Iraner und so weiter.

Iran und Afghanistan waren ja einmal ein Land gewesen oder wieso ähneln wir uns sprachlich, religiös und kulturell so sehr?

Ich habe durch Gespräche mit vielen Persern aus Afghanistan und auch Iranern in Deutschland gelernt, dass Iran und Afghanistan mehr Gemeinsamkeiten als Unterschiede in der Geschichte hatten.

Wenn Sie meinen, ich sei ein Afghanischer Iraner, so ist es doch besser als ich dachte?

Mir fällt auch stark auf, dass die Iraner, die ich in Deutschland antreffe, mir gegenüber meistens freundlich gesinnt sind. Sie sprechen mich als Freund und manchmal als Landsmann an, da mein Akzent iranisch ist. Daher verstehe ich selbst, dass nicht jeder Iraner rassistisch sein muss.

23. Welche Identität hast Du nun?

Ich glaube, dass ich nun in Deutschland wirklich ein Mensch bin. Der Mensch, der sich nicht täglich für seine Herkunft schämen muss. Lustig ist auch die Tatsache, dass ich nun aus dem Iran emigriert bin und für einen Iraner gehalten werde.

Meine Eltern betrachteten meine anderen Geschwister und mich als Iraner. Im Alltagsleben waren wir für die Iraner die „Anderen". Ungewollte Gäste. Man hofft im Iran, dass alle Menschen aus Afghanistan irgendwann das Land verlassen und zurück in ihre Heimat gehen.

Aber was bedeutet schon Heimat!

In Deutschland habe ich zwar meine Ruhe. Ich frage mich jedoch weiterhin wer ich bin. Die Türken, die ich hier kennenlernte, sind seit Jahrzehnten in Deutschland und wissen manchmal nicht wer sie sind.

Ich bin ein Hazara, ein Perser, ein Afghanischer Iraner und bald ein Deutscher. Meine Freunde hier in Deutschland stammen aus vielen Ländern der Welt ab.

24. Der Iran.

Ich mag den Iran tatsächlich. Es ist meine Ursprungsheimat.

Aber wenn ich da keinen Wert weder für die Gesellschaft noch für die Entscheidungsträger des Landes besaß, so sah ich mich in Handlungsnot. Man lebt nur einmal.

25. Hast Du noch einen Wunsch?

Ich habe kleinere Geschwister, die ich zwar jeden Tag per Skype oder Smartphone sehen kann. Ich möchte sie in meinen armen halten und sie küssen.

Meine Eltern sind nun zufrieden, dass ich lebe und mich niemand hier diskriminiert.

Meine iranischen Freunde in Teheran vermisse ich auch. Mein Lehrer war ein guter Mensch, ihn vermisse ich ebenso. Mein Viertel fehlt mir nicht weniger. Ja, es ist nicht leicht.

Ende des Interviews.

Ich bedanke mich bei dir für Deine Zeit und Dein Interesse.

Some of the international instruments and/or multilateral Treaties joined by the Islamic Republic of Iran

Title	Ratification
1. Charter of the United Nations and Statute of the International Court of Justice	1945/10/16
2. Universal Declaration of Human Rights	-
3. CCPR-International Covenant on Civil and Political Rights	1976/3/23
4. CESCR-International Covenant on Economic, Social and Cultural Rights	1976/1/3
5. CERD-International Convention on the Elimination of All Forms of Racial Discrimination	1968/8/29
6. International Convention on the Suppression and Punishment of the Crime of Apartheid	1985/5/17
7. International Convention against Apartheid in Sports	1988/1/12
8. CRC-Convention on the Rights of the Child	1994/8/12

9. Convention relating to the status of Refugees	1976/10/26
10. Protocol relating to the status of Refugees	1976/7/28
11. Convention on the prevention and punishment of The crime of genocide	1956/8/14
12. Supplementary convention on the abolition of slavery, the slave trade, and institutions and practises similar slavery	1959/12/30

Quelle: http://www.unic-ir.org/inst/index.htm